产教融合·职业创新能力系列教材

新媒体运营

刘 琛 黎夏克 主 编

李雅野 甘文婷 王 静 副主编

电子工业出版社
Publishing House of Electronics Industry
北京·BEIJING

内 容 简 介

本书全面系统地介绍了新媒体及新媒体运营的概念、特点、类型及应用实践，从基本概念、基本设置、内容运营、用户运营、视觉设计和数据分析等角度，介绍了微信公众号、微信小程序、微博、抖音、头条号、小红书、知乎等当下主流新媒体平台具体的运营策略，并精心安排了相关实训任务，力求借此提升读者的实践能力。最后还拓展介绍了一些相对小众，但独具特色的新媒体平台，如豆瓣、喜马拉雅、简书、哔哩哔哩（B 站）等。

本书既可以作为高等职业院校新媒体运营课程的教材，也适合作为新媒体运营初学者的参考书。

未经许可，不得以任何方式复制或抄袭本书之部分或全部内容。
版权所有，侵权必究。

图书在版编目（CIP）数据

新媒体运营 / 刘琛，黎夏克主编. —北京：电子工业出版社，2020.4
ISBN 978-7-121-37938-3

Ⅰ. ①新… Ⅱ. ①刘… ②黎… Ⅲ. ①传播媒介－运营管理－高等学校－教材 Ⅳ. ①G206.2

中国版本图书馆 CIP 数据核字（2019）第 253168 号

策划编辑：朱干支
责任编辑：朱干支
印　　刷：三河市鑫金马印装有限公司
装　　订：三河市鑫金马印装有限公司
出版发行：电子工业出版社
　　　　　北京市海淀区万寿路 173 信箱　　邮编 100036
开　　本：787×1 092　1/16　印张：17.75　字数：454.4 千字
版　　次：2020 年 4 月第 1 版
印　　次：2023 年 12 月第 11 次印刷
定　　价：56.00 元

凡所购买电子工业出版社图书有缺损问题，请向购买书店调换。若书店售缺，请与本社发行部联系，联系及邮购电话：(010) 88254888，88258888。

质量投诉请发邮件至 zlts@phei.com.cn，盗版侵权举报请发邮件至 dbqq@phei.com.cn。

本书咨询联系方式：(010) 88254573，zgz@phei.com.cn。

前　　言

近年来，新媒体逐渐取代旧媒体，并渗透到大众生活的方方面面，你可能自己并没有意识到，但其实已常常接触到了。如每天的刷微博、上抖音、QQ 聊天、在今日头条了解资讯等，新媒体已无处不在。

新媒体虽然诞生时间不久，但所产生的影响力是深远的，通过现代化移动互联网手段，利用微信、微博、抖音等新兴媒体平台工具，企业可以更有效地进行产品宣传、推广、营销等活动；利用新媒体，政府部门可以更便捷地发布突发事件的准确信息，对出台政策进行精准解读和引导，对网民诉求进行及时回应等；利用新媒体，传统媒体机构可以更有效地进行思想政治教育，牢牢把握正确的舆论导向，全面提高舆论引导能力；个人也可以通过新媒体运营打造个人 IP，进而形成商业价值，创造收益。

本书的编写源于惠州经济职业技术学院信息工程学院电子商务系二年级学生的新媒体运营课程。该课程的目的不仅为了介绍新媒体及新媒体运营的概念、特点和类型，还要让学生理解并掌握国内主流新媒体平台的运营策略及相关工具。

本书结构

本书共分为 9 个项目。项目 1 主要介绍新媒体和新媒体运营的概念、特点及类型，以及新媒体的就业和创业概况。项目 2 主要从基本概念、基本设置、视觉设计、内容运营、用户运营、数据分析 6 个角度介绍微信公众号的运营逻辑和策略，本项目的篇幅较长，因为微信公众号是本书介绍的第一个新媒体平台，所以在本项目中需要阐述清楚基本的运营逻辑，相关的概念逻辑在后续新媒体平台中依然适用，且由于微信公众号后台中设计排版功能的自定义程度较高，项目 2 中的任务 2.3 专门介绍了微信公众号的视觉设计，其他项目中不包含此模块。项目 3、项目 4、项目 5、项目 6、项目 7、项目 8 主要从基本概念、基本设置、内容运营、用户运营等角度介绍了微信小程序、微博、抖音、头条号、小红书、知乎等当下主流新媒体平台具体的运营策略；项目 9 拓展介绍了一些相对小众但独具特色的新媒体平台，如豆瓣、喜马拉雅、简书、哔哩哔哩（B 站）等。

本书特色

● 较完整的新媒体运营教科书

本书是目前市场上较完整的新媒体运营教科书。它涵盖了微信公众号、微信小程序、微博、抖音、头条号、小红书、知乎等当下主流的新媒体平台，列举了许多案例，提供了大量学习资源。

● 案例真实

本书中的案例大部分来自真实新媒体平台，而非模拟平台，运营策略也都源于编者及相关行业人士的实践经验。

● 实用原则

本书自始至终依托实用原则进行编写，力求让读者能轻松有效地学以致用。如项目 1 中探讨了新媒体就业和创业，并在任务实训中让读者撰写个人商业计划书（BP）等。

- 话题新颖

本书涉及诸多有关新媒体的新颖话题，如利用新媒体打造个人 IP、二次元、直播、Z 世代等。书中讨论了目前流行的新媒体平台，如抖音、微信小程序、小红书、哔哩哔哩等。

人员分工

本书由惠州经济职业技术学院信息工程学院电子商务系刘琛、黎夏克、李雅野、甘文婷、王静老师共同编写，刘琛、黎夏克担任主编，李雅野、甘文婷、王静担任副主编。具体分工如下：刘琛编写项目 1 至项目 3；甘文婷编写项目 4；黎夏克编写项目 5；李雅野编写项目 6 至项目 8；王静编写项目 9。全书由刘琛老师统稿。

教学支持

本书提供了丰富的教学资源包，内容包括教学计划、教学课件等，需要者可登录华信教育资源网（www.hxedu.com.cn）免费下载。为了拓展知识面和方便教学，本书提供部分案例和阅读材料，读者可以通过扫描书中二维码的方式进行阅读。

致谢

我们要感谢自始至终给我们提供帮助的人。感谢惠州经济职业技术学院信息工程学院电子商务系的学生，他们使用了本书最早期的版本，并提供了许多宝贵的意见。感谢读者阅读和使用本书，希望本书能够帮助诸位更深入地理解新媒体，并提升诸位的新媒体运营实操技能。

我们期待你们的批评和建议，它将对本书的再版提供帮助。

编　者

目 录

项目 1 新媒体运营概论 ··· 1
任务 1.1 认识新媒体 ··· 2
1.1.1 新媒体的概念 ·· 2
1.1.2 新媒体的特点 ·· 2
1.1.3 新媒体的类型 ·· 3
任务 1.2 认识新媒体运营 ··· 8
1.2.1 新媒体运营的概念 ··· 8
1.2.2 新媒体运营的特点 ··· 8
1.2.3 新媒体运营的类型 ·· 10
任务 1.3 新媒体就业和创业 ·· 14
1.3.1 新媒体就业概况 ·· 14
1.3.2 新媒体创业概况 ·· 16

项目 2 微信公众号运营 ·· 18
任务 2.1 认识微信公众号 ··· 19
2.1.1 微信公众号的概念 ·· 19
2.1.2 微信公众号的特点 ·· 20
2.1.3 微信公众号的类型 ·· 22
任务 2.2 微信公众号的基本设置 ··· 23
2.2.1 账号详情设置 ·· 23
2.2.2 功能设置 ··· 25
任务 2.3 微信公众号的视觉设计 ··· 29
2.3.1 视觉设计概述 ·· 29
2.3.2 视觉设计的基本原则 ··· 31
2.3.3 动态交互设计 ·· 50
任务 2.4 微信公众号的内容运营 ··· 56
2.4.1 选题规划 ··· 56
2.4.2 内容策划 ··· 65
2.4.3 形式创意 ··· 71
2.4.4 内容编辑 ··· 78
任务 2.5 微信公众号的用户运营 ··· 84
2.5.1 用户获取 ··· 84
2.5.2 用户激活 ··· 89
2.5.3 用户留存 ··· 90
2.5.4 用户变现 ··· 92

任务 2.6　微信公众号的数据分析 ·········· 95
　　2.6.1　用户分析 ·········· 95
　　2.6.2　图文分析 ·········· 100

项目 3　微信小程序运营 ·········· 103
　任务 3.1　认识微信小程序 ·········· 104
　　3.1.1　微信小程序的概念 ·········· 104
　　3.1.2　微信小程序的特点 ·········· 105
　　3.1.3　微信小程序的类型 ·········· 108
　任务 3.2　微信小程序的简单开发 ·········· 109
　　3.2.1　申请账号 ·········· 109
　　3.2.2　安装开发工具 ·········· 110
　　3.2.3　开发小程序 ·········· 111
　　3.2.4　提交审核和发布 ·········· 112
　任务 3.3　微信小程序的内容运营 ·········· 113
　　3.3.1　工具类小程序 ·········· 113
　　3.3.2　内容类小程序 ·········· 115
　　3.3.3　游戏类小程序 ·········· 117
　　3.3.4　电商类小程序 ·········· 118
　任务 3.4　微信小程序的用户运营 ·········· 120
　　3.4.1　用户获取 ·········· 120
　　3.4.2　用户激活与留存 ·········· 123
　　3.4.3　用户变现 ·········· 127

项目 4　微博运营 ·········· 129
　任务 4.1　认识微博 ·········· 130
　　4.1.1　微博的概念 ·········· 130
　　4.1.2　微博的特点 ·········· 131
　　4.1.3　微博的类型 ·········· 132
　任务 4.2　微博的基本设置 ·········· 136
　　4.2.1　设置微博名称 ·········· 136
　　4.2.2　设置微博头像 ·········· 138
　　4.2.3　设置微博简介 ·········· 138
　　4.2.4　添加微博标签 ·········· 139
　　4.2.5　进行微博认证 ·········· 140
　　4.2.6　设置个性域名 ·········· 143
　任务 4.3　微博的内容运营 ·········· 145
　　4.3.1　短微博发布 ·········· 145
　　4.3.2　长文章设计 ·········· 146
　　4.3.3　发布话题 ·········· 149
　任务 4.4　微博的用户运营 ·········· 151

4.4.1　微博用户运营概述 ················· 151
　　4.4.2　用户获取 ····························· 152
　　4.4.3　用户激活 ····························· 154
　　4.4.4　用户留存 ····························· 155
　　4.4.5　用户变现 ····························· 157
　任务 4.5　微博的数据分析 ····················· 161
　　4.5.1　微博的基本数据分析 ············· 161
　　4.5.2　微博的数据分析工具 ············· 165

项目 5　抖音运营 ······································· 167
　任务 5.1　认识抖音 ································· 168
　　5.1.1　抖音的概念 ·························· 168
　　5.1.2　抖音的特点 ·························· 168
　　5.1.3　抖音的发展历程 ···················· 169
　任务 5.2　抖音的基本设置 ····················· 171
　　5.2.1　个人头像 ····························· 171
　　5.2.2　抖音昵称 ····························· 172
　　5.2.3　抖音账户签名 ······················· 173
　　5.2.4　背景图的选择 ······················· 174
　　5.2.5　抖音认证 ····························· 175
　　5.2.6　绑定关联相关账号 ················ 176
　任务 5.3　抖音的内容运营 ····················· 177
　　5.3.1　内容特征 ····························· 177
　　5.3.2　内容形式 ····························· 178
　任务 5.4　抖音的用户运营 ····················· 181
　　5.4.1　用户获取 ····························· 181
　　5.4.2　用户激活 ····························· 184
　　5.4.3　用户留存 ····························· 186
　　5.4.4　用户转化 ····························· 187

项目 6　头条号运营 ··································· 190
　任务 6.1　认识头条号 ···························· 191
　　6.1.1　头条号的概念 ······················· 191
　　6.1.2　头条号的特点 ······················· 191
　　6.1.3　头条号类型 ·························· 192
　任务 6.2　头条号的基本设置 ·················· 195
　　6.2.1　设置头条号名称 ···················· 195
　　6.2.2　设置头条号头像 ···················· 196
　　6.2.3　设置头条号简介 ···················· 197
　　6.2.4　进行头条号认证 ···················· 197
　任务 6.3　头条号的内容运营 ·················· 200

6.3.1　发布图文消息 200
　　6.3.2　发布视频 200
　　6.3.3　发布提问 201
　　6.3.4　开通直播 202
　　6.3.5　发布爆料内容 203
　任务 6.4　头条号的用户运营 204
　　6.4.1　用户获取 204
　　6.4.2　用户激活 206
　　6.4.3　用户留存 206
　　6.4.4　用户转化 208

项目 7　小红书运营 210
　任务 7.1　认识小红书 211
　　7.1.1　小红书的概念 211
　　7.1.2　小红书的特点 212
　　7.1.3　小红书的类型 212
　任务 7.2　小红书的基本设置 214
　　7.2.1　设置小红书名字 214
　　7.2.2　设置小红书头像 215
　　7.2.3　设置小红书个性签名 215
　　7.2.4　进行小红书身份认证 215
　任务 7.3　小红书的内容运营 218
　　7.3.1　小红书的运营类型 218
　　7.3.2　小红书发布笔记 220
　　7.3.3　小红书的笔记技巧 220
　任务 7.4　小红书的用户运营 222
　　7.4.1　用户获取 222
　　7.4.2　用户激活 224
　　7.4.3　用户留存 225
　　7.4.4　用户转化 225

项目 8　知乎运营 227
　任务 8.1　认识知乎 228
　　8.1.1　知乎的概念 228
　　8.1.2　知乎的特点 228
　　8.1.3　知乎的账号类型 229
　任务 8.2　知乎的基本设置 231
　　8.2.1　设置知乎名称 231
　　8.2.2　设置知乎头像 231
　　8.2.3　设置知乎简介 233
　　8.2.4　进行知乎账号认证 233

任务 8.3 知乎的内容运营 ··· 236
8.3.1 写回答 ··· 236
8.3.2 写文章 ··· 237
8.3.3 写想法 ··· 239
任务 8.4 知乎的用户运营 ··· 240
8.4.1 用户获取 ··· 240
8.4.2 用户激活 ··· 241
8.4.3 用户留存 ··· 242
8.4.4 用户转化 ··· 243

项目 9 其他新媒体运营 ·· 245
任务 9.1 豆瓣运营 ··· 246
9.1.1 认识豆瓣 ··· 246
9.1.2 豆瓣的内容特点 ··· 250
9.1.3 豆瓣的用户特点 ··· 252
任务 9.2 简书运营 ··· 255
9.2.1 认识简书 ··· 255
9.2.2 简书的内容特点 ··· 256
9.2.3 简书的用户特点 ··· 258
任务 9.3 哔哩哔哩运营 ··· 260
9.3.1 认识哔哩哔哩 ··· 260
9.3.2 哔哩哔哩的内容特点 ··· 261
9.3.3 哔哩哔哩的用户特点 ··· 266
任务 9.4 喜马拉雅运营 ··· 268
9.4.1 认识喜马拉雅 ··· 268
9.4.2 喜马拉雅的内容特点 ··· 269
9.4.3 喜马拉雅的用户特点 ··· 271

参考文献 ··· 273

项目 1

新媒体运营概论

简单来说,媒体是指传播信息的媒介,新媒体则是与"传统媒体"相对的概念。传统的四大媒体分别为:电视、广播、报纸和杂志,新媒体则是基于互联网诞生的新兴媒介。

新媒体运营,是通过现代化移动互联网手段,利用微信、微博、抖音等新兴媒体平台工具进行产品宣传、推广、营销的一系列活动。

新媒体专业人员可在网络公司、广告公司、电视台、报社、音像电子出版社、杂志社、新闻单位、教育推广公司、教学软件开发公司、学校(网校)、远程教育机构、科研单位、各级企事业单位的信息化管理宣传部门、咨询策划公司、展示展览公司、文化传播公司、各种企业的市场部工作。

任务 1.1　认识新媒体

任务目标

知识目标：了解新媒体的概念、特点和类型。
能力目标：分析新媒体行业的发展趋势。

任务导图

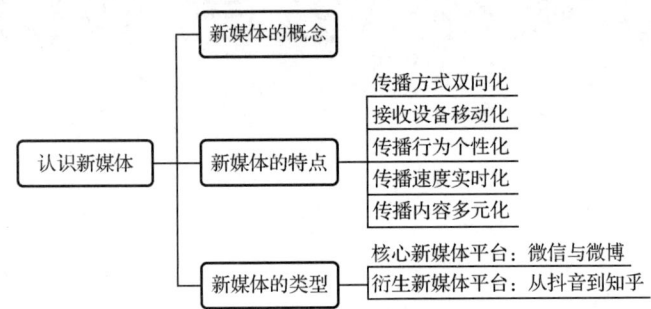

任务实施

1.1.1　新媒体的概念

讨论 1-1：1. 新媒体是什么？2. 新媒体带给我们哪些新的生活方式？

"新媒体（New Media）"一词源于 CBS（美国哥伦比亚广播电视网）技术研究所所长戈尔德马克（P. Goldmark）在 1967 年发布的一份商品开发计划书。之后，美国传播政策总统特别委员会主席 E. Rostow 在向尼克松总统提交的报告书中，也多处使用了"New Media"一词（1969 年）。由此，新媒体一词开始在美国流行并迅速扩展至全世界。

关于新媒体的定义很多，至今没有定论，我们来看两个比较权威的定义。

联合国教科文组织对新媒体的定义："以数字技术为基础，以网络为载体进行信息传播的媒介。"

美国《连线》杂志对新媒体的定义："所有人对所有人的传播。"

简单来说，媒体是指传播信息的媒介，新媒体则是与"传统媒体"相对的概念。传统的四大媒体分别为：电视、广播、报纸和杂志，新媒体则是基于互联网诞生的新兴媒介。

新媒体已渗透到生活的方方面面，你可能自己并没有意识到，但其实已常常接触到了。如每天的刷微博、上抖音、QQ 聊天，在今日头条了解资讯等，新媒体已经无处不在。

1.1.2　新媒体的特点

讨论 1-2：为什么会诞生新媒体？

相对于传统媒体而言，新媒体有两个核心的改变：一是传播媒介由传统媒介变成基于互联网的新媒介；二是传播者由权威媒介组织变成了所有人。不过第二个改变在新媒体发展早期并没有被强调，直到自媒体迅速发展，普通个人作为传播者才被引起广泛关注。传统媒体与新媒体对比如表1-1所示。

表1-1 传统媒体和新媒体对比

	传 播 者	信 息	媒 介	接 收 者	传 播 效 果
传统媒体	媒介组织	符合监管要求的任何信息	传统媒介	所有人	引起受众思想观念、行为方式等的变化
新媒体	媒介组织、个人	符合监管要求的任何信息	基于互联网的新媒介	所有人	引起受众思想观念、行为方式等的变化

新媒体的具体特点如下。

1．传播方式双向化

传统媒体信息传播的方式是单向的、线性的、不可选择的，表现为特定的时间内由信息的发布者向受众发布信息，受众被动接受信息，缺少信息的反馈。这种静态的传播使得信息流畅性弱，传播效果不佳。而新媒体传播方式是双向的，每个受众既是信息的接收者，同样也是信息的传播者，进而互动性强，传播效果明显。

2．接收设备移动化

无线移动技术的发展使得新媒体具备移动性的特点，通过移动互联网技术，使得用手机浏览网页、看视频等行为实现动态化，不仅仅局限于固定场所。

3．传播行为个性化

微博、微信、博客、播客等新的传播方式使得每一个人都成为信息的发布者，个性地表达自己的观点，传播自己关注的信息。传播内容与传播形式等完全是"我的地盘我做主"。

4．传播速度实时化

相对于传统媒体的传播方式，新媒体的传播借助互联网技术，信息传播变得更加迅速，能够实时接收信息，实时做出相应反馈已不再困难。

5．传播内容多元化

从传统媒体到新媒体，最大的变化同时体现在传播内容的多元化和融合化上。传统纸质媒体通过平面展示文字、图片信息，而如今，借助新媒体形式，同时传播带有文字、图片、声音等于一身的信息已成为可能，既提高了信息量，也提升了信息广度。

1.1.3 新媒体的类型

> 讨论1-3：日常生活中接触到的新媒体有哪些？

中国的新媒体，起源于1994年第一家曙光论坛的创立，兴起于2012年新浪微博的用户爆发，繁荣于现今深度垂直或轻量娱乐等形形色色平台的更新迭代。

当旧的媒体形态逐渐不再受人关注，新的在线媒体平台开始成为主导，在线视频、音乐、游戏已然成为现今中国新媒体发展势头显著的新媒体形态。中国互联网用户趋势如图1-1所示。

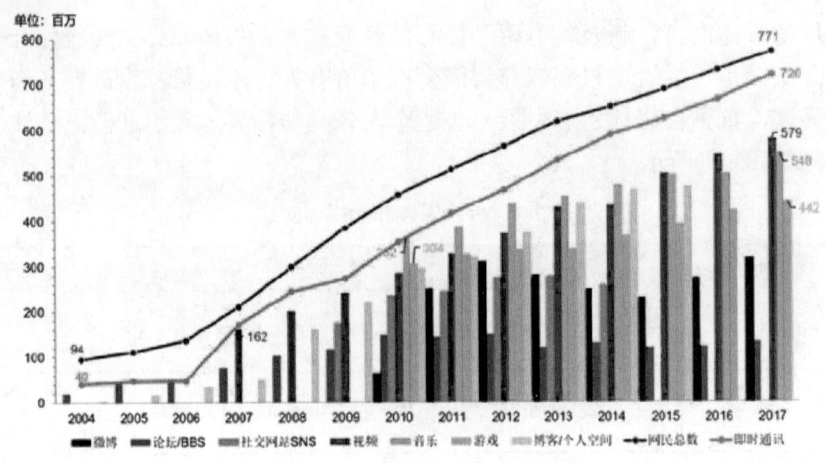

图 1-1 中国互联网用户趋势

（数据来源：中国互联网信息中心 CNNIC，2018 年 3 月《中国互联网络发展状况统计报告》）

靠定制化信息分发起家的今日头条，凭借智能算法对消费者进行精准内容的推送。它通过机器学习等轻量技术资产创立了抖音短视频、今日头条等平台，迅速渗透并赢得了新媒体用户的青睐。打破了新媒体巨头原有的 BATS（百度、阿里巴巴、腾讯、新浪微博）格局，转变成 BATSB（百度、阿里巴巴、腾讯、新浪微博、字节跳动）格局。新媒体巨头用户数量如图 1-2 所示。

图 1-2 新媒体巨头用户数量

（图片来源：Kantar Media CIC 发布的《2018 年社会化媒体生态概览白皮书》）

根据 Kantar Media CIC 发布的《2018 年社会化媒体生态概览白皮书》，从用户关系和平台内容两个维度出发，新媒体是由核心新媒体和衍生新媒体构成的双格局生态。

核心新媒体主旨为增强人际关系，用户通过核心社会化平台频繁地交换各自的生活体验或其他信息，包括以交友、兴趣、新鲜事、即时通信为目的的线上平台。衍生新媒体主旨为帮助平台增加用户黏性，赚取流量。用户从内容生产者获得更加个性化的信息，以进行更好的决策。衍生新媒体可以宽泛地分为网络游戏、影音娱乐、知识资讯、电商购物四大板块。核心新媒体和衍生新媒体平台矩阵关系示例如图 1-3 所示。

双格局生态之争愈演愈烈，但却无法相互取代。而品牌营销在双格局生态层面应该采取不同的策略和绩效考核方式。

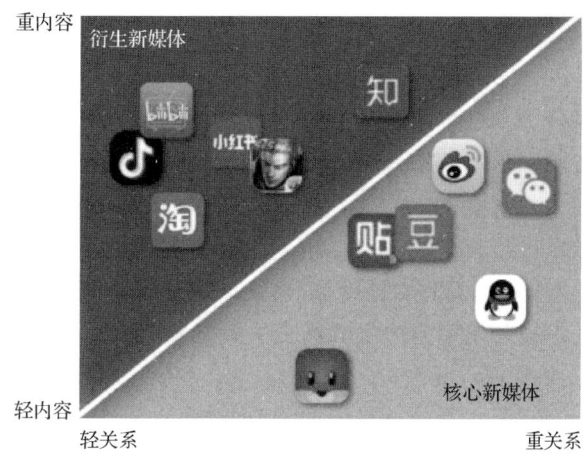

图 1-3 核心新媒体和衍生新媒体平台矩阵关系示例

1．核心新媒体平台：微信与微博

微信已经融入人们的日常生活，为跨年龄层的用户重塑在线关系。微信是腾讯业务中拥有用户数量最多的一个新媒体平台，并且已全面融入人们的生活。2017 年，87.6%的用户最常使用的手机 App 是微信。微信庞大的用户基数拉近了人与人之间的关系。据调查，33%的"银发"用户将个人移动端 80%以上流量用于微信。

新浪微博通过扶持视频化、垂直化、MCN（Multi Channel Network）的传播方式，增加了普通用户与专业用户之间黏性。

垂直化指的是微博深耕垂直领域，致力于建立每个领域的流量生态、变现生态。在 55 个领域中有 25 个的月阅读量过了百亿次。微博同时也加大对 MCN 机构的扶持。现在在 53 个垂直领域，已经有 1 200 家 MCN 机构入驻，达人账号数量达到 1.6 万个。

2．衍生新媒体平台：从抖音到知乎

（1）影音娱乐

视频社交满足了广大用户无聊消遣、排解孤独的需求。根据 CNNIC 第 41 次互联网用户的研究调查：互联网用户喜欢观看网络视频和直播的主要原因是打发时间。用户喜欢观看网络视频和直播的原因如图 1-4 所示。

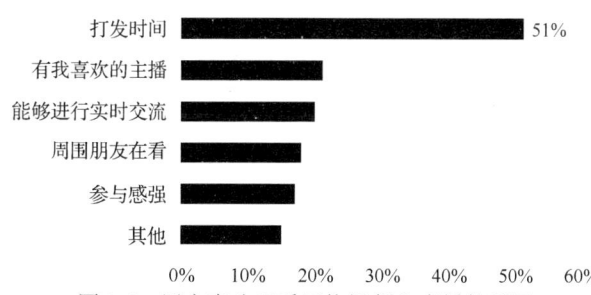

图 1-4 用户喜欢观看网络视频和直播的原因

同时，这些平台衍生出的新媒体入口可以让用户将自认为有趣的内容快速分享。这些无思考门槛的生活化内容，让用户在消费时感觉不到时间的流逝，同时自己又能感到"获取信息"的满足感，以及与朋友"分享资讯"获得的乐趣和认同感。因此，用户很容易"刷到停不下来"。

以抖音短视频为例，通过打造内容生态、算法推送助力，让兴趣相投的用户可以通过内容分享拓展社交关系。抖音内容分发机制如图1-5所示。

（2）网络游戏

以王者荣耀为代表的多人在线游戏需要团队配合才能玩。当玩家刚刚进入游戏时，系统会随机匹配队友，但当玩家想要在游戏中获得好成绩时，必然会想方设法寻找有共同兴趣爱好、相对稳定的游戏玩伴，摸索固定的战斗模式，抱团取暖。此时，他们既可以将已有的稳定社交关系带入游戏中，也可以把因游戏结识的玩伴沉淀为线下的社交关系。如此游戏内外社交关系的良性导入导出，产生了强大的用户黏性，也让游戏成为天然的新媒体入口，而非仅仅是个人消遣的单机游戏。网络游戏中的社交关系如图1-6所示。

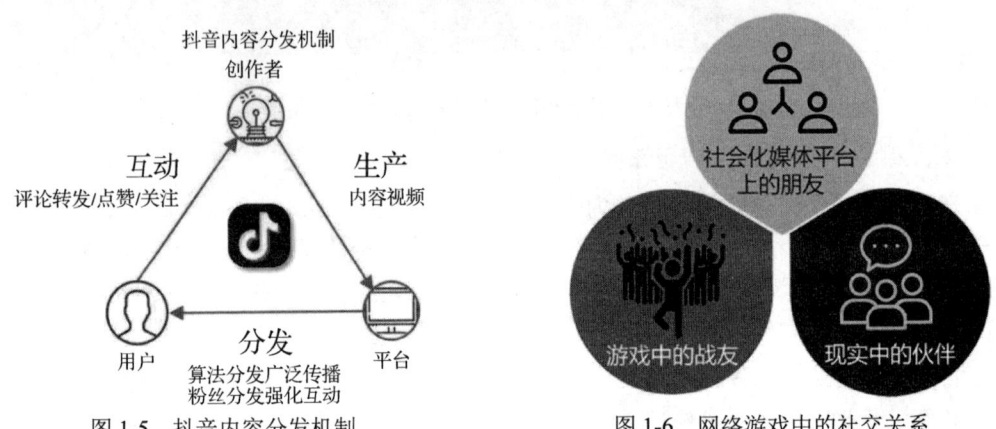

图1-5　抖音内容分发机制　　　　　图1-6　网络游戏中的社交关系

（3）电商购物

小红书通过深耕内容，打造意见领袖的影响力，迅速跻身于电商精品导购平台行列。

深耕内容：激励普通用户晒出生活；对网红达人的分享进行分类，方便不同需求的用户查找相关笔记和视频；为明星提供展示真实自我的舞台，满足粉丝的好奇心。

扩散：小红书笔记可通过链接和截图两种方式分享，既可以用于朋友聊天时的案例，也能被微博大号和电商作为文案素材进行二次创作。

向电商导流：热门内容激起用户购买同款的兴趣，将用户导向小红书电商购买。同时，淘宝、京东等其他主流电商平台也会借用小红书上的爆款吸引顾客。

购买后分享产生社交裂变：购买商品后，小红书站内的"购买笔记"会为用户预设好内容、照片和标签，鼓励用户分享使用感受。简洁干净的界面和自发创作的内容让用户愿意将笔记分享在小红书之外的核心社交平台（微博、微信），形成良性的购买循环。

（4）知识资讯

知乎是以精品回答内容为主的弱关系知识型社区。知乎上的用户可以分为三类：专业生产者（贡献高质量内容的专业团队），专业知识者（来自各个行业的意见领袖、专家或学者）和知识型用户（愿意接受更好的教育、渴望学习探索、拥有积极生活态度的用户群体）。知乎用户的构成如图1-7所示。

2016年7月20日"知乎机构账号"上线，已有8 000多家品牌入驻知乎。为了鼓励用户发表高质量内容，知乎从2014年开始做线下运营，比如举办一年一度的知友大V见面会"盐Club"、知识展和快闪店。

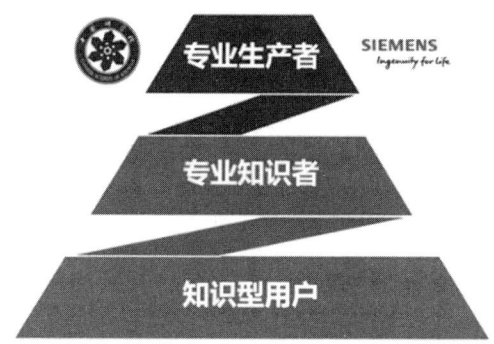

图 1-7　知乎用户构成

任务小结

1．媒体是指传播信息的媒介，新媒体则是与"传统媒体"相对的概念，传统的四大媒体分别为：电视、广播、报纸、杂志，新媒体则是基于互联网诞生的新兴媒介。

2．新媒体具有传播方式双向化、接受设备移动化、传播行为个性化、传播速度实时化、传播内容多元化等特点。

3．从用户关系和平台内容两个维度出发，新媒体是由核心新媒体和衍生新媒体构成的双格局生态。

4．核心新媒体主旨为增强人际关系，用户通过核心社会化平台频繁地交换各自的生活体验或其他信息，包括以交友、兴趣、新鲜事、即时通信为目的的线上平台。

5．衍生新媒体主旨为帮助平台增加用户黏性，赚取流量。用户从内容生产者获得更加个性化的信息，以进行更好的决策。衍生新媒体可以宽泛地分为网络游戏、影音娱乐、知识资讯、电商购物四大板块。

任务实训

通过互联网查找 Kantar Media CIC 发布的《2018 年中国社会化媒体生态概览白皮书》并仔细阅读，谈谈你对我国新媒体未来发展的看法。

任务 1.2　认识新媒体运营

任务目标

知识目标：了解新媒体运营的概念、特点和类型。
能力目标：掌握不同类型新媒体运营的差异。

任务导图

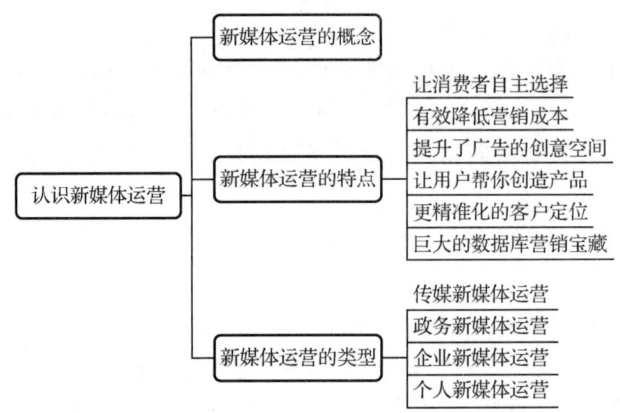

任务实施

1.2.1　新媒体运营的概念

讨论 1-4：你认为新媒体运营的主要任务是什么？

新媒体运营，是通过现代化移动互联网手段，利用微信、微博、抖音等新兴媒体平台工具进行产品宣传、推广、营销的一系列活动。通过策划品牌相关的优质、高度传播性的内容和线上活动，向客户广泛或精准推送信息，提高客户的参与度和品牌的知名度，从而充分利用粉丝经济，达到相应营销的目的。

1.2.2　新媒体运营的特点

讨论 1-5：你认为跟传统媒体运营相比，新媒体运营有哪些特点？
与传统媒体运营相比，新媒体运营主要存在以下特点。

1．让消费者自主选择

传统媒体运营与新媒体运营相比，营销方式发生了变化。过去的营销方式大部分是硬性推广，而新媒体营销则不同，新媒体营销使得与消费者沟通的互动性增强，有利于取得更有效的传播效果。企业要做的就是让目标用户参与，让品牌融于消费者的互动活动当中，融于口碑当中，形成另一种传播源，不断向下扩散。那么营销效果将事半功倍。相反，如果让消费者置身事外，他们将永远无法体味个中滋味，更无法成为营销的"病毒载体"。在网络时代，泛滥的信息让人们的决策成本空前提高，简单的信息告知传播，显然已经无法满足企业的营销期望。因此，让用户成为你营销计划中的一部分，变成营销的"病毒载体"，一并来完成企业的营销拼图，就成了每个企业都望穿秋水的期待。通过它，企业既能够与受众实现更多的互动，也可以收集更多的反馈信息。新媒体营销让消费者占据了主导地位，在这个崇尚体验、参与和个性化的时代，消费者的个性化需求更容易得到满足。

2．有效降低营销成本

新媒体不仅使企业宣传品牌的方式多元化，而且更好地降低了营销的成本。比如过去很多企业认为花很多钱建一个官方网站，定期或不定期发布一条企业动态或产品信息，不停地建新网站和推广就可以了，但效果往往并不理想。而新媒体提供了更多免费的开放平台，并能够实现资源共享。比如在微信上开通公众号账户，在豆瓣上建立兴趣小组，在天涯上建立品牌空间，在新浪微博上建立官方微博，在百度百科上建立品牌词条，在QQ上建立粉丝群，在自己的官方网站上建立互动有奖游戏等，这些基本上都是免费的。

新媒体不仅提升了低成本的平台，而且提供了低成本的传播。很多品牌的信息，在传统媒体时代，要花巨资去推广，而在新媒体时代，只要你的内容有创意，网民觉得有趣或有价值，就会帮你免费传播。多对多形式的"对话"所造成的N级传播，也是传统媒体的一级或两级传播所相形见绌的。

3．提升了广告的创意空间

新媒体的发展使病毒营销、社区营销、数据库营销、反向沟通、互动体验、口碑传播、精准营销、焦点渗透、事件营销等各种新的广告形式和营销方法不断出现。在社会化营销中，创意就是我们的弹药，新媒体营销就会发挥强大的力量。创意可遇不可求，但是一旦拥有了创意，并通过用户的参与，其整个营销的效果就会有极大提升。

如果说营销是一杆火枪，那么只有平台而没有创意的广告，就好比只有瞄准镜，而没有弹药，仍然毫无火力而言。而新媒体不断拓展新的营销传播方式和手段，这将弥补传统媒体创意枯竭的问题。通过新媒体这个载体，将更多创造性的元素融入整合营销传播当中，对于企业战略转型和整合营销传播的完善和发展都具有关键意义。而创意经济自身蕴含着巨大的能量，创意元素成为当今企业和产品竞争中最为重要的一环。

4．让用户帮你创造产品

新媒体能引导用户创造产品，并分享利润。苹果公司的App Store就是典型的例子。苹果公司允许用户上传自己编写的应用程序，并由平台来统一进行销售和下载。每成功出售一次，作者便会得到一定比例的分成。于是，苹果公司和应用程序作者实现了让人难以想象的共赢。短短几年光景，App Store中经过认证的应用程序就接近20万个，总下载次数超过15亿次。其中，收费的应用程序平均价格约为2.85美元。正是凭借着App Store中大量的应用程序和作者们自发的推广，苹果出售终端iPhone和iTouch才赚得盆满钵满。

让用户创造内容或产品，企业提供销售平台，与用户共同分享利润，在保证了产品的多元化和创造力的同时，也拥有了大量忠实、可靠的宣传者。他们热情而希望旁人认可，更加希望能够把自己的作品向全世界公开，于是，能够展示其作品的平台或终端会倍受他们推崇，口口相传之下，企业成了最大的受惠者。因为，每一个人都渴望得到别人的认可，所以，再没有比传播自己的内容还要有驱动力的方式了。新媒体能让用户在参与过程中，将一成不变的产品信息打上自己的烙印，进而再次传递，这样的效果更佳。更进一步讲，如果企业在传递过程中，因为用户的参与而获利，并慷慨地与该参与的用户来分享利润，那么这种共赢的模式将会进一步提高营销的效果。

5. 更精准化的客户定位

在新媒体营销中，不管是门户网站的按钮广告，还是搜索引擎的关键词广告，相对于传统媒体来说，都更有针对性。比如你在微博谈论购买篮球的事情，那么系统会认定你有购买篮球的需求。而过一段时间，不管你是否在进行篮球运动，系统都有可能为你定制耐克、阿迪或李宁等品牌。在这个营销过程中，一切都基于人、账户及关系网，所以一切需求和潜在消费欲望都可以被记录、被计算、被推理。

未来的消费是越来越强调个性的，消费者会主动选择自己喜欢的方式，在喜欢的时间和地点获得自己喜欢的商品或服务，而移动互联网时代的各种工具能让企业清楚地知道顾客的需求。比如一个高流量套餐的用户会是一个经常出差的高端商务人士；一个经常用 Twitter 唠叨今天又买了什么衣服的人，一定是一位追求时尚的潮人……把握这些信息的企业就不再对市场盲目扫射的"机关枪手"，而是一颗子弹达到一个目的的"狙击手"。

6. 巨大的数据库营销宝藏

新媒体另一个好处就是能轻而易举地得到大量的用户信息。在我们看来，自己的信息只不过是交往时必要的谈资；但在新媒体平台中，用户就是精准的潜在消费者。目前的技术，完全有能力根据你的基础信息和实时交流内容，通过语境和语义的分析，算出你在哪方面有需求或有消费潜力。

我们为了交到志同道合的朋友或吸引粉丝，努力地给网站提交自己精准的个人信息，而且是完全自愿且主动的。这包括姓名、年龄、职业、爱好、工作等，而我们在与朋友在线交流的过程中，无意间又透露了最近我们的行踪？烦恼和开心的事情究竟是什么？工作中又遇到了什么问题？最近想买一个 iPad 还是 iPhone？等等。这些免费而主动的行为，才是今天越来越尊重个人隐私的大时代背景下，各企业争夺的资源和财富。

1.2.3 新媒体运营的类型

讨论 1-6：哪些群体需要进行新媒体运营？

新媒体运营主要分为传媒新媒体运营、政务新媒体运营、企业新媒体运营、个人新媒体运营（自媒体运营）。其中，传媒新媒体运营和政务新媒体运营的政治意义较强，不在本书的讨论范围之内。

1. 传媒新媒体运营

传媒新媒体运营的主要对象是转型后的传统媒体，比如人民日报、南方周末等相关新媒体账号，一般由政府主导，主要任务是进行思想政治教育，把握正确舆论导向，全面提高舆论引导能力。（参考视频资料：《传媒行业的新媒体之路准备好了吗？》，http://www.iqiyi.com/w_19rso0cvhh.html）

2. 政务新媒体运营

政务新媒体运营的主要对象是各级政府机构的官方新媒体账号，比如上海发布、南京发布等相关新媒体账号，一般由政府部门直接运营，主要任务是对突发事件发布准确信息，对出台政策进行精准解读引导，对网民诉求进行及时回应等。

我国政务新媒体政策供给现状及调整研究

人民网舆情数据中心发布的《2018年上半年人民日报·政务指数微博影响力报告》显示，微博仍是国内最大的政务新媒体平台。截至2018年6月，经过认证的政务微博达到17.58万个。全国十大中央机构微博如图1-8所示。

排名	微博	认证信息	传播力	服务力	互动力	认同度	总分
1	公安部打四黑除四害	公安部治安管理局暨打四黑除四害专项行动办公室官方微博	97.02	90.98	87.19	88.33	91.99
2	共青团中央	共青团中央官方微博	98.26	80.78	87.61	90.65	90.81
3	中国消防	应急管理部消防局官方微博	89.37	82.32	84.68	89.39	86.55
4	中国反邪教	中国反邪教官方微博	95.37	70.11	82.01	82.39	85.01
5	中国长安网	中央政法委新闻网站官方微博	87.59	79.85	84.70	85.59	84.98
6	中国政府网	国务院办公厅中国政府网运行中心	87.99	63.75	85.00	85.29	81.97
7	中央气象台	中央气象台官方微博	81.86	81.18	81.43	79.88	81.40
8	最高人民法院	最高人民法院微博	84.98	73.51	81.80	78.02	81.04
9	中国地震台网速报	国家地震台网官方微博	84.92	61.72	86.26	85.30	80.72
10	最高人民检察院	最高人民检察院微博	84.88	67.61	83.80	79.02	80.52

图1-8 全国十大中央机构微博

（数据来源：人民网舆情数据中心.《2018年上半年人民日报·政务指数微博影响力报告》）

伴随机构改革的推进，国家市场监督管理总局、中国海警局官方微博开通上线，文化与旅游部、生态环境部、应急管理部等部委的官方微博也相继"变身"。政务微博的传播能力、服务意识和运营实效都得到进一步提升，日常的响应、联动、协作更加成熟。数据显示，2018年上半年政务微博的总粉丝数已经达到29亿，总阅读量达到1 523亿次。报告还指出，随着社会治理重心向基层下移，政府及社会组织利用政务微博发布信息、解读政策和办事服务的能力也向基层下移。

在国家倡导"互联网+政务服务"、政务资源互通共享后，可以预见全国政务新媒体功能将会更加完善，不同部门间的信息壁垒将会被逐渐打通，人们网上办事将会更加便利。在平台建设初步完成后，政务服务的效率与质量提升迫在眉睫。2018年4月出台的《2018年政务公开工作要点》，首次提出对政务新媒体运营管理实行"关停整合"机制。

3. 企业新媒体运营

随着科技的不断发展，新媒体的交流方式让品牌拥有更多的渠道去接触消费者并与其沟通。企业新媒体运营的主要目的就是利用新媒体进行品牌营销，企业新媒体营销方式经历了几个不同阶段，从单纯的线上互动衍生至线上与线下联动，新媒体已成为消费者体验的一个新平台。

第一阶段：品牌利用新媒体增加曝光量。大部分品牌在新媒体初期主要将该平台视为新的流量枢纽，为品牌增加曝光量。品牌通过新媒体发布硬广或软性植入，目的是吸引消费者的关注和点击,也少有意见领袖的商业化应用。例如,在新春来临期间,可口可乐和腾讯 QQ 曾经合作推出可口可乐主题 QQ 皮肤。推出三个月,QQ 可口可乐皮肤的下载量总数就达到 430 万次。可口可乐主题 QQ 皮肤如图 1-9 所示。

图 1-9　可口可乐主题 QQ 皮肤

　　第二阶段:品牌融入新媒体与消费者对话。在这一阶段,品牌意识到新媒体是以社会关系为主的平台,逐步开始建立各自在新媒体中的角色,创造具有风格的内容来吸引用户跟随,并鼓励用户与品牌对话。在这个阶段,品牌主要活跃于核心新媒体平台,并广泛使用意见领袖(KOL)或明星为品牌背书,形成品牌网络口碑。例如,M&M's 巧克力豆曾在微博上将品牌成功卡通化,推出"红豆""黄豆"两个账号,并配合官方进行活动宣传。M&M's 年度活动"逗趣追查令"如图 1-10 所示。

　　第三阶段:品牌面临全新的体验时代——打造品牌体验圈。新媒体全面成熟之后,已经成为营销不可或缺的主角,品牌投入也不断放大,新媒体营销除了要吸引消费者订阅、制造互动,还在不同维度创造独特的体验方式。社会化营销工作变成更广泛意义上的构建品牌体验圈,牵引目标消费群体进入自己的品牌体验圈,为消费者打造全方位感官体验,从而引导消费者分享,逐步扩大体验圈受众。

图 1-10 M&M's 年度活动 "逗趣追查令"

4．个人新媒体运营

个人新媒体运营的互联网时代，个人 IP 的商业价值开始显现。个人 IP 的打造不仅仅推动了其个人的商业价值，还能够极大地提升个人知名度。个人新媒体运营的主要目的就是打造个人 IP，进而形成商业价值，创造收益。

任务小结

1．新媒体运营，是通过现代化移动互联网手段，利用微信、微博、抖音等新兴媒体平台工具进行产品宣传、推广、营销的一系列活动。

2．新媒体运营的特点包括让消费者自主选择、有效降低营销成本、提升了广告的创意空间、让用户帮你创造产品、更精准化的客户定位、巨大的数据库营销宝藏。

3．新媒体运营主要分为传媒新媒体运营、政务新媒体运营、企业新媒体运营、个人新媒体运营（自媒体运营）。

任务实训

结合实例分析不同类型新媒体运营的主要特点和差异。

任务 1.3　新媒体就业和创业

任务目标
知识目标：了解新媒体就业概况和新媒体创业概况。
能力目标：能撰写新媒体岗位求职简历及新媒体创业商业计划书。

任务导图

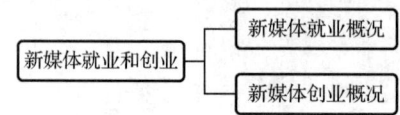

任务实施

1.3.1　新媒体就业概况

讨论 1-7：你想从事新媒体运营的相关工作吗？为什么？

新媒体专业人员可在网络公司、广告公司、电视台、报社、音像电子出版社、杂志社、新闻单位、教育推广公司、教学软件开发公司、学校（网校）、远程教育机构、科研单位、各级企事业单位的信息化管理宣传部门、咨询策划公司、展示展览公司、文化传播公司、各种企业的市场部工作。

根据肯耐珂萨研究院发布的《2018 互联网从业人才报告》，人才市场对新媒体运营专业人才的需求持续上涨，这直接表现在不同性质的企业，如创业公司、股份制企业、国企、合资公司、民企、上市公司、外企、政府/非营利机构等，都在寻找专业的新媒体运营人才。新媒体运营类人才需求分析如图 1-11 所示。

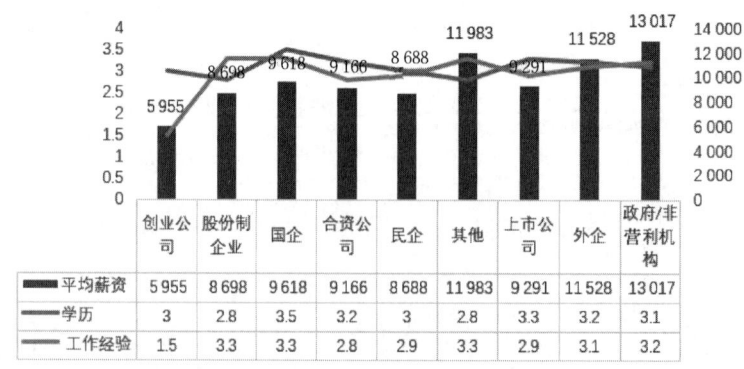

图 1-11　新媒体运营类人才需求分析

新媒体运营岗位的晋升路径一般是：新媒体运营专员—新媒体运营主管—新媒体运营总监，如图 1-12 所示。

项目 1　新媒体运营概论

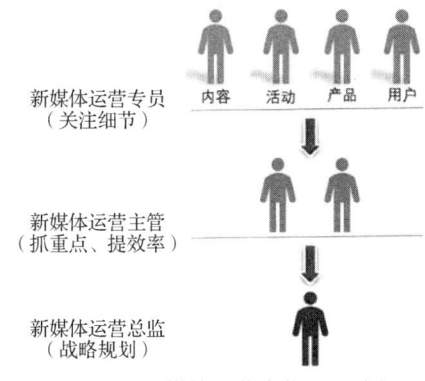

图 1-12　新媒体运营岗位晋升路径

新媒体运营专员关注细节，主要负责微信公众号、微博、小红书等新媒体矩阵的搭建和日常内容、用户等运营。某企业新媒体运营的岗位职责及任职要求如图 1-13 所示。

岗位职责：
1. 负责微信公众号的日常运营和推广工作，同时完成内容的选题和优质内容的输出；
2. 其他的新媒体矩阵的搭建和运营，如头条、知乎、豆瓣、小红书等；
3. 策划并执行新媒体拉新、活跃等类型活动，及时跟踪数据情况，形成数据反馈报告；
4. 增加媒体公号粉丝数，提升关注度和粉丝的活跃度，并及时与社群粉丝进行互动；
5. 及时掌握市场新闻热点，监督海内外行业热点事件、竞品动态，挖掘新闻点，制造相应的话题及事件性内容营销；
6. 充分了解社群用户需求，并收集用户反馈，分析用户行为及需求，形成反馈报告。

任职要求：
1. 2年及以上新媒体运营经验，具有较强的新媒体矩阵搭建和操作能力，英文能力出众者优先；
2. 热爱或熟悉区块链，了解数字资产用户需求和痛点，具备区块链项目经验者优先；
3. 认可区块链本质及理念，具备较强的逻辑思维能力，对基础金融知识有了解者优先；
4. 能够独立负责内容策划、撰写、公众平台编辑等工作；
5. 思维活跃，创意丰富，文字功底良好，有较强的新闻敏感度。

图 1-13　某企业新媒体运营的岗位职责及任职要求

新媒体运营负责抓重点、提效率，负责全年运营计划的制订和实施监督。某集团新媒体运营主管/经理的职位描述及任职要求如图 1-14 所示。

职位描述：
1. 负责根据全年整合营销计划，制定全年推广内容规划，输出整合营销内容包（内容创意及文案、广告文字创作）；
2. 负责集品牌定位，建立集团品牌自媒体矩阵，对不同推广渠道内容进行规划；
3. 负责组织内容营销团队对集团品牌/产品文案进行策划，把控撰写、编辑工作，研究产品并发掘其亮点、卖点；
4. 负责对接KOL/媒体平台，关注各媒体平台投放工具及流量转化方式，进行内容投放；
5. 负责对集团品牌线上搜索端、口碑平台进行品牌口碑维护（百度百科、百度搜索、百度问答、知乎、豆瓣、大众点评等）。

任职要求：
1. 本科及以上学历，市场营销、中文或新闻学优先，3年以上文案策划或相关工作经验，具有较高的语言提炼能力；
2. 有知名品牌公司、广告公司、公关公司、时尚/媒体公司工作经验者优先；
3. 文字功底扎实，擅长多种写作风格，能搞笑、会煽情；
4. 善于留意时尚潮流和娱乐信息，关注热点；
5. 熟悉互联网、微信、微博等媒介终端和网络营销平台，深谙互联网语言和规律，最好是微博控、微信控、社区论坛达人，各种App的重度使用者。

图 1-14　某集团新媒体运营主管/经理的职位描述及任职要求

新媒体运营总监负责战略规划。主要负责协助CEO，根据公司发展战略及公司业务、产品的特点制定具体策略，以及营销、运营模式等工作。某公司新媒体运营总监的岗位职责及任职资格如图1-15所示。

岗位职责：
1. 协助CEO，根据公司发展战略及公司业务、产品的特点制定具体策略，以及营销、运营模式；
2. 负责公司各平台的全面运营管理工作，组织制订运营发展计划、年度计划；
3. 规划平台的风格、架构、功能，制定并完善平台的运营管理制度、业务流程；
4. 基于互联网/移动互联网等外部行业分析，结合公司O2O平台的发展规划，建立动态战略目标体系、运营体系、竞争性策略，创新营利模式；
5. 建立规范、高效的业务运营管理体系并优化完善，改进和优化工作流程，提升运营效率；
6. 提升公司品牌荣誉度和影响力。

任职资格：
1. 具备良好的敬业精神、沟通能力和职业道德，能够承担工作压力，性格开朗乐观。具有积极进取；
2. 具有敏锐的商业触觉；具有优秀的领导力和执行力，良好敬业精神和职业道德操守；熟悉国内大型互联网、高新科技公司日常营运操作，对互联网行业有独到专业的见解和分析，有国内知名互联网、高新科技公司从业经验；
3. 优秀的执行力和团队协作精神；
4. 具备深厚的产品、运营、市场运作经历，精通各类运营策略和手段，整合应用并完成运营指标，有成功案例；
5. 5年以上互联网、电商、智能硬件等行业工作经验，至少3年以上同等岗位工作经验；
6. 计算机、管理、市场营销或相关专业毕业。

图1-15　某公司新媒体运营总监的岗位职责及任职资格

1.3.2　新媒体创业概况

讨论1-8：1. 你知道Papi酱吗？2. 利用新媒体创业有什么优势？

科技的进步降低了媒体行业的门槛。越来越多的创业者变身媒体人，开始用智慧与热情改造这个行业。从内容生产到媒体平台，再到渠道建设，媒体产业链的各个环节如今都有了创新创业者的身影。根据跨星创投合伙人吕子睿的说法，现阶段新媒体创业已经进入深度创业的领域，许多具体领域都进行新媒体化，新媒体属性更强。

汽车新媒体是最早受到资本关注的新媒体领域之一。几年前，内容创业这个词还没被掷地有声地喊出来，"玩车教授"就拿到了一笔1500万的天使投资。随后，"有车以后""12缸汽车""智选车"都纷纷拿到了融资。离资本最近的"财富新媒体"是后来居上者。"读懂新三板""P2P观察""债券圈"等直切一个重度垂直门类的新媒体，在积累信息优势、传播优势、资源优势后，都先后获得了资本的支持。

消费升级的大背景下，教育付费市场日渐成熟，这让教育类新媒体成为资本抢滩的新地界。例如，"壹父母"这个亲子类教育新媒体宣布获得头头是道基金百万级天使轮融资，估值3000万元。在此之前，获得融资的包括母婴电商"年糕妈妈"、亲子故事平台"凯叔讲故事"等。获得5000万元A轮融资的"餐饮老板内参"被认为是B端创业类新媒体的典范。和"餐饮老板内参"一样，"美业观察""三声""跨境电商内参"都是为B端创业者提供服务的新媒体，他们一道构成了资本最关注的第三大类别。

随着越来越多资本的介入，新媒体投资的领域也开始多元化，除了科技、时尚、体育、旅行、健康等大类外，酒业、宠物、美容等更细化领域的垂直自媒体，也开始走进资本的视线，这种趋势接下来可能会更明显。新榜统计发现，财富、教育、创业三大领域已经取代汽车等领域成为最受资本青睐的三大垂直新媒体领域。获得融资的新媒体领域分布（2016年）如图 1-16 所示。

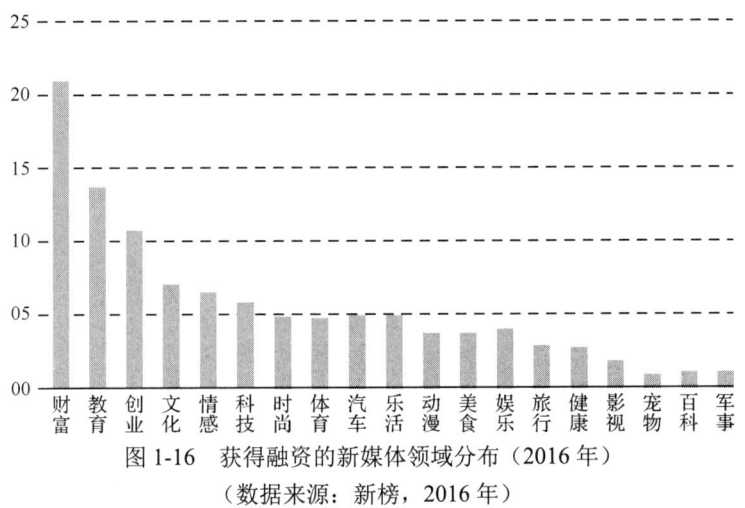

图 1-16　获得融资的新媒体领域分布（2016 年）

（数据来源：新榜，2016 年）

任务小结

1．新媒体运营岗位晋升路径一般是：新媒体运营专员—新媒体运营主管—新媒体运营总监。

2．新媒体创业已经进入深度创业的领域，现在新媒体创业表现为许多具体领域和阶段都进行了新媒体化，新媒体属性更强。

任务实训

1．试想一下，你现在即将毕业，想要找一份与新媒体运营相关的工作。请先在拉勾网上寻找相应的职位，分析岗位需求，并制作相应的个人简历。

2．在新媒体强大的吸金效应影响下，你也准备开始新媒体创业。创业的第一步就是写好商业计划书（Business Plan，简称 BP），请借助"疯狂 BP"网站，完成一份完整的商业计划书。

项目 2

微信公众号运营

　　微信公众号是开发者或商家在微信公众平台上申请的应用账号,通过公众号,商家可在微信平台上实现和特定群体的文字、图片、语音、视频的全方位沟通、互动,从而形成了一种主流的线上线下微信互动营销方式。

　　微信公众号的基本设置包括头像、名称、微信号、介绍、所在地址等信息。

　　微信公众号视觉设计的基本原则包括统一、秩序、对比、平衡等。

　　微信公众号的内容运营是指基于产品的内容进行内容策划、内容创意、内容编辑、内容优化、内容传播等一系列与内容相关的工作。

　　微信公众号的用户运营是指通过各种手段来引导用户,做我们想要他做的事。

　　微信公众号的数据分析主要包括用户分析和图文分析。

任务 2.1　认识微信公众号

任务目标

知识目标：了解微信公众号的概念、特点、类型。

能力目标：掌握微信公众号的注册方法。

任务导图

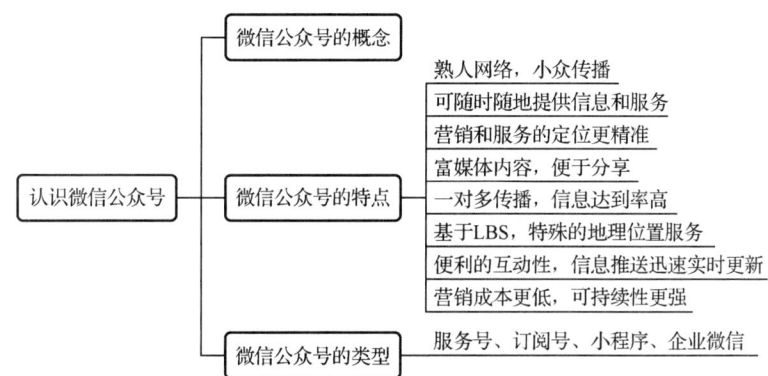

任务实施

2.1.1　微信公众号的概念

讨论 2-1：说说你订阅了哪些微信公众号？它们有什么特点？

微信公众号是开发者或商家在微信公众平台上申请的应用账号，通过公众号，商家可在微信平台上实现和特定群体的文字、图片、语音、视频的全方位沟通、互动，从而形成了一种主流的线上线下微信互动营销方式。

微信公众号的发展大致经历了如表 2-1 所示的几个阶段。

表 2-1　微信公众号的发展历程

时　　间	重　大　更　新
2012 年 8 月 23 日	微信公众平台正式上线
2012 年 11 月 29 日	群发系统全面升级，新增图文消息编辑功能
2013 年 2 月 6 日	（1）增加高级功能选项，用户可以在编辑模式和开发模式中选择一个使用；（2）设置选项中只保留账号信息和公众号手机助手两项，删除了被添加消息自动回复和自定义规则回复两个重要功能选项；（3）全面开启实名认证
2013 年 3 月 19 日	开放"自定义菜单"API 内测申请（仅限企业和机构申请）
2013 年 6 月	新增自定义 LBS 数据
2013 年 8 月 5 日	（1）公众账号被划分为订阅号和服务号，服务号可申请自定义菜单；（2）运营主体为组织，可选择成为服务号或订阅号；运营主体为个人，只能申请订阅号；（3）编辑图文消息可选填作者

续表

时　　间	重 大 更 新
2013年8月29日	公众平台新增数据统计功能，包括用户管理分析、群发图文消息分析、用户消息分析和接口调用分析，数据从2013年7月1日开始统计
2013年10月29日	（1）开放全新的认证体系，服务号可申请微信认证，审核通过后，即可获得微信认证标识并同时拥有高级接口的使用权限；（2）开放高级接口；（3）新增开发者问答系统；（4）公众平台界面进行了全新改版
2013年12月24日	政府、传统媒体、明星等非企业性质的订阅号可以申请微信认证，通过微信认证的订阅号可获得自定义菜单接口权限
2013年12月31日	发布了《微信公众平台关于诱导分享行为的公告》，明确禁止通过群发消息等手段强制或诱导用户分享至朋友圈的营销行为
2014年4月4日	发布《微信公众平台运营规范》
2014年4月15日	服务号的群发次数由原来的每月1次改为每月（自然月）4次
2014年6月6日	公布微信整顿公众号集赞行为处理机制
2014年7月7日	（1）广告主可定向投放广告，精准推广自己的服务；（2）流量主可提供广告展示，按月获取收入
2015年2月3日	公布《微信公众平台关于抄袭行为处罚规则的公示》，开始保护原创，打击抄袭等的侵权行为
2016年3月10日	发布《微信公众平台关于处理转发赚钱、刷分刷榜类行为的公告》
2016年4月29日	上线用户管理优化，目前已支持标签管理用户，且用户卡片实现多场景管理与查看用户信息，多维度提升用户管理效率
2016年9月12日	发布《关于整顿新型多级分销欺诈行为的公告》
2018年2月10日	（1）个人主体注册公众号数量上限由5个调整为2个；（2）组织类主体注册公众号数量上限由50个调整为5个
2018年5月11日	发布"订阅号助手"App，支持公众号运营者在手机上发表内容、查看和回复消息、管理已关注用户和账号
2018年7月19日	微信公众平台"转载可赞赏作者"暂时下线
2018年11月16日	个人主体注册公众号数量上限由2个调整为1个；企业类主体注册公众号数量由5个调整为2个

2.1.2　微信公众号的特点

讨论2-2：结合你的日常使用经验，说说微信公众号有什么特点？

1．熟人网络，小众传播

微信作为一款手机社交软件能在短时间内被大众接受，一个主要原因就是其用户来源基于已有的腾讯用户，同时还可以实现跨平台添加好友，用户可以通过访问手机通信录来添加已开通业务的朋友和家人。不同于其他类似社交平台的特点在于其建立的好友圈中均是已经认识的人，建立起来的人际网络是一种熟人网络。其内部传播是一种基于熟人网络的小众传播，其信任度和到达率是传统媒介无法达到的。因此，平台能够获取更加真实的客户群。博客的粉丝中存在着太多的无关粉丝，并不能真实地为你带来客户，但是微信的用户却一定是真实的、私密的、有价值的。

2．可随时随地提供信息和服务

相对于PC机而言，手机是用户随时都会携带在身上的工具，借助移动端优势，以及天然的社交、位置等优势，会给商家的营销带来很大的方便。同时，相对于App而言，微信公众号由于不需要下载安装，因此更加方便。

3．营销和服务的定位更精准

通过微信公众平台可对用户进行分组，并且通过"超级二维码"特性（在二维码中可加入广告投放渠道等信息），可准确地获知客户群体的属性，从而让营销和服务更加个性化，更加精准。

4．富媒体内容，便于分享

新媒体相比传统媒体的一个显著特点就是移动互联网技术的应用，通过手机等终端可以随时随地浏览资讯、传递消息，碎片化的时间得以充分利用。而在这方面，微信公众号可谓做到了极致。特有的对讲功能，使得社交不再限于文本传输，而是使用图片、文字、声音、视频的富媒体传播形式，更加便于分享用户的所见所闻。同时，用户除了使用聊天功能以外，还可以借助"朋友圈"，通过转载、转发及"@"功能将内容分享给好友。

5．一对多传播，信息达到率高

通过微信公众平台，个人和企业都可以打造一个公众号，并实现和特定群体的文字、图片、语音的全方位沟通与互动。微信公众平台是企业进行业务推广的一种有力途径。微信公众平台的传播方式是一对多的传播，直接将消息推送到手机，因此达到率和被浏览率都比较高。已有许多个人或企业公众号，因其优质的推送内容而拥有数量庞大的粉丝群体，借助公众号进行植入式的广告推广，由于粉丝和用户对公众号的高度认可，不易引起用户的抵触，加上高到达率和浏览率，能达到十分理想的效果。

6．基于LBS，特殊的地理位置服务

LBS（Location Based Services），基于地理位置的服务，意指与定位相关的各类服务系统，简称"定位服务"。它包括两层含义：首先，确定移动设备或用户所在的地理位置；其次，提供与位置相关的各类信息服务。与传统网络媒体相比，地理位置服务是一大特色，"查找附件的人""摇一摇"等功能均是以LBS为基础的。它可轻易通过手机GPS服务获取用户的地理位置信息，用户在分享最新动态时勾选地理位置，好友便能看到其所在地，而地理位置是商家进行精准营销的重要信息之一。

7．便利的互动性，信息推送迅速并实时更新

作为一款社交软件，微信公众号便利的互动性是区别于其他网络媒介的优势所在。尤其是公众平台中，用户可以像与好友沟通一样来与企业公众号进行沟通互动。企业通过公众号可以即时向公众推送信息，并实时更新。同时，在公众平台当中结合一些互动的功能，比如刮刮卡、大转盘等，可以极大地增强营销的互动性和趣味性。

8．营销成本更低，可持续性更强

以往，顾客离开企业或门店后，除了电话与短信，没办法与客户再建立联系。现在企业把客户聚集到公众平台上，企业可向客户不定期推送信息，让客户对企业的品牌认知度越来越深。过去，企业投放媒体广告，投放时效果不错，广告结束了，交易也就结束了，客户没留住，因此需要不停地投放广告，而广告成本也逐年增长，这是企业面对的共同问题，要是把所有客户加到公众平台，建立联系，持续下来，将会发挥更好的效果，节省广告投放预算。

2.1.3 微信公众号的类型

讨论2-3：订阅号和服务号有什么区别？

按照微信官方的分类方式，微信公众号账号被分为4类，如图2-1所示。

图2-1 微信公众号账号分类

- 服务号：给企业和组织提供更强大的业务服务与用户管理能力，帮助企业快速实现全新的公众号服务平台。
- 订阅号：为媒体和个人提供一种新的信息传播方式，构建与读者之间更好的沟通与管理模式。
- 小程序：一种新的开放能力，可以在微信内被便捷地获取和传播，同时具有出色的使用体验。
- 企业微信：企业的专业办公管理工具，与微信一致的沟通体验，提供丰富免费的办公应用，并与微信消息、小程序、微信支付等互通，助力企业高效办公和管理。

根据以上定义我们可以发现，服务号的运营主体是企业和组织，既提供信息服务，也提供功能服务。订阅号的运营主体是媒体和个人，以传播信息为主。除了信息推送频率差异显著外（服务号每月可推送4次信息，订阅号每天可推送1次信息），服务号和订阅号的运营后台并无明显区别，所以，在本项目中，将它们作为整体，共同讲解。

小程序更像是简化版的App，主要提供功能性服务，其设计和运营的逻辑与服务号和订阅号相比复杂很多，我们在项目3中单独讲解。企业微信是一款企业内部的沟通工具，并不适合营销，因此，本书不做讲解。

任务小结

1. 微信公众号是开发者或商家在微信公众平台上申请的应用账号。通过公众号，商家可在微信平台上实现和特定群体的文字、图片、语音、视频的全方位沟通、互动。微信公众平台正式上线后，经过了一系列的迭代更新，功能日趋完善。

2. 微信公众号的特点：（1）熟人网络，小众传播；（2）可随时随地提供信息和服务；（3）营销和服务的定位更精准；（4）富媒体内容，便于分享；（5）一对多传播，信息达到率高；（6）基于LBS，特殊的地理位置服务；（7）便利的互动性，信息推送迅速并实时更新；（8）营销成本更低，可持续性更强。

3. 按照微信官方的分类方式，微信公众号账号被分为服务号、订阅号、小程序、企业微信4类。

任务实训

登录微信公众平台，完成个人微信公众号的注册。

任务 2.2　微信公众号的基本设置

📒 任务目标

知识目标：了解微信公众号的头像、名称、微信号、功能介绍、所在地址、人员等账号详情设置，以及自动回复、自定义菜单等功能设置的概念。

能力目标：掌握微信公众号的头像、名称、微信号、功能介绍、所在地址、人员等账号详情设置，以及自动回复、自定义菜单等功能设置的方法。

📒 任务导图

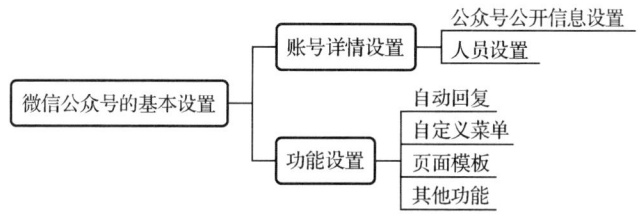

📒 任务实施

2.2.1　账号详情设置

讨论 2-4：公众号的公开信息设置有哪些？

1. 公众号公开信息设置

公众号的公开信息设置包括头像、名称、微信号、介绍、所在地址等。大部分信息在注册阶段就已经设置好，如果需要修改，可以在公众号设置菜单中进行修改。需要特别注意的是，几乎所有的公开信息设置都有修改频率限制，所以，在修改前务必考虑清楚。"公众号设置-账号详情"设置页面如图 2-2 所示。

图 2-2　"公众号设置-账号详情"设置页面

微信公众号的头像一个月只允许修改5次，图片格式只支持BMP、JPEG、JPG、GIF、PNG，大小不超过2M，并且不允许涉及政治敏感与色情内容。

此外，需要注意的是，头像的主体部分尽量位于正中，因为头像必须同时支持正方形和圆形的显示，如图2-3所示。

图2-3　公众号头像设置

公众号的名称可设置4～30个字符（1个汉字等于2个字符），只允许含有中文、英文或数字，不能含特殊字符及"微信"等保留字符。微信公众号名称不支持空格，且符号不得侵犯商标权利，不能与已注册成功的账号名称重复。公众号名称允许修改的次数较少，一年内只允许修改2次，所以修改的时候一定要慎重考虑。

公众号的微信号可以设置6～20个包括字母、数字、下画线和减号的字符，但必须以字母开头。公众号的微信号也是有唯一性的，不支持重复设置，一年内只允许修改1次。

公众号功能介绍长度为4～120个字符，一个月允许修改5次。

以上公开信息设置需要遵循3个基本原则。

（1）简单。公众号的所有设置都应该尽量简单。名称设置应该让人很容易就能看出公众号的类型。比如，品牌类公众号可以直接使用和品牌一致的名称，麦当劳的服务号叫"麦当劳"，南方周末的公众号叫"南方周末"。"休克文案"是提供文案资讯的，"十点读书"是提供学习服务的，"餐饮老板内参"是为餐饮老板服务的，"秋叶PPT"是提供PPT相关服务的。微信号应该和名称相关，方便记忆。

（2）个性。一目了然的名字有利有弊，利是便于理解，弊是同质化严重，没有个性。有个性的名字更容易引发用户好奇心，也更容易被记住，特别是情感类的公众号，非常需要在名字中就体现个性，以区分自己和竞争对手。比如，情感类公众号"我走路带风""我要What You Need"的名称就各有特色。

（3）便于搜索。微信搜索框是一个非常大的流量入口，许多微信用户是通过直接搜索来查找公众号的。有些关键词本身就自带流量，如果能抢先注册这些名称，不用推广也能有很大的自然流量。比如，文案、故事、营销等关键词，每天都有巨大的搜索量，当名字中有相关关键词时，非常容易获得曝光量。在功能介绍中多嵌入相关关键词，会让排名更加靠前。"文案"关键词搜索页面如图2-4所示，"故事"关键词搜索页面如图2-5所示。

2. 人员设置

完成基本设置后，还应该绑定相关运营者，方便日常运营。一个公众号一般可以绑定5个长期运营者和20个短期（一个月）运营者。绑定方法很简单，在搜索框输入运营者微信号，邀请绑定即可。需要注意的是，运营者需要先关注该公众号，才有资格成为运营者。"绑定运营者微信号"页面如图2-6所示。

项目 2　微信公众号运营

图 2-4　"文案"关键词搜索页面　　　图 2-5　"故事"关键词搜索页面

图 2-6　"绑定运营者微信号"页面

2.2.2　功能设置

讨论 2-5：当你关注新的微信公众号时，有没有让你印象深刻的自动回复信息？

1. 自动回复

自动回复是用户关注你后的第一次互动，决定了用户对你的第一印象，这非常关键。理论上说，自动回复包含 4 种形式：文字、图片、语音、视频，前 3 种形式较为常见，视频类

25

的自动回复则较为少见。文字、图片、语音 3 种形式的自动回复如图 2-7 所示。

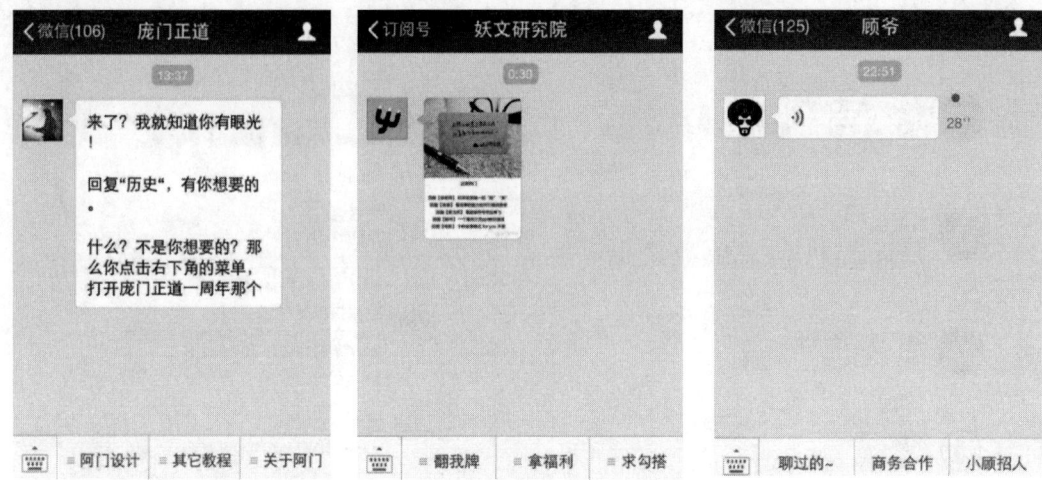

图 2-7 文字、图片、语音 3 种形式的自动回复

回复内容一般包括 3 类：自我介绍、推荐产品和增加互动。自我介绍主要目的是突出特色，加深用户对你的了解；大部分品牌公众号有自己的 App、官网或新产品上市，可以在自动回复中推荐产品，自媒体为了发展矩阵，可以在自动回复中推广其他公众号或微博、知乎等其他平台账号；增加互动的形式主要包括引导用户点击菜单、回复关键词、点击链接等类型。微信公众号回复内容的类型如图 2-8 所示。

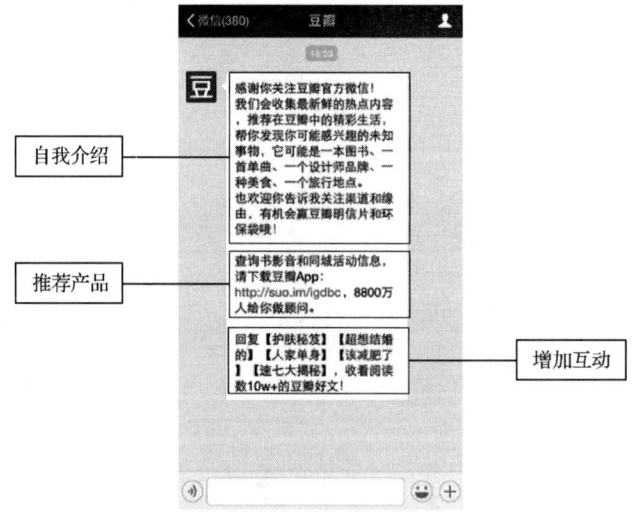

图 2-8 微信公众号回复内容的类型

2. 自定义菜单

自定义菜单的内容设置在不同行业之间差异很大，这里只讨论自定义菜单的形式。一般来说，最多可以设置 3 个大的菜单，每个大菜单下最多可以设置 5 个子菜单。菜单名称不能超过 4 个汉字或 8 个字母。

菜单可以跳转的页面一般包括图文消息、图片、语音、视频、网页和小程序，需要注意的是，只有认证的企业或组织的微信公众号，才能在菜单栏中直接跳转网页，个人公众号无此功能。"自定义菜单"设置页面如图 2-9 所示。

图 2-9 "自定义菜单"设置页面

3．页面模板

页面模板相当于文章菜单，主要作用是把已发布的文章有序地排列集中，方便用户查看。页面模板包括列表模板和封面模板，列表模板适合文章较少时使用，当文章数量和类型较多时，适合使用封面模板。设置好公众号页面后，就可以复制链接放到自定义菜单中发布。"页面模板"设置如图 2-10 所示。

图 2-10 "页面模板"设置

4．其他功能

已认证的企业和组织账号，还可以申请开通其他功能，丰富公众号的功能和体验。微信公众号的功能页面如图 2-11 所示。

图 2-11　微信公众号的功能页面

任务小结

1．公众号的公开信息设置包括头像、名称、微信号、功能介绍、所在地址等信息。需要特别注意的是，几乎所有的公开信息设置都有修改频率限制，所以，在修改前务必考虑清楚。公开信息设置需要遵循简单、个性、便于搜索 3 个基本原则。

2．一个公众号一般可以绑定 5 个长期运营者和 20 个短期（一个月）运营者。

3．自动回复一般包括文字、图片、语音、视频 4 种形式，前 3 种较为常见，视频类的自动回复则较为少见。自动回复的内容一般包括 3 类：自我介绍、增加互动和推广产品。

4．自定义菜单的内容设置在不同行业之间差异很大，菜单可以跳转的页面一般包括图文消息、图片、语音、视频、网页和小程序。

5．页面模板相当于文章菜单，主要作用是把已发布的文章有序地排列集中，方便用户查看。页面模板包括列表模板和封面模板。

任务实训

1．完成微信公众号账号的账号详情设置。

2．完成微信公众号账号的功能设置。

任务 2.3　微信公众号的视觉设计

📖 任务目标

知识目标：了解微信公众号视觉设计的目的、工具和基本原则。

能力目标：掌握微信公众号的基本排版、字体和配图方法，掌握动态交互设计方法。

📖 任务导图

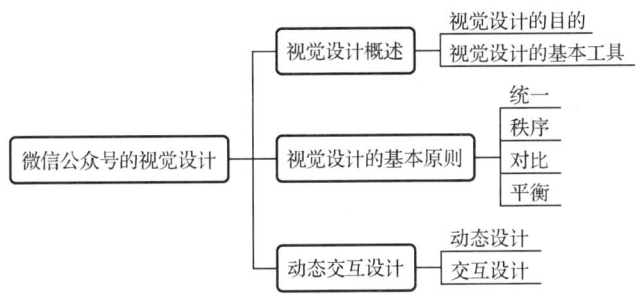

📖 任务实施

2.3.1　视觉设计概述

讨论 2-6：你觉得微信公众号的视觉设计重要吗？为什么？

1. 视觉设计的目的

（1）符合基本审美

在微信公众号的视觉设计中，一般需要符合以下基本要求：正文字号 14～16px，行间距 1.0～1.75 倍，颜色不超 3 种，强调文字要突出，首行无须再缩进，正文内容多分段，段落之间空一行，等等。

（2）方便用户阅读

不同的用户适合不同的设计，有着不同的设计倾向。比如，按年龄进行区分，儿童喜欢更明亮的色彩、更多的图片；青年人喜欢更个性化的设计；中年人喜欢简洁的设计；老年人喜欢大字号的设计。不同用户的视觉设计示例如图 2-12 所示。

（3）塑造品牌形象

公众号的品牌，同样可以通过视觉设计体现出来。在文章中，通过文字色调、配图风格、内容形式等，照样能体现公众号的特点，甚至是企业品牌的调性。再通过长期运营，能让用户对你的印象更加深刻，一旦想起某个领域，就会马上想到你。

2. 视觉设计的基本工具

新媒体视觉设计中主要会用到两类工具，一是静态平面设计工具，如 Photoshop、Adobe Illustrator、C4D 等。静态平面设计工具的图标如图 2-13 所示。

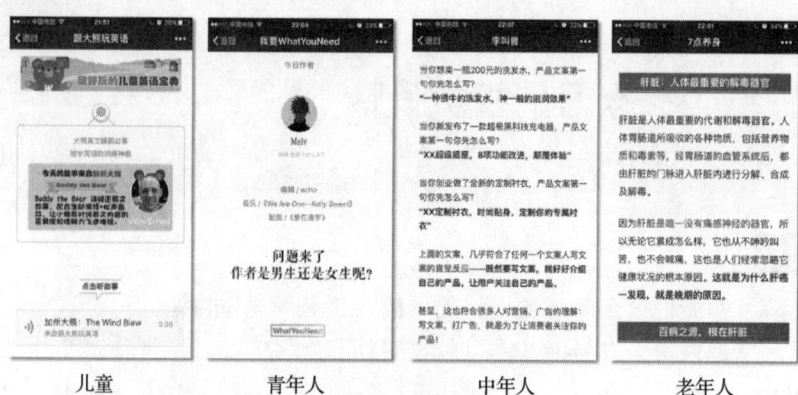

儿童　　　　青年人　　　　中年人　　　　老年人

图 2-12　不同用户的视觉设计示例

图 2-13　静态平面设计工具的图标

这类工具较为复杂，需要较长一段时间才能熟练使用。如果设计基础薄弱，可以直接使用简单的图片设计工具，如懒设计和创客贴。懒设计和创客贴都提供了国内主流社交媒体，如微信和微博的主要图片场景模板，简单修改即可使用。懒设计提供的社交媒体场景模板如图 2-14 所示。

图 2-14　懒设计提供的社交媒体场景模板

此外，懒设计还提供了国外主流新媒体，如 Facebook、Twitter、Google+ 等的主要图片场景模板，如图 2-15 所示。

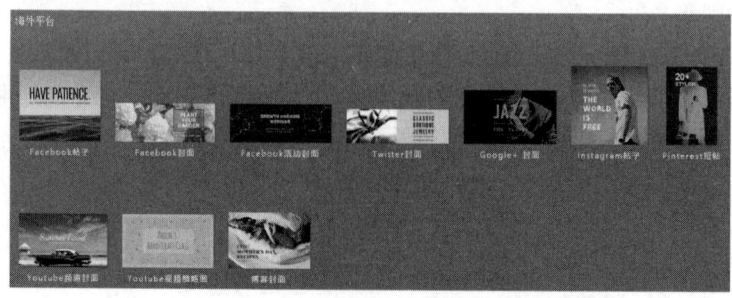

图 2-15　懒设计提供的国外主流新媒体的场景模板

第二类是动态交互设计工具，如 After Effects、Flash、Premiere、iH5 等，学习难度相对更大。交互类的设计还需要一定的代码基础，对设计师的要求非常高。动态交互设计工具的图标如图 2-16 所示。

如图 2-16　动态交互设计工具的图标

此外，微信公众号的视觉设计中还需要用到正文的编辑和排版工具。除了微信默认的编辑器外，还可以选用 135 编辑器、秀米图文排版等第三方工具，或者安装新媒体管家、壹伴小助手等排版插件。微信公众号"样式中心"页面如图 2-17 所示。

图 2-17　微信公众号"样式中心"页面

2.3.2　视觉设计的基本原则

讨论 2-7：你知道视觉设计中必须遵循的基本原则有哪些吗？

1．统一

统一，就是以品牌风格为中心，确定品牌的标准颜色、标准字体等，并将其应用在品牌新媒体视觉识别系统中，以达到视觉上的和谐统一。

需要注意的是，在传统品牌和新媒体品牌的视觉识别系统中，应用系统的差别比较大。传统品牌视觉识别系统主要应用场景是线下（除了部分互联网品牌，应用场景既包括线上也包括线下），比如，物流车、购物袋、服装等。传统品牌视觉识别系统线下应用场景如图 2-18 所示。

图 2-18 传统品牌视觉识别系统线下应用场景

新媒体品牌视觉识别系统主要应用场景是线上，基础系统有 Logo、标准字、标准色彩等，应用系统主要有封面、品牌标语、标题、二维码、海报、作者简介等。比如，分享年轻人生活方式的公众号"未来预想图"的 Logo 属于文字图形类，冷色调，自定义字体，如图 2-19 所示。然后，以此为中心，打造了一套成熟的视觉识别系统，包括品牌标语、标题、作者简介、二维码。公众号"未来预想图"的品牌标语、文章标题、作者简介、二维码等，如图 2-20 至图 2-23 所示。分开看效果可能不明显，从整体看效果会更好。公众号"未来预想图"VI 的整体效果如图 2-24 所示。

图 2-19 公众号"未来预想图"的 Logo

公众号"示来预想图"的视觉识别系统

图 2-20 公众号"未来预想图"的品牌标语　　图 2-21 公众号"未来预想图"的文章标题

图 2-22 公众号"未来预想图"的作者简介　　图 2-23 公众号"未来预想图"的二维码

图 2-24　公众号"未来预想图"VI 的整体效果

除了公众号"未来预想图",还有一些非常成功的案例,比如,关注生活美学的公众号"Voicer",它的品牌 Logo 属于抽象图形类,配色丰富,风格扁平化。公众号"Voicer"的品牌 Logo 如图 2-25 所示。并且以此为中心,打造的视觉识别系统也很好地诠释了统一原则。公众号"Voicer"VI 的整体效果如图 2-26 所示。

公众号"Voicer"的
视觉识别系统

图 2-25　公众号"Voicer"的品牌 Logo

图 2-26　公众号"Voicer"VI 的整体效果

再比如,幽默时事类公众号"王左中右",其品牌 Logo 属于手绘型具象图像,暗沉的深蓝色调,如图 2-27 所示。

公众号"王左中右"的视觉识别系统

图2-27 公众号"王左中右"的品牌Logo

不过，虽然是具象人物，但人物的鼻子是按照小丑的造型设计的，这就使得Logo人物在一定程度上脱离了现实，具有一定的抽象特征，并以此为中心的视觉识别系统都是手绘型暗沉色调。公众号"王左中右"VI的整体效果如图2-28所示。

图2-28 公众号"王左中右"VI的整体效果

此外，公众号"王左中右"的部分封面、标题和插图采用的都是抽象图像型，具体来说就是把文字进行抽象化变形，使之更具有寓意，这点与封面图的象征式变形非常相似。公众号"王左中右"的配图如图2-29所示。

图2-29 公众号"王左中右"的配图

旅行类公众号"24 HOURS"的 Logo，是由文字和抽象图片组合而成的，风格极简，但文尾的二维码区域内容、颜色设计都过于丰富，和其他部分设计存在一定冲突，如果进行简化，会更符合统一的设计原则。公众号"24 HOURS" VI 的整体效果如图 2-30 所示。

公众号"24 HOURS" VI 的整体效果

 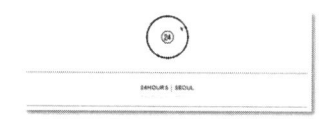 

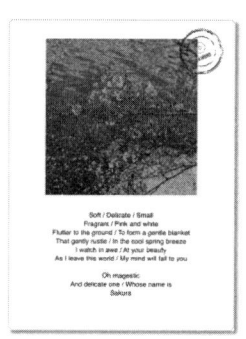   

图 2-30　公众号"24 HOURS" VI 的整体效果

2．秩序

当办某件事需要排队时，我们很乐意看到一个井然有序的队伍，最好还能设置相应的屏障，防止插队和排错队。这样，我们很容易判断队伍的行进方向，进入队伍，高效地办好事情。井然有序的队伍如图 2-31 所示。

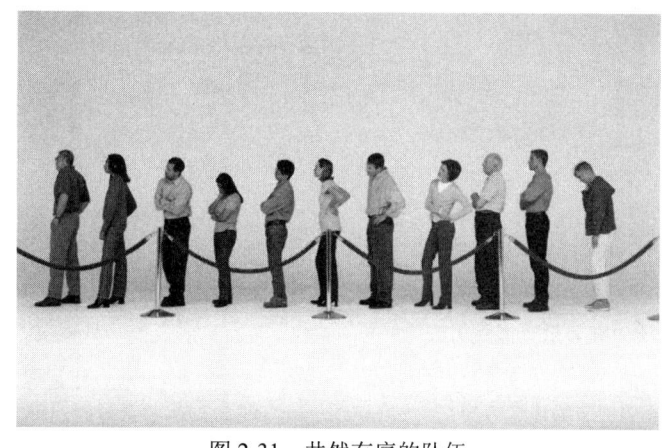

图 2-31　井然有序的队伍

和对现实世界的感受一样，在平面设计中，我们也喜欢井然有序的排列。没有人会强忍着性子，耐心地在混乱中发现秩序。当人们发现场面陷入混乱时，大部分情况下会选择迅速离开。孟加拉国艺术家卡兹·萨拉库丁·阿默德的丙烯画《彻底的混乱》如图 2-32 所示。

版面设计最理想的效果，就是可以让读者将版面全部内容读完。但通常情况下，这是很难实现的，因为读者的注意力很难集中，常常会跳跃式阅读。为了避免这一点，需要创造合理的视线流，引导读者循序渐进地阅读。视线流包括静态和动态两种。

图2-32 《彻底的混乱》（卡兹·萨拉库丁·阿默德）

（1）静态视线流

① 从左到右移动。从左到右移动视线，是我们在纸媒时代保留下来的习惯，在很长的一段时期内，我们还是会保留这个习惯。新媒体主要在移动端展示，横向空间有限，没有很大的发挥空间。如果使用秀米图文排版工具实现首字下沉，就可以使用户在从左到右移动视线时更容易找到起点。首字下沉的视觉效果如图2-33所示。

② 从上到下移动。大多数媒体都是以自上而下的视觉引导为基础进行版式设计的，新媒体尤其明显。因为新媒体以手机端展示为主，左右的移动空间受限，但上下移动的空间不受限制，发挥空间较大。比如，公众号"局部气候调查组"以长图为主要展示形式，无论是图片还是文字，都遵循从上到下移动的秩序，如图2-34所示。因为是完整、连续的长图，所以读者在从上到下移动视线时非常顺畅，不会被打断，从而可以获得非常好的阅读体验。

插　播一则小八卦，《穿PRADA的女魔头》开拍之际，Anna就放话和饰演女魔头的Meryl Streep（梅姨）结下梁子，并封杀电影所需的时尚资源。

图2-33　首字下沉的视觉效果　　　　图2-34　公众号"局部气候调查组"中的长图

③ 从大到小移动。一般而言，大的物体会比小的物体拥有更大的视觉比重。由于读者的视线大部分情况下是从大到小移动的，所以我们应该将重要的信息尽量放大。比如，通常情况下，我们会把标题放大，把重要的图片放大，这些都是遵循了视线从大到小移动的规律。例如，在图2-35中，你一定会先注意到中间最大的文字。

④ 向相似物体移动。人们的目光习惯向相似形状或颜色的物体移动。实现这种移动最常见的方法就是使用统一的项目符号。例如，图2-36中的项目符号，你看完一项，会自然地跳转到下一项。

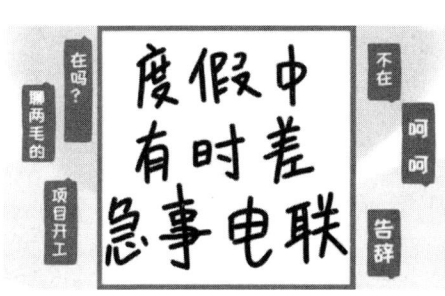

图 2-35　视线从大到小移动的图片　　　　图 2-36　向相似物体移动的图片

⑤ 向箭头方向移动。在人类文明中，对文明有巨大推动作用的当数文字。文字是从象形文字逐步演变而来，但在多年的演变过程中，箭头的形状却从未改变。箭头的出现，是因为古希腊毕达哥拉斯学派和柏拉图认为眼睛在捕捉物体时，视线、目光和力量会以物体为目标，从眼睛向物体方向传送，当把这一想法用图形来表示时，箭头就诞生了。向箭头方向移动的图片如图 2-37 所示。

图 2-37　向箭头方向移动的图片

（2）动态视线流

动态视线流是指用运动物体来引导视线，比较经典的应用是苹果官方公众号的推文《你不知道的 Apple》，其中使用了移动的叶子引导视线，如图 2-38 所示。

但不管采用哪一种视线流，都需要注意的是，视线流一定要简单，多重视线流交织在一起会导致混乱，因而加大读者的阅读难度。

3．对比

对比的目的主要有两个，一个是打破统一的版面设计，增强视觉效果。比如，差不多的两个拳头放在一起时，画面很平淡，因为只存在方向的对比；但如果是一个老人的拳头和一个小孩的拳头出现在同一画面上，视觉效果就会强烈很多，因为同时存在方向、大小、粗糙和光滑 3 种类型的对比。图片对比效果如图 2-39 所示。

图 2-38　使用移动的叶子引导视线

图 2-39　图片对比效果

对比的另一个目的是组织信息逻辑。完全统一的版面无法有效阅读，只有通过对比，读者才能对信息逻辑一目了然。对比越强烈，信息逻辑就越清晰。比如，一篇文章一般由标题、小标题、正文组成，如果标题和正文间的对比不够强烈，就很难一眼看出文章的逻辑，例如，如图 2-40 所示的对比图片中，左图只有文字大小的对比，小标题就不够显眼，辨识较困难，如果加强对比，增加粗细和颜色的对比，改成右图的样式，对比就非常鲜明了，信息逻辑也就一目了然。

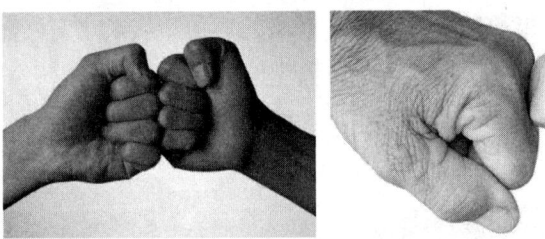

图 2-40　文字对比效果

（图片来源：《写给大家看的设计书》）

对比的方式主要有方向的对比、形状的对比、色彩的对比、字体的对比和图文的对比。
（1）方向的对比

排版布局时，可以采用不同的方向进行对比。比如，在图 2-41 所示的图片中，纵向文字和横向文字就形成了鲜明的对比。

图 2-41　纵向文字和横向文字的对比

这种方向的对比不只存在于文字和文字之间，也可以运用于图像和文字之间。比如，在图 2-42 所示的海报中，图像主体中的地平线是水平的、横向的，文字部分是垂直的、纵向的，方向的对比也非常鲜明。

图 2-42　文字方向和图片方向形成的对比

公众号"HomeFacialPro"的排版中也经常采用方向对比的方式。比如，标题部分采用纵向布局，正文部分采用横向排列，整体视觉效果非常灵动，如图 2-43 所示。

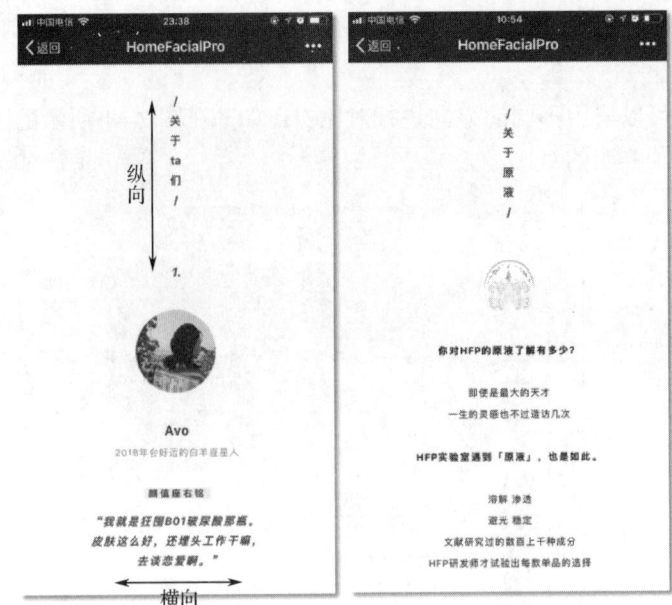

图 2-43　公众号"HomeFacialPro"采用的方向对比

公众号"Voicer"的部分插图也使用了横向和纵向文字的对比,并增加了动态效果,进一步强化了视觉效果。

(2) 形状的对比

① 尺寸的对比。同时放置两张或两张以上的图片时,常规的方式是将两张图设置成同样的尺寸和比例,如图 2-44 所示。

图 2-44　同样尺寸和比例的图片

但这样很容易显得单调、乏味,更好的办法是加入尺寸的对比。比如,将上图中的其中一个对象缩小,在尺寸上和另外一个对象形成对比,改成如图 2-45 所示的图片,整体效果会更生动、活泼。

图 2-45　不同尺寸的图片

② 几何形状与有机形状的对比。大部分形状可以分为几何形状和有机形状两大类。几何形状主要包括正方形、矩形、三角形、圆形等规则形状，如图 2-46 所示的左边图形，有机形状主要是指受自然启发的不规则形状，如图 2-46 所示的右边图形。

图 2-46　几何形状与有机形状

规则的几何形状可以和不规则的有机形状形成很好的对比。比如，如图 2-47 所示的这张海报，其边框就是由规则的外矩形框和不规则的内边框组成，对比效果非常好。

（3）色彩的对比

色彩的对比方案非常丰富，最为典型的有暖色和冷色的对比、亮色和暗色的对比、互补色对比等。一般来说，色轮的右上方是暖色，左下方为冷色，如图 2-48 所示。暖色给人的印象是生动、激情、有表现力，给人感觉在空间的靠前位置，适用于前景色。冷色给人的印象是谨慎、冷静、平静感，给人感觉在空间的靠后位置，适用于背景色。

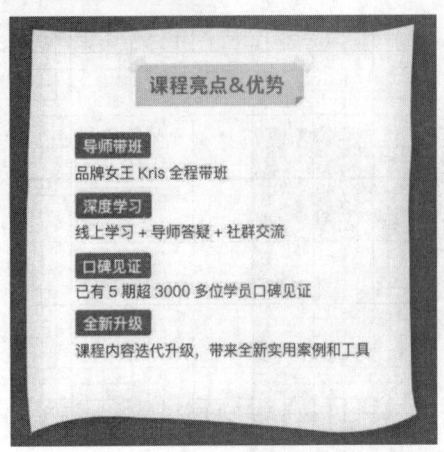 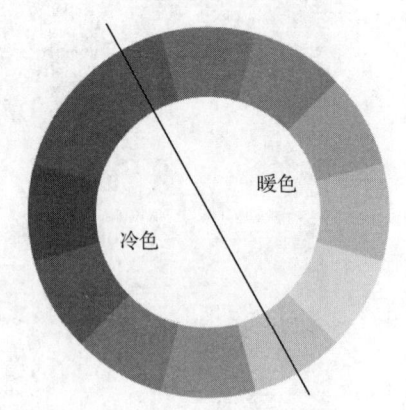 

图 2-47　形状对比图形示例　　　　图 2-48　色轮上的暖色与冷色

因此，当我们把这两种色调放在一起时，对比非常强烈，而且一般把冷色作为背景，暖色作为前景。比如，如图 2-49 所示的这张海报，就是采用冷暖色的对比，冷色（蓝色）作背景，暖色（红色）作前景。

图 2-49　冷暖色对比的海报

明暗的对比也非常常见，比如，如图 2-50 所示的这张图片，就是用暗色作背景，高亮的"HOTEL"标志作前景，对比非常鲜明，主题很突出。

图 2-50　明暗对比的图片

互补色是色轮上相对的两种颜色，互补色对比是色彩对比中最鲜明的组合之一。比如，如图 2-51 所示的红色和绿色，就可以形成互补色的对比。

互补色对比非常鲜明，画面冲突感很强，故有"红配绿，唱大戏"之说。因为这种搭配的不稳定性，在正式的设计中比较少见。如果想特别引人注目，可以尝试采用。比如，如图 2-52 所示的用互补色设计的杯子，画面冲突感很强。

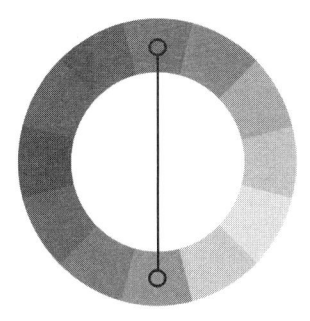

图 2-51　色轮上的红色和绿色　　　　　图 2-52　用互补色设计的杯子

（4）字体的对比

汉字的字体多种多样，一些常用字体的特点如下。

宋体：客观、雅致、大气、通用。

黑体：厚重、抢眼。

楷体：清秀、平和，带书卷味。

仿宋：权威、古板。

圆体：小资、商业味。

综艺：艺术、专业、现代感。

魏碑：刚劲、正气、强硬。

字母字体可以分为衬线体和非衬线体两大类，衬线体的笔画开始、结束的地方有额外的装饰，而且笔画的粗细有所不同，如图 2-53 左侧所示。非衬线字体，没有这些额外的装饰，而且笔画的粗细差不多，如图 2-53 右侧所示。

衬线体　　　非衬线体
serif　　　sans-serif

图 2-53　衬线体和非衬线体

根据经验，最好选择一种衬线字体和一种非衬线字体来设置对比。因为通常来说，互补的两种元素会产生很好的对比效果。如图 2-54 所示的 Logo 中的衬线体和非衬线体，再加上书写体的对比完美平衡了整体设计。

图 2-54　字体的对比示例

（5）图文的对比

图片和文字的视觉轻重是不一致的。一般情况下，遵循图重文轻的原则，将图片和文字放在一起时，可以有效突出图片，将图片作为有效的视觉线索。比如，如图 2-55 所示的箭头符号，在一大片文字中显得非常突出，成为有效的视觉线索。

图 2-55　图文的对比示例

4．平衡

本质上说，平衡是指让一条垂直轴两侧的重量保持平衡。我们日常生活中所说的走路、骑车时要保持平衡，和设计中要保持平衡是一个概念。生活中的平衡示例如图 2-56 所示。

图 2-56　生活中的平衡示例

最常见的达到平衡的方式是对称，而用非对称的方式达到平衡会更加有趣、个性化。

（1）对称平衡

对称平衡是一种非常容易实现的对称方式，这种平衡方式在建筑设计、摄影设计中都非常常见。对称平衡的摄影作品如图 2-57 所示。

在封面图中叠加文字和图片时，也常常见到这种对称方式，如图 2-58 所示的公众号"24HOUR"的封面和如图 2-59 所示的公众号"新世相"的封面就是采用这种对称方式的。

项目 2　微信公众号运营

图 2-57　对称平衡的摄影作品

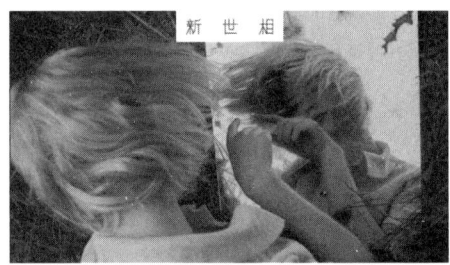

图 2-58　公众号"24HOURS"的封面　　　图 2-59　公众号"新世相"的封面

当我们说对称的时候，一般是指左右对称。在新媒体设计中，左右对称只需要居中对齐或两端对齐就能实现。居中对齐是视觉平衡感最好的一种文字对齐方式，但一般适用于字数较少的情况。居中对齐的文案如图 2-60 所示。

图 2-60　居中对齐的文案

45

一般文字较多的时候，我们会采用左对齐的方式，却很容易忽略两端对齐这种方式。但现实是，如果我们仅仅采用左对齐，右边的边线就会呈现不规则的锯齿状，如果改成两端对齐，左右两边的边线都会变得平直，对称感明显增强。左对齐（左）与两端对齐（右）的文案如图2-61所示。

图2-61　左对齐（左）与两端对齐（右）的文案

对称平衡的优势是给人正式、高雅、严谨、精确、有气势的感觉，劣势是可能会显得呆板和拘谨。所以，很多时候，可以适当地进行一些调整，打破完全对称的局面。不过，多种对齐方式叠加涉及非对称平衡，是一种更复杂的平衡方式，想要合理利用，我们先要弄清楚什么是非对称平衡，以及如何达到非对称平衡。

（2）非对称平衡

关于对称平衡和非对称平衡的概念，我们可以与跷跷板进行类比。为了让跷跷板保持平衡，最简单的方法就是让两个差不多重量的人坐在距支点等距离的位置上，也就是对称平衡。对称平衡的跷跷板如图2-62所示。

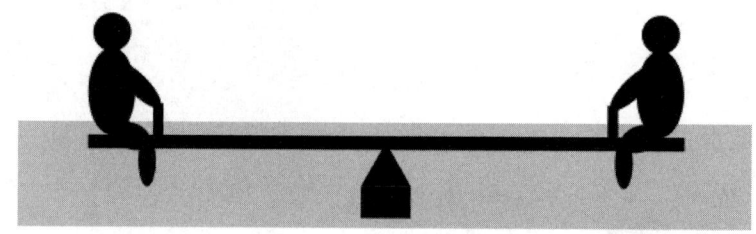

图2-62　对称平衡的跷跷板

但如果两个人的体重相差很大的话怎么办呢？最好的办法就是让相对较重的人坐到离跷跷板支点更近的位置，相对较轻的人坐在离跷跷板支点更远的位置，距离支点的差距和他们体重的差距成正比，这就是非对称平衡。非对称平衡的跷跷板如图2-63所示。

图 2-63 非对称平衡的跷跷板

和跷跷板的平衡原理一样,设计中的每种元素也有自己对应的比重,在视觉设计中被称为视觉比重。视觉比重是一个视觉度量体系,具有下面几个原则。

① 大重小轻。占版面面积较大的元素视觉比重较大,面积较小的元素视觉比重较小。比如,如图 2-64 所示中体积较大的灯泡看起来比重更大。

② 近重远轻。距离较近的元素视觉比重较大,距离较远的元素视觉比重较小。比如,如图 2-65 所示的图片中,左边的花盆看起来就比较重,右边的花盆看起来相对较轻。

图 2-64 大重小轻的图片

图 2-65 近重远轻的图片

③ 深重浅轻。颜色浓烈、鲜艳的元素视觉比重较大,颜色较浅的元素视觉比重较小。比如,如图 2-66 所示中大红色的嘴唇看起来比较重,浅黄色的头发看起来比较轻。

④ 图重文轻。图重文轻是指图片的视觉比重较大,文字的视觉比重较小。所以在组合图片和文字时需要特别注意。比如,如图 2-67 所示的某公众号的海报,其中的图片是对称结构,构图已经平衡。当图片本身结构比较平衡时,在右边添加空白背景的文字反而打破了原有的平衡,显得左重右轻了。

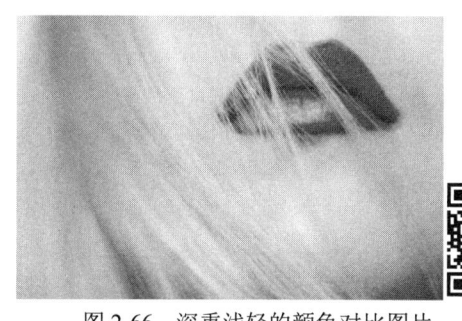

图 2-66 深重浅轻的颜色对比图片

图 2-67 图重文轻的图片

但如果图片本身不平衡,添加文字就可以帮助整体版面实现平衡。比如,如图 2-68 所示的图中,人物的重心是向右倾斜的,在右边添加文字可以减轻右边的重量,帮助版面实现平衡。

理解了这些道理，在排版设计的时候，我们就可以把一个版面想象成一个跷跷板，版面的中轴线就是跷跷板的支点，而在版面上添加元素就是在跷跷板的两端添加重量。不对称平衡就是利用以上的基础规律，并结合直觉，在版面上合理布局元素，使得整体视觉比重达到平衡状态。

图2-68　文字帮助版面平衡

对称平衡可以借助设计软件的辅助线完成，但不对称平衡目前还无法借助工具实现。所以，在进行非对称平衡设计时，不仅要熟悉基础规律，还要对元素的视觉比重及布局有精准的直觉。厉害的艺术家、设计大师在掂量各个元素的视觉比重时，通常比常人拥有更好的直觉和判断能力。

比如，公众号"深夜发嗤"把图片元素放在版面左边，把文字放在右边，使版面达到平衡，如图2-69所示；公众号"××××"在图片的左上角放自己的Logo，在右下角放品牌标语，也使得版面接近平衡状态，如图2-70所示。

图2-69　公众号"深夜发嗤"的图片　　　　　图2-70　公众号"××××"的图片

公众号"我要WhatYouNeed"的正文部分采用左对齐的方式，而在一些图片注释或作者介绍的地方则会采用右对齐的方式，不仅使得整个版面拥有更好的平衡感，而且打破了单调的局面，使得版面更加灵动，如图2-71所示。

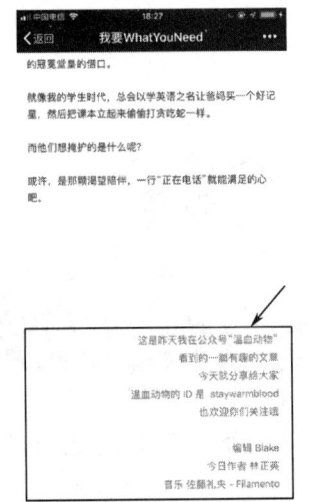

图2-71　注释右对齐（左）与作者介绍右对齐（右）

公众号"24HOURS"也在文章中尝试了左对齐和右对齐结合的非对称平衡方式,效果同样很好,如图2-72所示。

图2-72　公众号"24HOURS"的图片

公众号"十点读书"在制作封面图时,也注意了版面的平衡问题,当图片主体靠右时,公众号的Logo就放在左边,如图2-73所示;当图片主体靠左时,公众号的Logo就放在右边,如图2-74所示。

图2-73　Logo在左边的封面图　　　　图2-74　Logo在右边的封面图

不过,当图片比较对称时,公众号的Logo放在靠边的位置就有点不太平衡了,幸好有靠左的标题进行平衡,如图2-75所示。一般情况下,当图片对称时,考虑到标题默认靠左,公众号Logo还是应该放在右边为好。

图2-75　公众号"十点读书"的封面

2.3.3 动态交互设计

> 讨论 2-8：你见过哪些把动态交互效果做得很好的微信公众号？

1．动态设计

（1）弹幕

弹幕最早源自日本视频网站（Niconico 动画），后来弹幕为更多国内网民所知，是因为国内 Bilibili（B 站）和 AcFun（A 站）引进了这种形式。弹幕就是在视频播放过程中，观众发表评论、吐槽会从视频上方飘过。这种形式可以在公众号里随意"漂浮"，给读者一种耳目一新的感觉。

（2）阅后即焚

阅后即焚最早源自一款名为 Snapchat 的"阅后即焚"照片分享应用，该应用最主要的功能便是所有照片都有一个 1～10 秒的"生命周期"，用户拍了照片发送给好友后，这些照片会根据用户所预先设定的时间按时自动销毁。

（3）动态图片

动态图片简称动图，根据动图的制作方式，可将其分为三类：影视片段类动图、摄影类动图、艺术类动图。

影视片段类动图是指通过截取电影、电视剧、动画、综艺等视频中的片段，再通过添加字幕等方式来设计"动图"。这些动图往往具备幽默、夸张、搞笑的特征，这类动图凭借影视剧本身广泛的群众基础，传播速度非常快。影视动图示例如图 2-76 所示。

图 2-76　影视动图示例

影视片段类动图、摄影类动图、艺术类动图的制作方式各不相同。影视片段类动图的制作方式比较简单，目前比较稳定、好用且免费的软件是 GifCam。它非常简单易用，只需将软件置顶在所有窗口之上，就可以像相机一样调整录制区域，移动或缩放窗口，同时拥有强大的编辑功能，可以在动图上添加文字或图像。唯一美中不足的是操作界面为英文。GifCam 软件页面如图 2-77 所示。

摄影类动图一般是指由多张连续的照片连续播放制作的动图，苹果手机中的 Live Photo 功能可以直接拍摄动态照片，经过软件转换就可以生成摄影类动图。

摄影类动图中还有一种叫作 Cinemagraph 的特殊类型，Cinema 是电影摄影的意思，Graph

是图片的意思，Cinemagraph 是指拥有动态影像元素的图像，它的独特之处在于它是局部动态的摄影作品，如展示静态女孩子的飘逸的秀发等效果，如图 2-78 所示。

图 2-77　GifCam 软件页面

图 2-78　Cinemagraph 案例

Cinemagraph 动图在观感上与 Gif 格式的动画类似，但它拥有远胜于普通 Gif 图片的动态内容表现能力，使用目前的摄影和后期技术已经能够获取画质细腻、色彩丰富、压缩较好的动态图片。所以，Cinemagraph 通常被称为 High Fashion Gif、Rich Man's Gif。《时代周刊》是这样描述 Cinemagraph 的："它创造了一个静谧而出神的瞬间，将粗制滥造的 Gif 图片提升为一样更为纯净优雅的事物。"

普通摄影类动图可以用苹果手机中的 Live Photo 功能或视频录制功能直接拍摄，制作 Cinemagraph 类动图除了用 PhotoShop 制作以外，也有非常简单的方式，市面上已经诞生了许多专门针对 Cinemagraph 制作开发的软件，如 Cinemagraph（Flixel 开发）、Kinotopic、Cliplet（微软开发）等，制作时只需先拍摄短片，然后涂抹"想要运动"的位置，就可以生成 Cinemagraph 动态照片。Cinemagraph 类动图制作界面如图 2-79 所示。

图 2-79　Cinemagraph 类动图制作界面

艺术类动图的制作难度进一步加大，完全通过计算机软件进行制作，既需要完成平面设计，也需要进行动态加工，而且自定义程度更高，在商业上用途更加广泛。国外有许多艺术家团队创作了非常多优秀的此类作品，如 Gifparanoia、Golden Wolf、Julian Glander、Rafael-varona、Scorpiondagger 等，国外团队创作的艺术类动图如图 2-80 所示。

艺术类动图的制作难度较大，大部分情况下需要先使用 PhotoShop（简称 PS）或 AdobeIllustrato（简称 AI）制作静态图形，然后导入 Adobe After Effects（简称 AE）等动画制作工具添加动态效果，最后生成动图，所以，需要同时掌握专业的平面设计和动画设计两类工具。

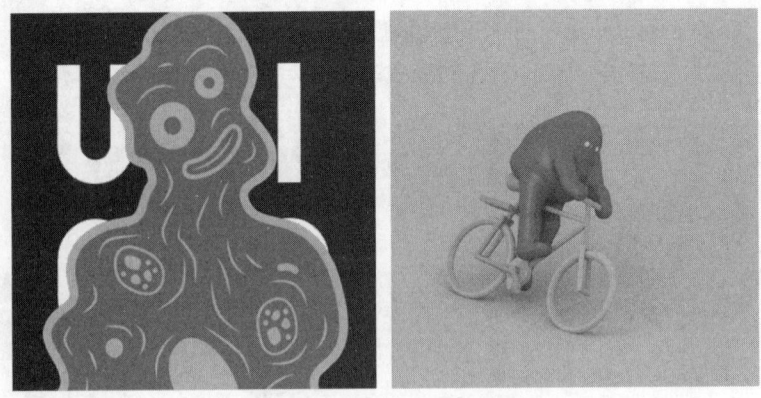

图 2-80　国外艺术类动图

（图片来源：左图 Golden Wolf，右图 Julian Glander）

2．交互设计

（1）触发动画

触发动画就是需要读者点击某个区域即可触发动画效果的样式。公众号京东金融在推文《发射！》中使用了触发动画，当读者点击可乐瓶口时，会触发弹出红包的动画，如图 2-81 所示。

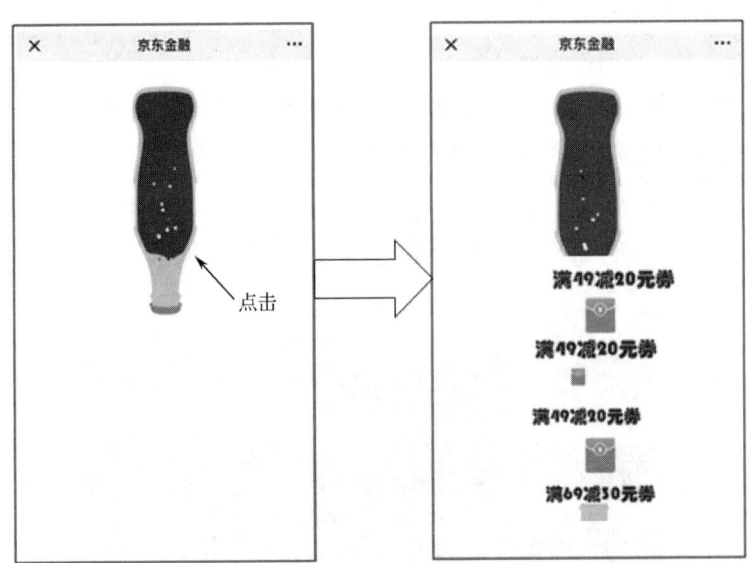

图 2-81　触发动画示例

（2）点击显示

点击显示一般是需要读者去点击某块区域，才能显示隐藏的图片或者文字。这种样式可点击以真正跟读者互动起来，趣味性十足。公众号"我要 WhatYouNeed"在推文《他们是最后一批，用固定电话谈恋爱的人》中就使用了这种交互，如图 2-82 所示。

（3）滑动交互

可以将大段的文字或者图片，集中在屏幕的一块区域。读者可以上下滑动该区域，查看完整内容。当然也可以直接跳过。滑动样式的好处是将一部分文字或图片内容收集在一个区域，从而使这些内容不占过多的篇幅。读者可以自由选择是否滑动这块区域去查看内容。

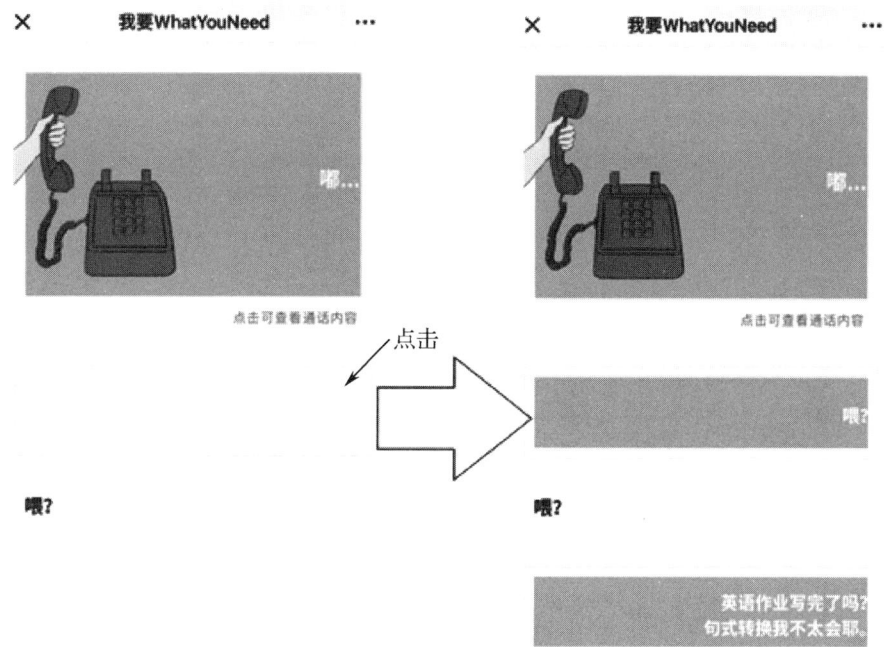

图 2-82　点击显示示例

公众号"梅赛德斯-奔驰"在推文《钥匙背后的秘密是……》中使用了滑动交互来展示"猎青行动"的优势，如图 2-83 所示。

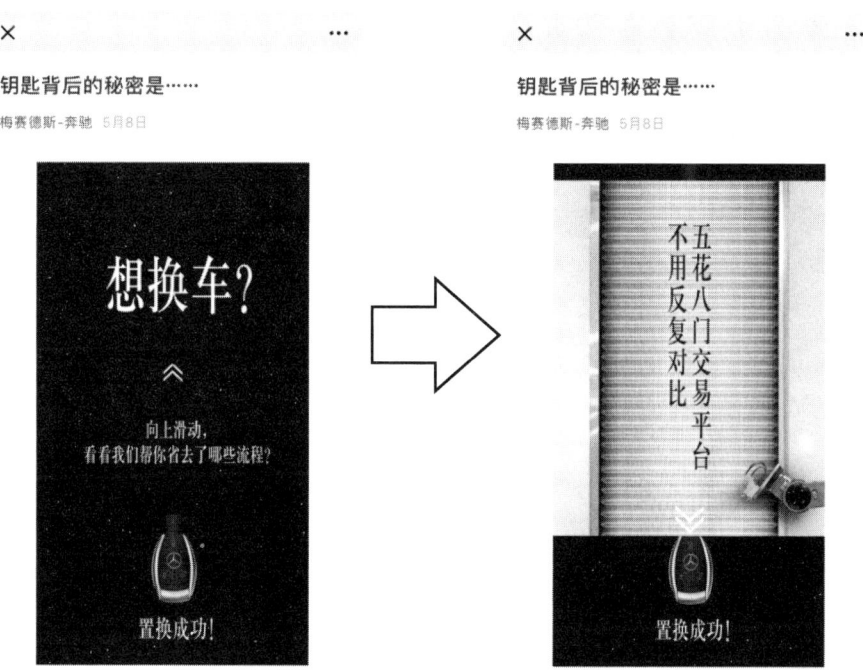

图 2-83　滑动交互示例 1

公众号"分期乐订阅号"在推文《斗胆问下：过年钱够花么？临时提额点我！》中使用了滑动交互来展示春节回家账单，如图 2-84 所示。

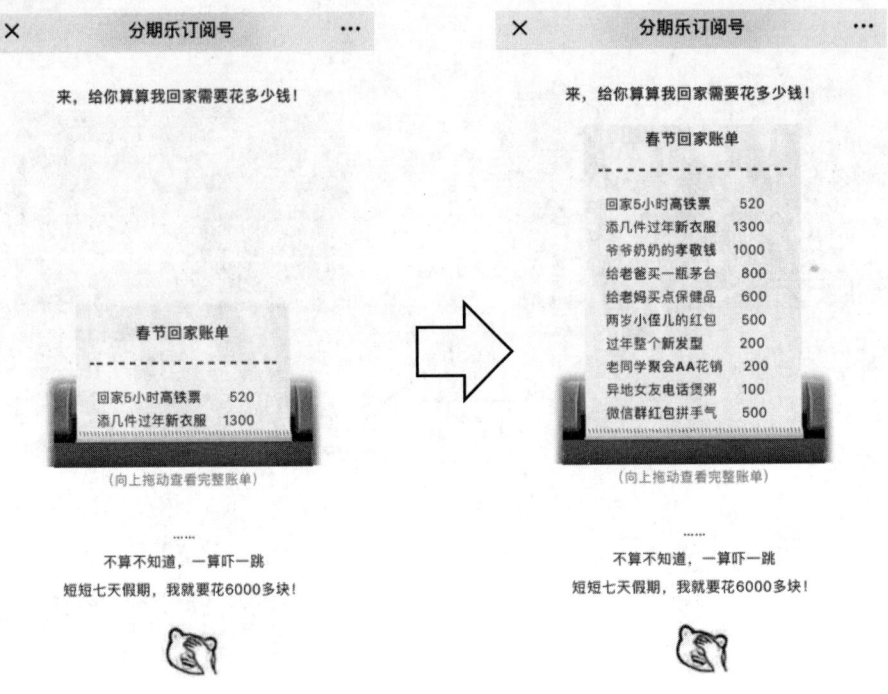

图 2-84 滑动交互示例 2

（4）拼图效果

拼图效果的互动性和游戏性都非常强，配合恰当的图片、文字，可以大大提升推文的趣味性。拼图效果互动性示例如图 2-85 所示。

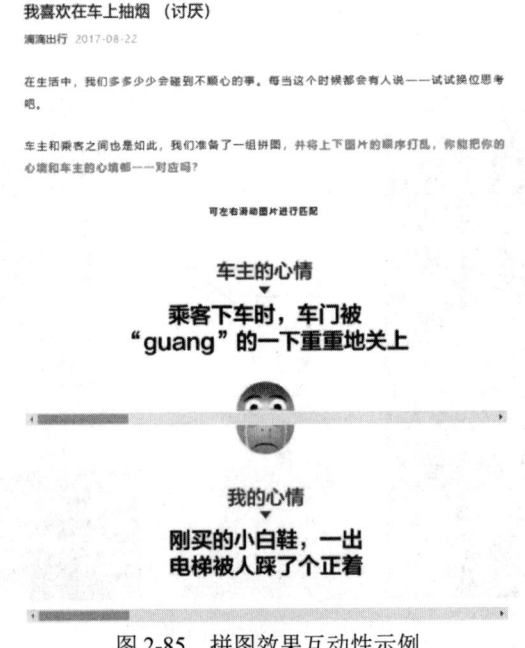

图 2-85 拼图效果互动性示例

任务小结

1. 视觉设计的目的是符合基本审美、方便用户阅读和塑造品牌形象。
2. 微信公众号视觉设计应遵循统一、秩序、对比、平衡四大基本原则。

3. 动态交互设计的基本样式有文字弹幕、阅后即焚、动态图片、触发动画、点击显示、滑动显示、拼图效果。

任务实训

1. 在公众号"销售与管理"的视觉设计中，找出哪些地方符合本任务讲述的视觉设计原则，哪些地方不符合统一、秩序、对比、平衡的原则，并进行改进。公众号"销售与管理"的 Logo、引导关注、推送封面、文末介绍、项目符号如图 2-86 至图 2-90 所示。

图 2-86　公众号"销售与管理"的 Logo

图 2-87　公众号"销售与管理"的引导关注

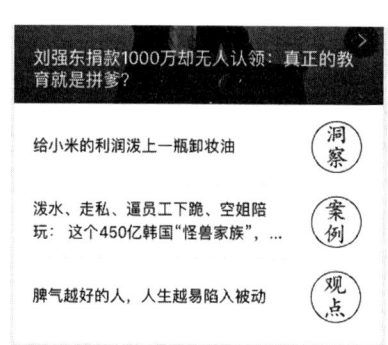

图 2-88　公众号"销售与管理"的推送封面

图 2-89　公众号"销售与管理"的文末介绍

图 2-90　公众号"销售与管理"的项目符号

公众号"销售与管理"的视觉设计系统

2. 为你的个人公众号选择合适的字体、配图及色彩。
3. 为你的个人公众号添加合适的动态交互设计。

任务 2.4 微信公众号的内容运营

📝 任务目标

知识目标：了解微信公众号内容运营的要点。

能力目标：掌握微信公众号选题规划、内容策划、形式创意、内容编辑的方法和技巧。

📝 任务导图

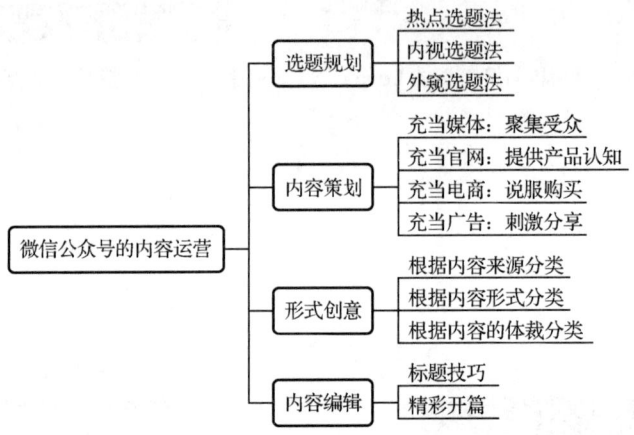

📝 任务实施

内容运营是指基于产品的内容进行选题规划、内容策划、形式创意、内容编辑等一系列与内容相关的工作。

2.4.1 选题规划

讨论 2-9："追热点"是新媒体人常用的选题技巧，你知道"追热点"是什么意思吗？

新媒体内容运营的第一个环节是进行选题规划。新媒体领域受人关注的"10 万+文章""百万级曝光量"等内容，看起来是突然爆发，但大都建立在扎实的日常运营基础之上。即使偶尔写出高阅读量的文章，也会由于日常内容积累少、口碑积累缺失，而影响后续的转化效果。因此，内容运营者必须进行选题规划，策划出下一阶段的主要内容形式、内容选题等，并填入选题规划表，作为下一阶段的内容运营总纲。选题规划表如表 2-2 所示。

表 2-2 选题规划表

星期	内容形式	推送时间	内容选题	暂拟标题
星期一	图文	18：00	美食 DIY	5 步教你蒸蛋羹
星期二	图文	18：00	旅行美食	都说江南美景，那江南有什么美食？
星期三	图文	18：00	美食盘点	盘点：6 种超省时间的早餐做法
星期四	图文	18：00	健康美食	为什么要劝你多吃木耳？

续表

星　　期	内容形式	推送时间	内容选题	暂 拟 标 题
星期五	图片	18：00	挑食材	苹果怎么分品种？
星期六	图片	22：00	夜宵推荐	泡面的另类吃法
星期日	图文	22：00	下周吃啥	马上冬至，据说吃这些不冻耳朵！

1. 热点选题法

追热点是所有营销人的必修课，热点分为周期热点和突发热点。

（1）周期热点

周期热点一般包括著名的节假日、历史事件和群众周期性爆发的情绪等，这些都是可以提前预测并做好策划的，一般大公司会提前一个月做好下个月的选题策划，有的甚至在年初就做好了全年的热点选题策划。掌握周期热点的规律，即可制造热点。

许多网站都整理了重大节假日的时间列表，新媒体管家是其中整理得比较全面的，使用起来也很方便，只要在浏览器中安装新媒体管家插件，就可以随时点击"营销日历"，查看重大节假日的时间列表。新媒体管家的"营销日历"页面如图2-91所示。

图2-91　新媒体管家的"营销日历"页面

合理有趣地借势周期热点，需要大量的积累案例，多多学习优秀案例。以愚人节为例，愚人节，一个"上交智商税和摧毁人与人之间信任感"的日子。在这个特别的日子里，绝大部分公众号都会选择这3个主题推文：营销、表白、刷名人张国荣，简称"愚人节三俗"。

比如，公众号"滴滴出行""快领取愚人节红包"的文案，这个猝不及防的营销套路，不知伤害了多少粉丝脆弱的小心脏。公众号"滴滴出行"愚人节营销案例1如图2-92所示。好在小编迷途知返，通过"领取打车券"的方式采取了补救措施。公众号"滴滴出行"愚人节营销案例2如图2-93所示。

再比如，某公众号的这篇《愚人节的最好脱单办法》，仍然在俗不可耐地鼓励愚人节表白，如图2-94所示。

再比如，某公众号也推出了一篇观点、内容都纯属复制粘贴的套路文章《世间再无愚人节，一生一个张国荣》，不过反响依然热烈。愚人节刷名人张国荣的营销案例如图2-95所示。

图 2-92　公众号"滴滴出行"愚人节营销案例 1　　　　图 2-93　公众号"滴滴出行"愚人节营销案例 2

图 2-94　某公众号愚人节表白的营销案例　　　　图 2-95　愚人节刷名人张国荣的营销案例

说完了"愚人节三俗",我们来看看不俗的案例,来自公众号"36 氪"的互联网第一届"扯淡杯"创业大赛,如图 2-96 所示,就是一个充满创意的热点选题策划案。

"36 氪"脑洞大开团队在 3 月 26 日就推出了这个活动,并在 4 月 1 日,愚人节当天,公布了活动结果,短短几天时间,他们收到了 760 份脑洞创业策划案,用心的小编在其中挑选出了有意思的想法,并在结尾发起了投票,如图 2-97 所示。不得不说,这是一个很走心、充满创意且欢乐的愚人节策划案。

图 2-96　"36 氪"的互联网第一届"扯淡杯"创业大赛　　　　图 2-97　文章结尾发起的投票

再举个例子,每年的春节假期都会出现的 4 类蹭热点文章。

① 过年习俗。公众号"国学精粹与生活艺术"在春节期间的推文《春节习俗完整版,看

看老祖宗是怎么过年的》，把中国人过年的传统习俗几乎找全了，并结合了漫画，使得文章读起来既有干货又有趣味。过年习俗类热点文章示例1如图2-98所示。

图 2-98　过年习俗类热点文章示例1

从外国人的角度来看中国的春节习俗，也是很有意思的视角。公众号"咖啡书屋"结合BBC的纪录片《中国春节》，创作的《BBC拍了部超燃超给力的〈中国春节〉，英国人各种羡慕嫉妒恨……》，这篇推文就达到了不错的传播效果。过年习俗类热点文章示例 2 如图 2-99 所示。

BBC拍了部超燃超给力的《中国春节》，英国人各种羡慕嫉妒恨，…

，百里不同风，十里不同俗，如此幅员辽阔的大中国，各地的过年习俗自然也层出不穷。百家饭、吃春卷、包饺子

咖啡书屋　　头条　　情感　　2017-01-15 20:53:31　　　　　　　　　　阅读：89926　　604

图 2-99　过年习俗类热点文章示例2

② 亲友超负荷关心。这几乎是中国亿万漂泊的"吃瓜"群众的一个周期性痛点。过年一回家就被逼问学业、恋爱、婚姻、工作，想想都头疼，比年味更浓的是攀比和虚荣的味道。公众号"上海彩虹室内合唱团"针对这一痛点创作的《春节自救指南》是一个非常好的典范。从文尾的打赏、阅读量和点赞就可以看出，用户非常认同其中的观点，如图2-100所示。

本药品由江湖郎中金承志自主研发

1245人赞赏

阅读原文　阅读100000+　9854　　投诉

图 2-100　亲友超负荷关心类热点文章的打赏、阅读量和点赞

当然，该创作门槛较高，很难模仿，但在此基础上进行二次创作也是个不错的主意。公众号"LinkedIn"推出的这篇《听完〈春节自救指南〉我笑了，笑完我哭了》另辟蹊径，选了"我们真的不会成长为和父母一样的人吗？"这个独特的视角切入，引人深思，阅读量同样达

到了 10W+。

③ 年终旅行。年终旅行是一种过年的新方式，也是一个很好的切入热点。公众号“阿滋楠”的这篇《有一种旅行范本，叫黄轩的旅行》阅读量就顺利地达到了 10W+，如图 2-101 所示。借助黄轩的明星效应，点赞数也达到了 3 000+。更令人叫绝的是，它竟然是一篇广告软文！

有一种旅行范本，叫黄轩的旅行

年终旅行是对自己的犒赏，也是对过去一段时光的珍藏。

阿滋楠　头条　旅行　2017-01-16 21:32:10　阅读：100001　3056

图 2-101　年终旅行类热点文章

④ 不回家过年。谁说春节一定要回家过年的？不回家过年也是一种生活方式，而且选择这种方式的人的比例还不低。比如，公众号“今日热点聚焦”发的这篇文章《出租女友、宠物寄养、摆地摊……不回家过年的你有事做了！》，就为过年不回家的小伙伴提供了几种打发时间、顺便赚点外快的方法，如出租女友、打短工、摆地摊等这些很火又很实用的小套路。不回家过年类文章如图 2-102 所示。

出租女友、宠物寄养、摆地摊……不回家过年的你有事做了！

7天吗？当然不是。热点菌总结了几种打发时间的方式，过年不回家的小伙伴可以尝试，春节期间挣点小外快

今日热点聚焦　头条　乐活　2017-01-16 17:33:12　阅读：100001　911

图 2-102　不回家过年类热点文章

（2）突发热点

突发热点一般是新闻时事，这类热点无法预测，但作为新媒体编辑，必须在第一时间知悉热点详情并策划出相应文案。

① 寻找突发热点的渠道。寻找突发热点的渠道非常多，几乎所有主流的自媒体都提供了自己的热点中心。

微信指数是微信官方提供的基于微信大数据分析的移动端指数，目前只可以通过相关小程序查看。微信指数及指数详情如图 2-103 所示。

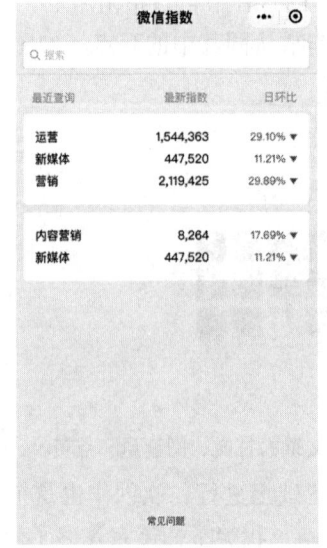

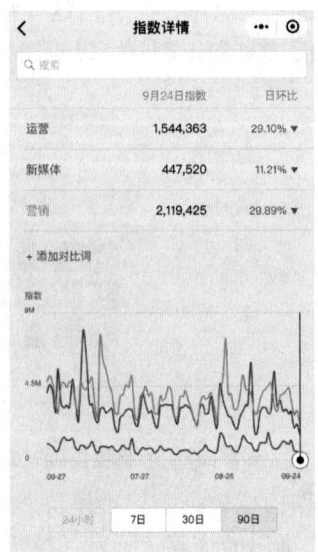

图 2-103　微信指数及指数详情

通过微信提供的"搜一搜"功能，也可能查看当前的微信热点文章。操作方法为打开微信，执行"发现"→"搜一搜"命令，打开"搜一搜"页面，如图 2-104 所示。

图 2-104　通过微信"搜一搜"功能查看微信热点

百度旗下的百度搜索风云榜，提供了"实时热点"和"七日关注"榜单，如图 2-105 所示。

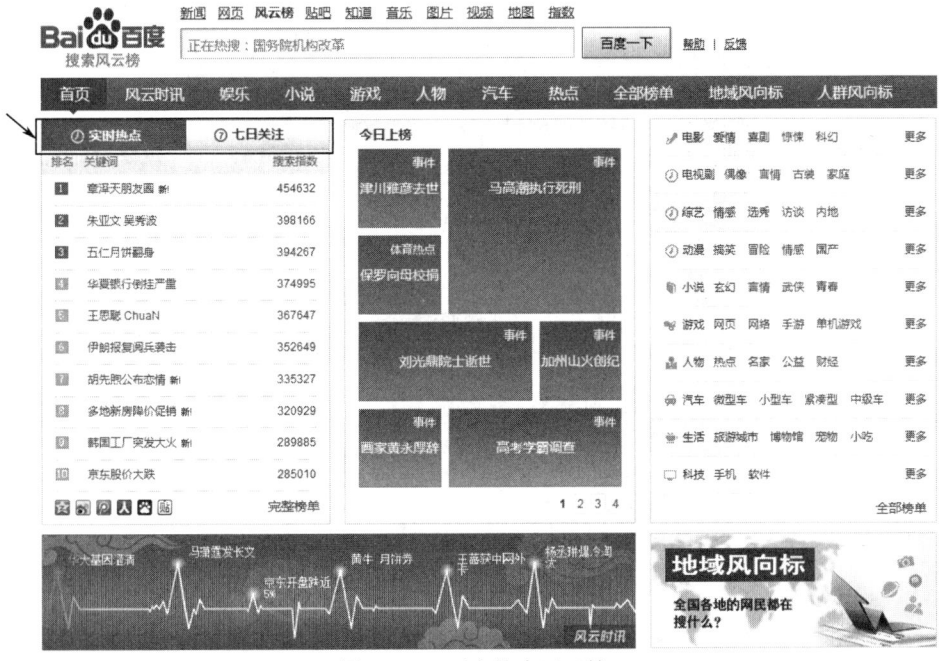

图 2-105　百度搜索风云榜

今日头条旗下的热点栏目对热点事件进行了整理今日头条的"热点"页面如图 2-106 所示。

图 2-106　今日头条的"热点"页面

微博一直是社会和娱乐热点的发源地，旗下的热门栏目是一个非常好的获取实时热点的渠道，微博热门栏目如图 2-107 所示。

图 2-107　微博的"热门"页面

新媒体管家旗下的热点中心把搜狗微信、知乎精选、豆瓣精选、微博热搜、百度热点、头条指数 6 个主流平台的热点资讯整合在一起，使用起来更加方便，如图 2-108 所示。

项目 2　微信公众号运营

图 2-108　新媒体管家旗下的"热点中心"页面

② 紧密关注每天的实时热点。借势突发热点的第一步就是紧密关注每天的实时热点，然后选出最适合自己品牌的热点。这类热点中，最常见的是影视剧和娱乐新闻，比如，2017 年初出现的一部大火的电视剧——《人民的名义》，就出现了非常多成功的借势突发热点的案例。

公众号"毒舌电影"结合对影视行业的专业了解，对剧中"各种刺眼台词"做了深入剖析，有趣、有料，如图 2-109 所示。

「人民」台词水太深，看完我话都不敢说

(原创) 2017-04-09　钱德勒　毒舌电影

图 2-109　借势突发热点文章示例 1

公众号"做个时髦女人"结合对女性时尚搭配的专业了解，对剧中各路女性角色"辣眼睛"的服饰搭配进行了分析，并在文尾给出了较为专业的建议，如图 2-110 所示。

《人民的名义》简直是时尚灾难，职场装千万别这样穿！

2017-04-26　做个时髦女人

图 2-110　借势突发热点文章示例 2

公众号"助业为务贷"结合对金融知识的专业了解，对剧中出现的"股权质押""过桥贷款"等专业金融词汇进行了分析，如图 2-111 所示。

《人民的名义》背后不得不知的金融知识！

2017-04-26　助业为务贷

图 2-111　借势突发热点文章示例 3

但是，有些公众号不顾自己的品牌定位，盲目蹭热点，也闹了许多笑话，比如，"某食品商行"为了蹭热点，写了如图 2-112 所示的文章。当用户搜索品牌功能介绍时，看到的却是与电影无关的介绍。

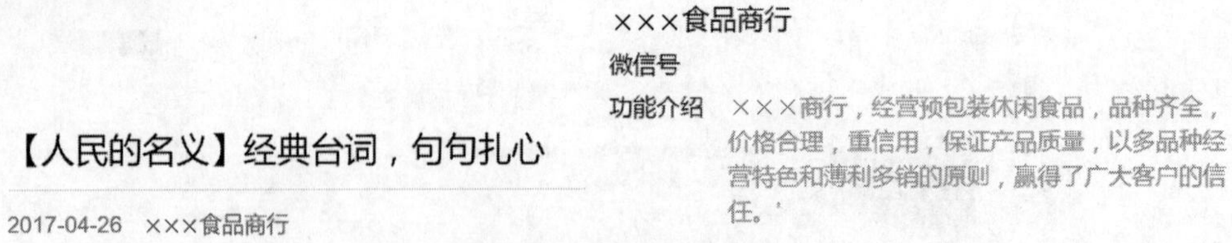

【人民的名义】经典台词，句句扎心

2017-04-26 ×××食品商行

×××食品商行
微信号
功能介绍　×××商行，经营预包装休闲食品，品种齐全，价格合理，重信用，保证产品质量，以多品种经营特色和薄利多销的原则，赢得了广大客户的信任。

图2-112　盲目蹭热点示例1

还有，某国际旅行社公众号为了蹭热点，写了一篇"《人民的名义》被删减的最终结局"的文章，结果点开功能介绍，是一些与旅游产品相关的介绍，如图2-113所示。

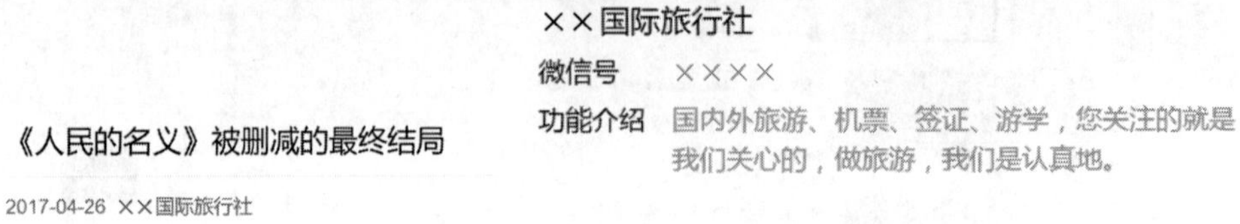

《人民的名义》被删减的最终结局

2017-04-26 ××国际旅行社

××国际旅行社
微信号　××××
功能介绍　国内外旅游、机票、签证、游学，您关注的就是我们关心的，做旅游，我们是认真地。

图2-113　盲目蹭热点示例2

其实，光看这个标题本来是可以有所作为的。比如，某局长从此看破俗世的钩心斗角，和爱人一起浪迹天涯，这个时候就可以合理地植入某国际旅行社了。但是很可惜，该号通篇引用网上的段子，没有原创内容，最后合理地走偏了。

2．内视选题法

通过统计公众号过往全部历史文章数据，如图文阅读量、分享量、点赞量、打开率、分享率、推送时间等数据，可以了解用户最喜欢的选题类型，从而可以继续深挖此类选题，有助于保持用户黏性。公众号的历史文章数据如图2-114所示。

图2-114　公众号的历史文章数据

此外,还有一种更直接的方式是在后台让粉丝投票感兴趣的选题类型。比如:可以发起征集活动,让用户留言;可以通过在线问卷平台进行粉丝调查;可以在粉丝群里了解用户喜欢的选题;等等。后台让粉丝感兴趣的选题类型如图2-115所示。

图2-115 后台让粉丝感兴趣的选题类型

3. 外窥选题法

外窥选题法是指通过分析竞争对手的选题,找到适合自己的选题。首先,使用新榜等工具寻找竞争对手。有了一批目标账号后,要做的就是对这些目标账号进行内容选题分析,并长期观察,了解它们都在发些什么内容,哪些选题方向的内容效果会比较好,最后做好汇总统计工作。选题方向统计表如表2-3所示。

表2-3 选题方向统计表

账号	用户重合度	公众号选题方向			
账号1	高	选题方向A	选题方向B	选题方向C	……
账号2	高	选题方向A	选题方向B	选题方向C	……
账号3	中	选题方向A	选题方向B	选题方向C	……
……	……	……	……	……	……

2.4.2 内容策划

讨论2-10:为什么企业公众号都在不厌其烦地打广告?

创建公众号的企业大概可分为两类:一类是品牌型企业(主要的盈利模式是出售产品,如小米、江小白等);一类是媒体型企业(主要的盈利模式是广告,如第一财经周刊等)。

不管是品牌型企业,还是媒体型企业,他们的目标是一致的,即聚集一批喜欢内容的受众,进而将受众转化为订单。不同的是,品牌型企业将受众转化为产品订单,媒体型企业将受众转化为广告订单。创建公众号企业的目标如图 2-116 所示。

制作内容 → 聚集受众 → 获得订单

图 2-116　创建公众号企业的目标

这个逻辑对媒体型公司来说非常熟悉，因为在传统媒体渠道也是类似的流程。但对于品牌型公司来说就有些陌生了，因为他们熟悉的流程如图 2-117 所示。

制作广告 → 聚集受众 → 获得订单

图 2-117　品牌型公司熟悉的渠道流程

对于品牌型公司来说，内容=广告，当他们把这个思维带到公众号运营上来时，表现出来的就是在公众号上不厌其烦地打广告。但他们不理解的是，媒体提供的内容满足了用户需求，能靠自发传播持续聚集用户，而广告却在消耗用户。既然内容≠广告，那应该怎么做内容呢？

依据消费者行为模型（AISAS 模型），消费者的消费行为分为 5 个阶段：吸引关注（Attention）、产生兴趣（Interest）、主动搜索（Search）、采取行动（Action）和进行分享（Share），如图 2-118 所示。

吸引关注 → 产生兴趣 → 主动搜索 → 采取行动 → 进行分享

图 2-118　消费者消费行为的 5 个阶段

在公众号等自媒体没有出现前，消费者的消费过程如下：通过各大媒体渠道的广告，被产品吸引和产生兴趣；通过企业官网或垂直论坛搜索企业或产品相关信息；通过电商平台下单；体验过产品的消费者可能通过论坛或电商平台分享对产品的感受。

可以看到，消费者的整个消费过程是割裂的，必须分散在多个平台上进行，每转换一个平台，由于认知障碍和信任障碍的存在，都会造成用户的流失。企业自媒体可以很好地解决这个问题，因为它可以在一个系统内为消费者的整个消费过程提供支持，如图 2-119 所示。

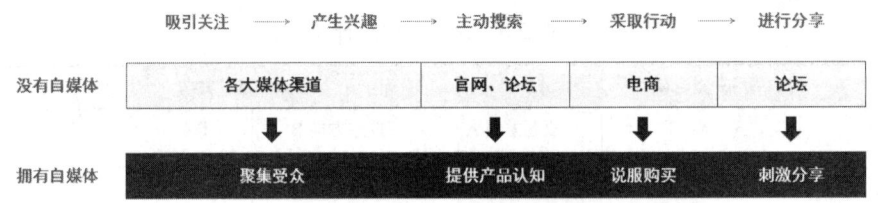

图 2-119　自媒体为消费者的整个消费过程提供的支持

比如，通过发布有理、有趣、有用的内容，企业自媒体可以吸引消费者关注，并使其对产品产生兴趣；对于主动搜索产品相关信息的消费者，企业自媒体可以提供产品或品牌的相关信息；微信公众号内嵌的微商城可以帮助聚集在公众号内的消费者快速下单；公众号名片和文章链接，都可以快速被用户分享。

可以看到，企业公众号可以充当媒体、官网、论坛、电商等多种角色，当你为企业公众号定制内容前，首先需要考虑的是，公众号充当的主要角色是什么，针对特定的角色定位，制作相应的内容。一般而言，企业公众号充当的角色有以下几点。

1. 充当媒体：聚集受众

媒体主要分为娱乐型媒体（传播搞笑段子、情感故事、新闻资讯等内容）和功能型媒体

(提供针对具体问题的解决方案),对于享乐型产品来说,把公众号定位为娱乐型媒体较好,对于功能型产品来说,把公众号定位为功能型媒体更佳。

(1)娱乐型媒体

通过打造娱乐型媒体来聚集受众,最终达到宣传产品的目的。明星江一燕的官方公众号非常有代表性。首先,名字很有个性,没有直接用"×××官方公众号"(大部分企业给公众号取名都是这么没有特色的),而是贴合产品本身"文艺"的定位,取名"小江的时间缝隙",日常推文也都是一些很文艺的鸡汤文,偶尔为自己的新作品发一些推广文章,也是基于文艺的基调,并不影响整体阅读体验。公众号"小江的时间缝隙"日常推文如图2-120所示。

图2-120　公众号"小江的时间缝隙"日常推文

(2)功能型媒体

对于功能型产品,企业必须理解一句话"人们真正需要的不是产品,而是解决方案"。只有当用户觉得你的产品是解决某个问题的最佳方案时,用户才会购买。所以,功能型产品公众号制作内容的核心是:a.针对用户的某个需求提供解决方案;b.说明你的产品是最佳解决方案。不过,聚集受众阶段可以专注做a项,b项可以留待说服购买时再开始,因为一开始就出现自己的产品,很容易引起用户反感。

微信公众号中有非常多通过提供解决方案成功聚集大批受众,并通过出售相关产品变现的功能型媒体。比如,提供变美解决方案的公众号"鲸鱼颜习会",提供海淘解决方案的公众号"小红书",提供育儿解决方案的公众号"年糕妈妈"等。公众号"鲸鱼颜习会"和公众号"小红书"的日常推文如图2-121所示。

图2-121　公众号"鲸鱼颜习会"和公众号"小红书"的日常推文

2. 充当官网：提供产品认知

充当官网的企业公众号，要为聚集起来的受众提供产品认知，使得受众更加了解产品和品牌。产品认知价值包括产品物质价值和心理附值，物质价值反映的是产品的客观质量，指产品的用料、质量等客观指标；心理附值反映产品的主观质量，指某一产品对于满足消费者的心理需要所具有的价值，简单点说，就是品牌价值。

一般来说，对于新产品和新品类，用户比较陌生，需要着重介绍其物质价值；而对于成熟产品和品类，则需要赋予其心理附值。

比如，摩拜单车在其服务号早期的推文中，就对摩拜单车 App 的功能、信用积分、使用规则等做了详细介绍，帮助用户更深入地了解摩拜单车的物质价值。摩拜单车的服务号页面如图 2-122 所示。

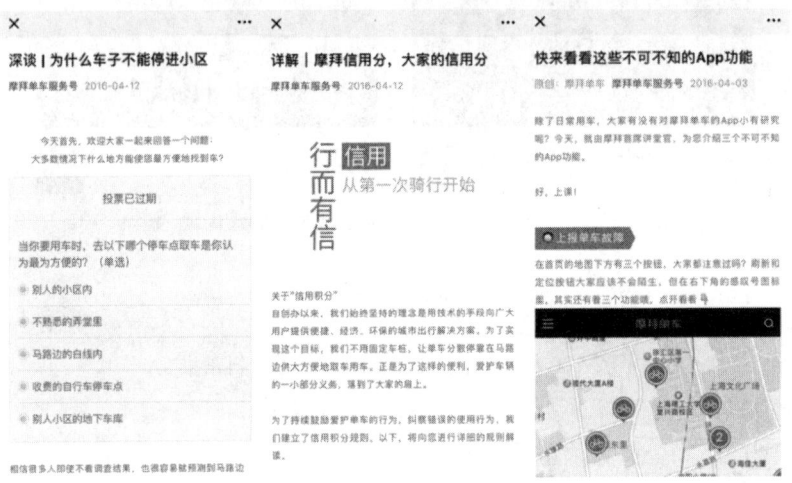

图 2-122　摩拜单车的服务号页面

不过，这部分内容大都比较无聊，怎样让无聊的产品介绍变得有意思，恐怕需要在文案和美工上多花心思了。同样属于新品类的公众号"好色派沙拉"无疑是个中的佼佼者，标题有趣，排版精美，对食材的介绍都充满创意。公众号"好色派沙拉"的介绍页面如图 2-123 所示。

图 2-123　公众号"好色派沙拉"的介绍页面

在已经非常成熟的白酒品类中成功突围的江小白，则是通过内容为产品增加心理附值的典型代表，一系列围绕青春和酒文化的推文，进一步巩固了江小白"青春小酒"的形象。

3. 充当电商：说服购买

品牌企业公众号中内嵌微商城的做法已经非常普遍了，而关于说服消费者购买产品的文案主要有两种：动之以情和晓之以理。

（1）动之以情

动之以情的方式一般有两种。

一种是利用积极情绪正向煽情，如幽默、热情、好奇、怀旧等情感。定位"中国精致生活"的物道，就是通过刺激用户对美好生活的追求，从而说服用户购买其产品的。所以，物道的文案中经常出现关于生活态度的内容，例如：

- 原来，一条干净、舒服的毛巾，也能带来生活的小确幸呢；
- 提升幸福感，有时只需一个小物件；
- 随遇而安，来一场惬意茶事。

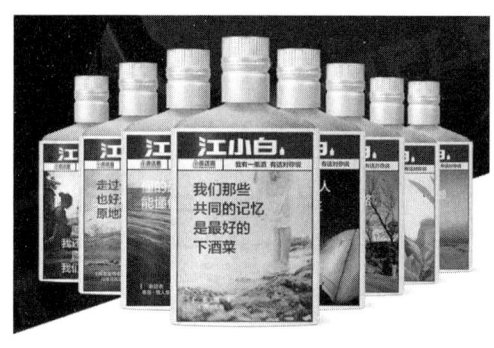

图 2-124 江小白"表达瓶"系列

定位"青春小酒"的江小白，利用目标用户的怀旧情绪，成功打造了"表达瓶"系列，如图 2-124 所示。

另一种动之以情的方式是利用消极情绪负向刺激，如愤怒、恐惧等情感。利用消极情绪做内容营销，有一定的风险性，因为人们更希望阳光、积极的生活，打心眼里排斥消极情绪，一不小心可能会造成"报纸上天天宣传吸烟的害处让我戒烟，于是，我把报纸戒了"的局面。

虽然存在风险，但成功的案例还是不少。比如，王老吉的经典广告"怕上火，喝王老吉"，就是利用用户对"上火"的恐惧，负向刺激购买的成功案例。主打微整形的"更美"App，则是利用用户对"变老""变丑"，甚至是对"失去美好生活"的恐惧，负向刺激用户微整形的。

（2）晓之以理

晓之以理的方式一般有两种。

一种是利用产品外部数据说理，这些数据和产品本身并无本质关系。比如价格、销量、市场份额、明星代言等。这种方式比较适合低涉入型产品，因为对于这类产品，用户不愿意花太多时间做决策，用简单直接的数据刺激用户做出购买行为是最有效的。比如，香飘飘的经典文案"连续 7 年，全国销量领先"，就是利用产品外部数据进行简单直接的购买刺激的。

另一种是利用产品内部数据说理。比如产品特征或成分、产品质量、产品包装、专家背书等。

对于高涉入型产品（比如母婴类产品），仅仅用外部数据说理是不够的。涉入度越高的产品，说明用户对其重视程度越高，用户希望了解的数据越多。常见的产品内部数据类型有以下几种。

① 产品特质或成分。例如，"甜睡"全面使用 Air Through 空气感透气背层，柔软透气，3D 立体表层，减少和 PP 皮肤的接触面积、增大吸收面积（年糕妈妈）；不使用香料和矿物界面活性剂，全部使用纯天然无添加剂成分，连孕妇都可以安心使用（小红书 App）。

② 产品质量。例如，从补水、修复、抗老全效，到帮助后续所有护肤品吸收，7 秒钟就

能搞定（小红书 App）；主打自家独创的专利活性因子，据说 14 天就能见效（小红书 App）。

③ 专家背书。例如，经 CDC（美国疾病控制与预防中心）推荐、在 EPA（美国环保局）注册的安全有效的驱蚊成分主要有四种，即避蚊胺、驱蚊酯、埃卡瑞丁、柠檬桉叶油及其提取物对薄荷烷二醇。参考资料：美国儿科协会、美国疾病控制与预防中心、加拿大卫生部、Kidshealth、Babycenter、WebMD、Mosquito 等网站（年糕妈妈的测评文章后都会注明参考资料）。

4. 充当广告：刺激分享

企业公众号刺激用户分享文章的两个非常好的方法是：故事和福利。

故事生动、形象，非常容易引起人们的好感和共鸣，从而刺激分享。比如，滴滴出行的官方公众号就把乘客和司机的故事集结起来，写成专题推文，获得了明显高于平均阅读量的数据。滴滴出行官方公众号的故事推文如图 2-125 所示。

图 2-125　滴滴出行官方公众号的故事推文

摩拜单车的服务号也开辟了挑战故事系列推文，接受用户的故事投稿。摩拜单车服务号的故事文章如图 2-126 所示。

图 2-126　摩拜单车服务号的故事文章

公众号可以推送的福利类型有很多，可以是优惠券、转发抽奖、节日活动等，但此类推文能够刺激大量转发的前提是，你的产品已经有成熟的消费人群，并且有足够的吸引力。

2.4.3 形式创意

> 讨论 2-11：微信公众号上常见的内容形式有哪些？

1．根据内容来源分类

（1）原创

微信公众平台从创立以来，采取了多种方式鼓励原创作者。比如，2015年1月22日上线了微信公众平台原创声明功能，原创者可在微信公众平台后台的"素材管理"菜单进入"图文消息"编辑，点击"申请原创声明"，并填写提交原创声明的信息。

《微信公众平台运营规范》对微信公众账号侵犯他人知识产权的行为也做出了明确的处罚规定。针对抄袭等侵权行为，微信公众平台的处罚规定如图2-127所示。

图2-127 微信公众平台的处罚规定

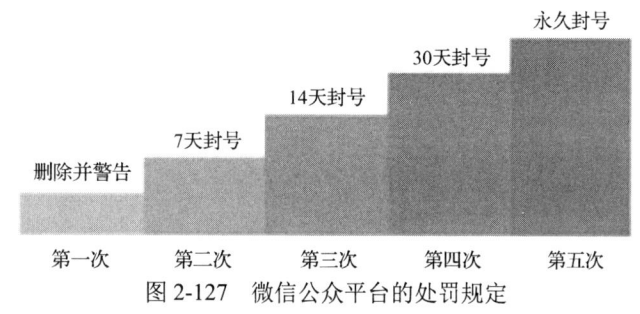

2017年7月1日至12月31日期间，微信公众平台大幅提升了微信流量主原创文章在公众号底部广告的分成比例。

2018年6月27日开始，为进一步鼓励原创作者，开启了赞赏作者原创文章功能，被转载时（包括白名单转载），文章底部会出现赞赏模块，赞赏收益归原创作者。转载者可以插入推荐语，但不能修改正文和作者信息。公众号"派爷"发布的文章《重磅！微信上线开放转载功能了！》如图2-128所示。

图2-128 公众号"派爷"发布的文章《重磅！微信上线开放转载功能了！》

在微信官方的大力扶持下，微信公众平台上的原创账号获得了极佳的生长土壤。根据新榜的数据统计，截至2017年1月，微信公众号500强中的原创账号比例已达61.0%，即新榜500强的公众号中，有305个账号拥有微信原创声明功能。

（2）转载

长期坚持原创是一件非常困难的事情。所以，为了保持稳定的更新频率，部分公众号会采取转载的方式更新推文。转载是一种相对简单的内容制作方式，只需要获得原创方的授权，并遵循相关规定转载即可。

为降低原创作者和转载者之间的沟通成本，简化转载流程，公众平台推出开放转载功能。原创作者将文章设置为开放转载后，所有公众号都可以直接转载，文章可在转载账号显示全文。公众号"声明原创"页面如图2-129所示。

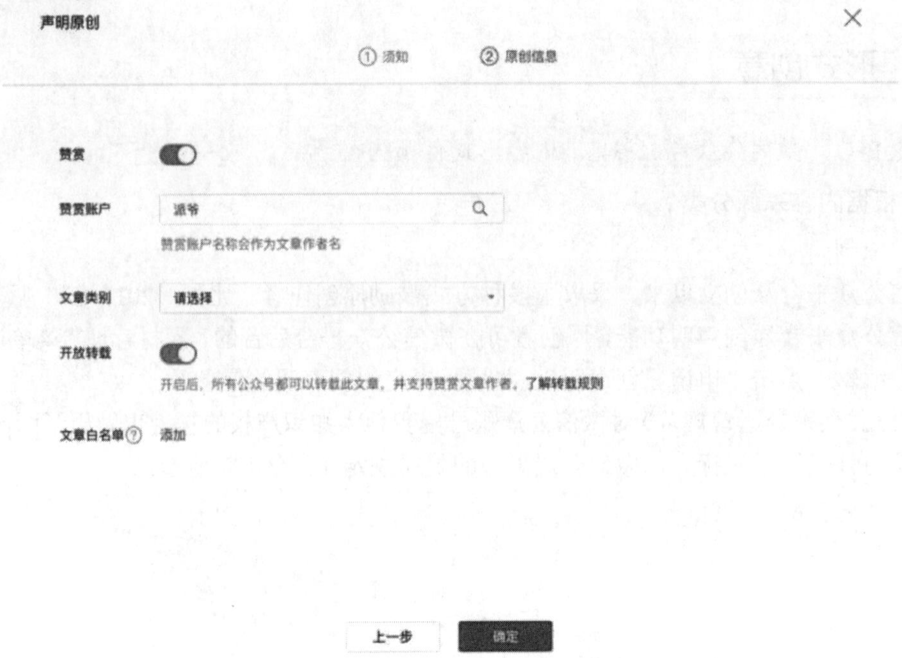

图 2-129 公众号"声明原创"页面

公众平台后台的编辑器内也增加了转载入口,你可以直接搜索一篇文章,查看是否能转载。公众平台后台的编辑器页面如图 2-130 所示。

图 2-130 公众平台后台的编辑器页面

对于没有开放转载的文章,需要向原作者申请转载授权,成功后才可以转载。在绝大部分情况下,微信公众号菜单栏中会有转载的详细申请方式,如果没有的话,可以直接在后台留言转载,等待回复。

一个完整的转载申请应该包括自我介绍(包括公众号名称和 ID,方便对方确认输入是否正确)、申请转载的文章(最好具体到日期),以及声明会按照规范转载三个部分。转载申请示例如图 2-131 所示。

图 2-131 转载申请示例

（3）翻译

除了转载以外，翻译也可以作为原创文章的补充。相比于纯原创，翻译耗费的时间相对较少，但相比于直接转载，翻译具有一定的技术门槛，比如，需要较高的翻译能力，这样的门槛可以在一定程度上避免文章同质化。

"利维坦"是一个以翻译文章为主的公众号，翻译文章以英文类型为主，翻译门槛较高，因为涉及非常多专业词汇的翻译。公众号"利维坦"页面如图 2-132 所示。

图 2-132 公众号"利维坦"页面

值得学习的地方在于，虽然是翻译文章，但"利维坦"在每篇文章的开头都提供一段原创的导读，即"利维坦按"，同时配上了自己挑选的背景音乐，如图 2-133 所示。

图 2-133 公众号"利维坦"文章示例 1

对于每一篇文章的原作者、译者、校对者、原文链接，都在文章开始前做了说明，尊重了创作者的努力，如图 2-134 所示。

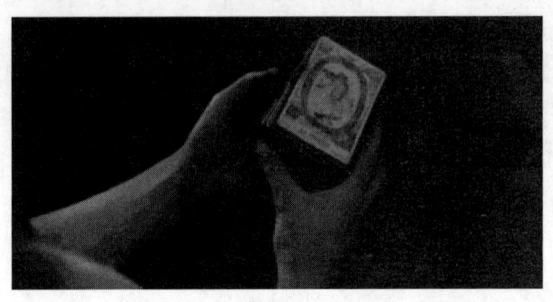

图 2-134　公众号"利维坦"文章示例 2

2．根据内容形式分类

（1）文字为主型

微信公众号中的大部分推文是以文字为主的，同时搭配少量的图片进行解释说明。对于此类公众号来说，文案是灵魂，配图则有锦上添花的作用。文字为主型的公众号推文示例如图 2-135 所示。

图 2-135　文字为主型的公众号推文示例

（2）图片为主型

图片为主型公众号大多属于漫画型或照片型，漫画和照片是此类公众号最重要的部分。图片为主型的公众号推文示例 1 如图 2-136 所示。

图 2-136 图片为主型的公众号推文示例 1

《老鼠什么都知道》是两只老鼠的对话漫画。主要讲述"老鼠 A 与老鼠 B 是藏在北京东三环与东四环之间的一个建于 2000 年的建筑的 12 层一居室客厅角落的一个直径约 15cm 的洞里的两个房客。他们的房东——漫画作者海带先生，则暗中观察并画下了它们的一切"。图片为主型的公众号推文示例 2 如图 2-137 所示。

图 2-137 图片为主型的公众号推文示例 2

除此之外，还有以摄影图片为主的公众号推文，如图 2-138 所示。

图 2-138　以摄影图片为主的公众号推文

（3）音频为主型

音频为主型公众号的核心在于声音，主播的声音决定了此类公众号的受众。音频为主型的公众号推文如图 2-139 所示。

图 2-139　音频为主型的公众号推文

（4）视频为主型

视频为主型公众号的运营难度相对较大，需要具有较为专业的视频拍摄能力，典型代表如公众号"一条""日食记"等。视频为主型的公众号"一条"推文如图 2-140 所示，视频为主型的公众号"日食记"推文如图 2-141 所示。

图 2-140 视频为主型的公众号"一条"推文

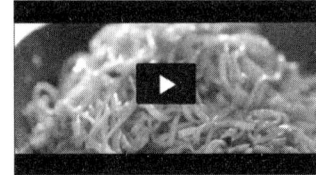
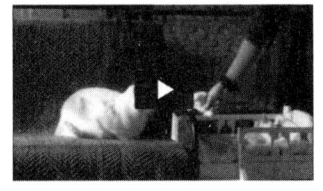

图 2-141 视频为主型的公众号"日食记"推文

3. 根据内容的体裁分类

（1）故事型（记叙文）

记叙文是以记人、叙事、写景、状物为主，以写人物的经历和事物发展变化为主要内容的一种文体形式，通俗点说就是讲故事。大多数情感类公众号的推文都属于记叙文。比如，公众号"魔宙"的故事类型比较特殊，属于半虚构的都市传说故事，大多源于真实事件，在此基础上，融入真实访谈和虚构情节，制作难度非常大，但非常有特色，如"中国最早偶像练习生：他能模仿 20 种声音，就为了叫人一声爸""有个外国朋友在市中心拉了个横幅：来打我，给你钱"。

公众号"真实故事计划"每天分享一个打动人心的原创真实故事，这类故事的制作难度也比较大，需要大量的访谈和考证，尽量还原细节并保证真实性。公众号"真实故事计划"首页如图2-142所示。

图2-142　公众号"真实故事计划"首页

（2）知识型（说明文）

说明文是一种以说明为主要表达方式的一种文体形式。它通过对实体事物科学地解说，对客观事物做出说明或对抽象事理的阐释，使人们对事物的形态、构造、性质、种类、成因、功能、关系或对事理的概念、特点、来源、演变、异同等能有科学的认识，从而获得有关的知识。

说明文的中心鲜明突出，文章具有科学性、条理性，语言确切生动。它通过揭示概念来说明事物特征、本质及其规律性。说明文一般介绍事物的形状、构造、类别、关系、功能，解释事物的原理、含义、特点、演变等。说明文实用性很强，它包括广告、说明书、提要、提示、规则、章程、解说词等。说明文有的是以时间为序，有的是以空间为序；有的由现象写到本质，有的由主写到次；有的按工艺流程顺序来说明，有的按事物的性质、功用、原理等顺序来说明。

许多以提供干货为主的公众号的推文都属于说明文，考虑到传播度，大部分公众号都会把干货内容写得非常通俗易懂、浅显有趣。比如，分享选车、买车、用车干货的公众号"玩车教授"，专业测评美食的公众号"企鹅吃喝指南"，分享历史知识的公众号"混子曰"等。

（3）评论型（议论文）

议论文是以议论为主要表达方式，通过摆事实、讲道理，直接表达作者的观点和主张的一种文体形式。它不同于记叙文以形象生动的记叙来间接地表达作者的思想感情，也不同于说明文侧重介绍或解释事物的形状、性质、成因、功能等。总而言之，议论文是以理服人的文章，记叙文和说明文则是以事感人、以知授人的文章。比如，公众号"乌鸦电影"就是以评论电影的文章为主，公众号"占豪"则是以时事评论为主，公众号"吴晓波频道"以财经评论为主。

2.4.4　内容编辑

讨论2-12：新媒体的收入跟流量大小息息相关，因此，诞生了许多为了流量而不择手段的"标题党"，你知道"标题党"是什么意思吗？

1. 标题技巧

（1）真实

真实是品牌与读者建立稳固关系的唯一前提，但为了使平淡无奇的内容吸引更多的读者、网民关注，片面追求标题的精彩，很多媒体从业者忽视甚至无视标题与内容的贴切关系，成为"标题党"的一员。"标题党"，从有媒体的那一天就存在。随着移动互联网技术的快速发展、媒体形式和传播方式的不断创新，"标题党"拥有了更广阔的发挥空间。他们活跃在互联网上，利用各种所谓颇具"创意"的标题"挂羊头卖狗肉"，利用网友的猎奇心理，博取浏览量。"标题党"相关案例如表2-4所示。

表2-4 "标题党"相关案例

标 题	内 容	手 段
惊呆！福建幼儿园发生火灾，孩子直接被从二楼扔下	图片+文字：福建幼儿园发生火灾，楼下有消防人员群众施救，为抢救孩子，教师将孩子从火场抛至楼下气垫上，无一人伤亡	利用公众对儿童的关注，将儿童与火灾、被扔等直接关联，刺激读者阅读
××明星在大街上被人强行拖行	图片：一个人两手各拖一个印刷了××明星代言的大头宣传纸袋，在地上行进	以名人负面新闻为噱头
中国人打死了美国人，暴爽！没WiFi也要看	视频：一场中美选手参加的拳击比赛，中国选手战胜了美国选手	以国家、名族荣誉感为噱头

（资料来源：国家网信网）

2015年1月10日，福建漳州26岁青年吴海雄在他经营的微信公众号"石狮民生事"上发布信息"昨晚，石狮，震惊全国！一家34口灭门惨案！转疯了！"，称福建石狮一家34口被残忍杀害，其中一名有孕在身，并指称犯罪嫌疑人逃往北流方向，警方正在进行调查。而文章结尾处附上的却是一张34只死老鼠的图片。该条微信随即被疯狂转发引爆朋友圈。7天后，吴海雄因涉嫌"虚构事实扰乱公共秩序"被石狮市公安局处以行政拘留10日的处罚。

微博、微信等新媒体标题和标题图的乱象已引起相关管理部门和社会的广泛重视。2015年10月15日，我国国家互联网信息办公室官网发文，严厉警示微信"标题党"，如图2-143所示。

图2-143 我国国家互联网信息办公室官网发文

近年，针对微博、微信中存在的造谣惑众、散布淫秽色情内容等问题，微博、微信公众平台运营商也在逐步完善相关的规定条款。同时，这些公众平台发布了规范运营公告、建立辟谣中心，并适时更新对于违规微博、微信公众号的处罚结果。比如，微信公众平台于2016年6月上线"辟谣小助手"，整合了"谣言过滤器""微信安全中心""腾讯安全观"等公众号信息，用户只要把疑似谣言信息发送到以上公众号，就可获知该信息是否为谣言。微信"辟谣小助手"页面如图 2-144 所示。

图 2-144　微信"辟谣小助手"页面

（2）精准

精准有两层意思，一是精准提炼文章的核心信息；二是精准把握目标用户的兴趣点。

大部分标题套路都有意无意地以"群体心理学"为基础，先假设你的目标用户是所有人，然后教你怎么吸引所有人的注意。但现实是，不同的公众号有不同的目标用户，怎么可能用一套模板来满足呢？

头部微信公众号对这个问题思考得非常清楚，他们的标题往往只针对目标用户的特定需求，不会幻想吸引所有人。比如，同样是学习类公众号，"逻辑思维"的标题如图 2-145 所示，"行动派"的标题如图 2-146 所示。

罗胖 60 秒：永远不要怕团队犯错
罗胖 60 秒：灰度认知，黑白决策
罗胖 60 秒：小心隐含着的基础假设
罗胖 60 秒：学会区分合理和解释合理
罗胖 60 秒：没有解决方案，不要评价他人

"我的二十几岁真的糟糕透了！""我也是！"
你所追求的"完美"，把自己变成了什么？
你有没有想过，你需要活得"功利"一点？
这是我听过"为什么要努力"最接地气的答案！
你也是一个人吃饭吗？为何"吃什么"会成为年轻人的世纪难题！

图 2-145　公众号"逻辑思维"的标题　　图 2-146　公众号"行动派"的标题

很显然，公众号"逻辑思维"的标题专业性更强，言简意赅、情绪平和，而公众号"行动派"的标题更口语化、情绪化。所以，标题到底应该口语化，还是专业化？应该是情绪化，还是平静化？

再如，同样是经济类公众号，"吴晓波频道"的标题如图 2-147 所示，"创业邦杂志"的标题如图 2-148 所示。

布热津斯基的"奶嘴"
为什么税率越高政府越穷
是什么造成了凯恩斯和波特的尴尬
你需要工作多久才能赚回一顿早餐
一代人有一代人的好与坏，没有必要献媚年轻人

刘强东：只有京东顺丰会活下去，剩下的不独立没有好下场！他在针对谁？
他靠一台榨汁机诈骗 8 个亿，谷歌、科比都中招，网友也被彻底惹毛！
36 岁科长嗑瓜子嗑成安徽首富，靠几毛钱利润年入 30 亿，论吃货的终极修养
这个 90 后第三次创业，把一台秤卖到了 14 个国家，去年赚取外国人 3000 万元！

图 2-147　公众号"吴晓波频道"的标题　　图 2-148　公众号"创业邦杂志"的标题

显然，公众号"吴晓波频道"的标题偏短，更具启发性，含有专业词汇更多；而公众号"创业邦杂志"的标题较长，更具故事性，含有较多的热门词汇。所以，标题到底长一些，还是短一些？应该讲故事，还是讲逻辑？应该用专业词汇，还是热门词汇？

产生这种混乱的原因就是模糊了目标用户。所以，写标题前，你首先要弄清楚：你的目标用户是谁？他们可能对怎样的标题感兴趣？

比如，公众号"行动派"和"创业邦杂志"针对的是职场小白和早期创业者，他们对专业词汇不敏感，认知能力相对较差，容易被故事性、情绪化、热门词汇较多的标题吸引；而公众号"逻辑思维"和"吴晓波频道"针对的是（经验、思维等方面）较为成熟的群体，他们更容易被专业化、系统化、具有启发性的标题吸引。

通俗来说，标题到底要嚼烂到什么程度才能喂给用户，完全取决于用户的心智成熟度。用户心智够成熟，标题可以专业化、客观化；用户心智不够成熟，标题嚼得越烂，用户越容易消化。而嚼烂标题的方式无非采取故事化、情绪化、数字化、形象化、口语化、热门化等方法。

（3）个性

内容是新媒体最重要的产品，标题好比是推荐产品的一句文案，卖出产品无疑是文案最直接的目的，但资深广告人知道，每一句文案都会影响品牌在用户心中的定位，成功的品牌定位必须始终如一。

因此，深谙此道的新媒体大号，在写标题时往往考虑能否和品牌形象产生共振，起到丰富品牌形象的效果；而大部分新媒体的品牌形象尚未形成，单纯地模仿标题，无法形成共振效应，如果模仿不当，容易适得其反，模糊品牌形象。

定位精致生活的中高端电商公众号"物道"，标题对仗工整、文艺清新，很有规格，与品牌形成了良好共振。公众号"物道"的标题如图2-149所示。

文化类中的很多公众大号，如"十点读书会""有书"等，都是每天读一本不同的书。而公众号"六神磊磊读金庸"则采取了差异化的定位，只读金庸的书，但视角独特，观点犀利，这在他的标题中有完美的体现。公众号"六神磊磊读金庸"的标题如图2-150所示。

人间栀子，我心赤子
一方中国印，一诺值千金
家财万贯，日食不过三餐
中国古代年龄称谓，涵盖了一生的智慧
愿你对美好尚有渴求，对生活永不失望

赵敏郡主要条船
一个金庸故事讲清楚互联网到底好在哪儿
从生蚝到烤蛙，金庸笔下的"非著名"美食排行榜
《笑傲江湖》里，这七句话让人爽得想喝酒
因为这一把胡子，忽然就想原谅胡斐了

图2-149　公众号"物道"的标题　　　　图2-150　公众号"六神磊磊读金庸"的标题

科技类的很多公众大号，如"虎嗅""36氪"等都是走平台型路线，内容范围较广，有资讯，有时评，而公众号"躺倒鸭"采取了主打"手机科技"（以iPhone为主）的差异化定位方式，在一众大号的夹击下迅速突围，并获得了新榜"2016年度科技新媒体"大奖。公众号"躺倒鸭"的标题如图2-151所示。

iPhone 7大战诺基亚3310！拍照输了？
苹果要流氓！这个新规太不要脸！
iPhone 8真的会双卡双待？！
iPhone 7遭强光射10秒，画面好美！
iOS 11来了！苹果下周还要发这些新品！

图2-151　公众号"躺倒鸭"的标题

2. 精彩开篇

文章的开篇（开头）主要有3种作用：服务题目、吸引读者和帮助理解文章。

（1）服务题目

当题目已经引起读者好奇时，开头需要解释或延续这种好奇。当题目是一个问题，或让人琢磨不透时，需要在开头解释题目。例如，"昨天的推送里，让我看完最难过的台词是：如果你在我十八岁的时候认识我就好了，那时我的头发又黑又长，也很漂亮。"（文章的标题是：《如果你在十八岁时认识我就好了》）

当题目已经足够惹人好奇时，开头接着题目的话头往下说就好了。例如，"宇宙到底有多大？很多人会说，很大，或者说，很大很大。"（文章的标题是：《【震撼】宇宙到底有多大》）

（2）吸引读者

如果开头内容无聊晦涩，读者很可能会选择关闭文章。所以，开头需要吸引读者。

① 描绘利益。告诉读者看了这篇文章会获得什么好处，无利不起早，读者自然会看下去。例如，"手机拍照已成为我们生活中必不可少的一部分，但是有些人不一定了解手机拍照技巧。其实不需要用高级拍摄装备也能把手机相机发挥得淋漓尽致。"（文章的标题是：《这才是手机的正确拍照方法，以前白玩了！》）

② 制造悬念。故意不说透，提起读者兴趣，让读者想要读下去。例如，"看完这篇文章以前，我敢说你没完全看懂《神奇动物在哪里》。"（文章的标题是：《神奇动物在哪里》居然是J.K.罗琳给这个组织拍的宣传片）

③ 提出问题，回答一半。提出让读者好奇的问题，但不完整回答，读者就会更好奇。例如，"咖宝宝今天又来唱反调了。其实大多数人（包括我自己），今天都中了套路。从购买习惯角度来说，有些促销其实并没有真正的实惠。"（文章的标题是：《SOS！我要离开这个全是折扣套路的城市》）

④ 自曝丑事。把自己的丑事说出来，表达坦诚的态度，拉近公众号和读者之间的距离。例如，"大家好，又到了国民老尴尬老岳父语音跳票的环节。老安今天在临走前，跟小编说，帮我编一个理由，填充今天的语音环节。"（文章的标题是：《工作室日常之台历讨论会议》）

⑤ 制造冲突场景。有了冲突，但结局未知，读者自然想一探究竟。例如，"粉丝七七愤怒地跟末那说：叔，最近有个男人追我。"（文章的标题是：《我帮你，没有动机》）

⑥ 制造临场感。描述读者可能经历过的场景，让读者在心里想"这就是在说我啊"。例如，"'双11'买的东西到了，你后悔嘛？从目前'双11'某宝退货率来看，剁手族纷纷表示后悔。"（文章的标题是：《花一百块钱买的东西，却要操好几万的心》）

⑦ 聊自己的近况。在讲述正题之前，作者先写写自己的近况，让读者感觉"我和他（作者）过着差不多的生活"，这样拉近和读者的距离之后，读者更容易认同作者写的东西。例如，"身在帝都的我，可算盼来了暖气。"（文章的标题是：《雾霾天冷窝在家！这些游戏能让熊孩子乖乖玩上一整天》）

⑧ 对比。用与读者生活相关的但对比鲜明的例子，以便凸显文章主要内容的特点。例如，"中国人是富不过三代，而美国人却可以用三代培养一个贵族。从特朗普的爸爸，到特朗普，再到她女儿，整整经历了三代！这个女孩子，的确值得我们抛开一切政治眼光和国际因素去欣赏。"（文章的标题是：《特朗普女儿100张照片曝光：这就是美国三代培养的一个贵族！（惊艳到窒息）》）

⑨ 类比。当内容对读者太陌生，或广告痕迹太重时，可以讲述与内容类似的例子，便于读者理解。例如，"上杯盖的小狐狸，是你一辈子的陪伴。'一旦你驯养了什么，你就要对它负责，永远的负责'——《小王子》"。（文章的标题是：《一万句多喝水，不如一只狐狸杯》）

（3）帮助理解文章

在读者阅读文章时，如果背景知识很重要，在开头就要介绍背景知识，以便读者理解文章。完整的故事结构会帮助读者更快速地理解文章含义。为此，开头要发挥重要作用，具体方式就是介绍背景。例如，"前段时间砖叔看到了这样一个新闻，两辆东莞牌照车辆擦碰，一辆捷达撞上一台劳斯莱斯。而事故的责任清晰，事发地为禁停路段，劳斯莱斯司机人还在车里，虽然是违章停车，但无责任。"（文章的标题是：《3万块的捷达顶了一下500万的劳斯莱斯，要赔60万！咋整？？》）

任务小结

1. 内容运营是指基于产品的内容进行选题规划、内容策划、形式创意、内容编辑等一系列与内容相关的工作。

2. 选题规划包括热点选题法、内视选题法和外窥选题法。

3. 企业公众号可以充当媒体、官网、论坛、电商、广告等多种角色，当你为企业公众号定制内容前，首先需要考虑的是公众号充当的主要角色是什么？针对特定的角色定位，制作相应的内容。

4. 根据内容来源分类，可将内容分为原创、转载和翻译三类；根据内容形式分类，可将内容分为文字为主型、图片为主型、音频为主型和视频为主型；根据内容的体裁分类，可将内容分为故事型、知识型和评论型。

5. 标题应该具有真实、精致和个性的特点。

6. 文章的开头主要有3种作用：服务题目，吸引读者和帮助理解文章。

任务实训

1. 假如你现在是"GQ实验室"公众号的新媒体运营人员。现在请你为公众号确定未来一周内（5月1—7日）的选题。

2. 结合"GQ实验室"公众号的选题规划，分小组策划聚集受众、提供产品认知、说服购买、刺激分享的推文。分别在4月16—21日推送。

3. 分别列举一个你最喜欢的故事型、知识型、评论型公众号；分别列举一个你最喜欢的图片型、视频型、音频型公众号。并说说除了本任务提到的公众号的形式，还有其他你见过的形式吗？

任务 2.5　微信公众号的用户运营

📔 **任务目标**

知识目标：了解微信公众号用户获取、用户激活、用户留存、用户变现的概念。

能力目标：灵活运用微信公众号用户获取、用户激活、用户留存、用户变现的方法。

📔 **任务导图**

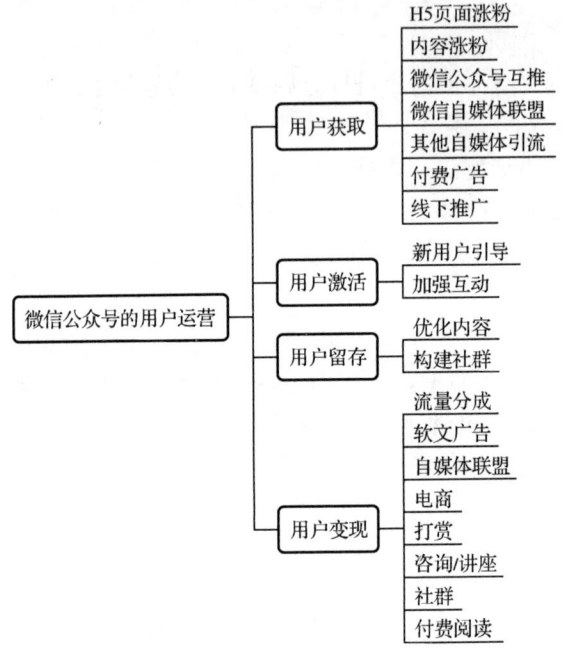

📔 **任务实施**

用户运营是指通过各种手段来引导用户，做我们想要他做的事。如果你是电商产品的运营，最需要做的事就是让用户付费购买商品；如果你是社区产品的运营，最需要做的事就是让用户贡献和传播内容。在用户运营体系中，有一个经典的框架叫作 AARRR 模型，它包括 5 个阶段：获客（Acquisition）、激活（Activation）、留存（Retention）、商业变现（Revenue）、自传播（Referral）。它被作为运营关注的 5 个最重要的指标，因为这些指标有效地衡量了产品的增长，同时又简单且可操作。

2.5.1　用户获取

讨论 2-13：你在朋友圈见过哪些刷屏级 H5？它们为什么能刷屏？

1. H5 页面涨粉

H5 是具有视觉、听觉、触觉等综合感官的移动端应用。通过 H5 页面活动来达到推广商品、吸引粉丝的目的，是微信营销中常用的一种方法。常见的 H5 页面有：简单活动类，如红包、抽奖、投票、砍价、拼团等；中级趣味类，如 H5 小游戏、答题、测试、生成海报等；高级动效类，如快闪、VR 全景、视频、一镜到底、模拟界面、重力感应、序列帧、画中画、事件触发等。H5 涨粉页面如图 2-152 所示。

图 2-152　H5 涨粉页面

2．内容涨粉

通过投稿等方式让文章被大号转载，是一种非常有效地增加粉丝的方式，而且通过内容吸引过来的粉丝，一般黏性都比较高。内容创业者的第一款"涨粉武器"就是内容，但讨论涨粉始终离不开流量思维，所谓"优质内容自带流量"就是这个道理。在一切追求高效的当下，虽然依靠内容涨粉显得"低效"，但吸引来的粉丝不仅黏性较高，而且也很精准。如果有幸诞生一篇爆文，就会带来爆发性增长。部分公众号一篇文章内容涨粉的数量如图 2-153 所示。

公众号	涨粉数量
喃东尼	一篇文章涨粉4万
X博士	一篇文章涨粉5万
馒头说	一篇文章涨粉7.5万
社长从来不假装	一篇文章涨粉10万
靡音	一篇文章涨粉18万
关爱八卦成长协会	一篇文章涨粉32万

图 2-153　部分公众号一篇文章内容涨粉的数量

3．微信公众号互推

与一些客户群体相近，但业务不同的微信公众号合作，进行互推。当然，前提是自己的粉丝达到一定数量，就像传统的 PC 网站添加友情链接来增加权重一样。微信公众号互推文章示例如图 2-154 所示。

图 2-154　微信公众号互推文章示例

4．微信自媒体联盟

现在讲究抱团取暖，与行业相关的微信自媒体组成联盟，合力推广，或者找到相关自媒体联盟，付费推广。目前国内比较有影响力的自媒体联盟主要有 8 个，既有微媒体联盟这样的全行业综合性联盟，也有犀牛财经、亲子生活这样的细分行业自媒体联盟。

微媒体联盟，由微媒体（vmeti.com）发起成立，定位为"中国最大的自媒体联盟"，覆盖微信人群超过 1 200 万人，覆盖行业包括移动互联网、时尚、娱乐、汽车、财经、地产等几十个行业，是国内目前覆盖行业较广的综合性自媒体联盟。资深互联网人刘敏华（互联网新鲜事 Webtech）任微媒体联盟负责人。

WeMedia 自媒体联盟，发起人是朱晓鸣（"青龙老贼"），联盟成员由资深媒体人、投资人、移动互联网研究者、创业者等人群组成。该联盟有多位"大牛"，如搜狐 IT 主编潘越飞、触控科技战略总监曾航、TMT 评论人李瀛寰等，以互联网科技领域见长。

速途网自媒体联盟，由中国较大的互联网行业社交媒体速途网发起成立，是速途网战略转型自媒体的产物，联盟成员包括速途编辑部成员和专栏作者等近百个微信账号，由速途网编辑部负责联盟日程运营工作。目前特色微信自媒体成员有极地特工（TechAgent）、万能的大熊（zn10961242）、吕商（lvshangweixin）。

犀牛财经联盟，由瞭望全媒体公司发起成立，覆盖投资、管理、科技、能源、生活等领域，定位微信财经第一自媒体联盟。该联盟官方曾表示，未来三年内，瞭望全媒体将向旗下的自媒体账号投放不低于 2 000 万元的整合营销费用，包括试驾、评测、采访等形式。

亲子生活自媒体联盟，由母婴网站亲贝网发起成立。该联盟定位精准，由母婴与育儿（babymothercare）等十几个母婴类微信大号组成，精准覆盖 50 万母婴群体。

牛微联盟，由情感心理导师周群超发起成立。牛微联盟包括糗事百科、情感心理学、冷笑话精选等微博账号，加上一些微信账号，覆盖粉丝约 6 亿人。很明显，这是微博时代的那批淘金者。

SocialAuto 汽车行业自媒体联盟，由资深汽车媒体人马麟发起，联盟成员包含十多位汽车自媒体人和机构，涵盖汽车的资讯、营销、数据挖掘和市场调研等细分领域。

地产自媒联盟，由克而瑞信息集团品牌总监黄章林发起成立，联盟成员包含 13 个地产行业微信公众账号，覆盖超过 20 万精准地产人。

5．其他自媒体引流

利用内容从其他自媒体引流是一种相对较慢但黏性较高的方式，但各平台规则不同，有些明确限制引流，如百度系自媒体、今日头条等。有些对引流行为限制不严，如知乎、简书等。简书甚至可以在后台直接绑定微信、微博等社交账号，并显示在个人的主页上。通过简书引流的页面如图 2-155 所示。

图 2-155　通过简书引流的页面

知乎的态度稍显暧昧，既不支持，也没有明文禁止，只是在 2016 年 9 月左右，为了净化知乎环境，针对二维码类的图片进行了自动转链接处理。

6．付费广告

微信公众号一般使用广点通进行付费推广，广告展现在其他公众号底部或朋友圈中。广点通广告展现位置如图 2-156 所示。

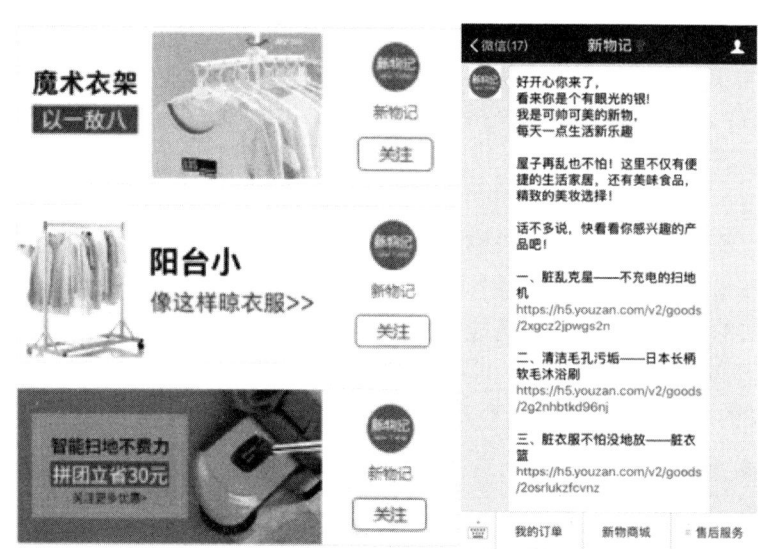

图 2-156　广点通广告展现位置

7．线下推广

（1）地推

地推就是指地面推广，是一种和网络推广对应的推广方式。主要在线下目标人群聚集的地方，通过摆摊位、发传单、讲座等方式，引导用户关注公众号。

"地推吧"在 2016 年 1 月 20—24 号期间，在深圳为"洋货栈"公众号进行线下地推。出动了大约 80 人的地推团队，在深圳各大写字楼、商业街、居民社区周边进行推广。地推团队通过摆摊和定点入驻的形式，向用户们进行推广。只要在现场进行实名注册+1 元下单的用户，立送 5 元现金+27 元精美礼品。在 4 天的时间内，总共获取了 8 000 多个实名注册用户，全部进行了实名注册+1 元下单。"地推吧"的地推活动如图 2-157 所示。

图 2-157 "地推吧"的地推活动

（2）广告

文案设计是线下广告的核心。在碎片式和目标性很强的户外环境中，加上各种广告满天飞，用户一眼扫过商家的宣传海报，停留时间往往只有短短的 1～2 秒。这就要求宣传文案要紧紧抓住用户心理，如创意的广告语、突出的优惠字眼、几折、现价与原价的对比、满多少送多少等。同时，多用美图或创意图片来吸引用户眼球。

二维码是线上线下互动的桥梁，实际使用中常遇到扫码位置、大小不合适，或者二维码设计过度导致扫码失败的情况。因此，在设计二维码时需要注意如下事项。

- 二维码尺寸不宜过小，也不宜过大，需要与整个海报比例相称，并保证二维码处在显眼的位置；添加必要的二维码扫描提示语，如果添加一些创意设计或有奖活动将大大提高二维码被扫描的概率。
- 二维码要放置在人在常态使用手机、方便扫描的区域。如无须踮脚、俯身或下蹲，尤其注意二维码位置必须是可以够到的扫描距离。
- 在现有技术条件下，必须考虑打印清晰、户外光线（反光）等因素的干扰，尽量避免扫描失败的情况发生。考虑可能会出现扫描失败的情况，如果是微信，可以提供微信账号名称信息。

设置不合理的二维码如图 2-158 所示。

图 2-158 设置不合理的二维码

选择在哪里投放二维码，这个问题见仁见智。但是不管怎么样，一定要考虑时间和场景的因素。一般人们会在无聊的碎片化时间掏出手机来玩，以下这些场景，目标用户一般会注意二维码。

- 公共厕所：在这种情形下，人们只要身上有手机，大多会拿出来玩。如果厕所里有一个二维码宣传广告贴在面前，一般会引起人们的注意。
- 公交或地铁站台：人在等待的碎片时间里极其无聊，通常也会拿出手机看时间或信息，有时会无聊地四处张望，自然而然会注意到贴在公交或地铁站台的二维码。
- 公交车或地铁内：该场景玩手机是再常见不过的现象了，如果这时眼前或手边有个二维码，一般会引起乘车人的注意。尤其是公交座椅的后背位置，更是一个绝佳的投放二维码的位置。

（3）微信智能周边服务

通过微信智能周边服务，也能吸引人们扫描二维码。

- 照片打印：照片打印利用人们扫码关注公众号，免费打印照片为入口做用户引流，通过扫描贴在打印机身上的二维码并关注公众号，发送照片就可以打印属于自己的照片了。
- 免费 WiFi 涨粉：利用免费 WiFi 吸引用户关联，关注公众号即可免费上网。利用微信连 WiFi 涨粉方式，短时间内能迅速获得 100%真实的粉丝。
- 共享纸巾机：共享纸巾机利用扫码并关注公众号，可以免费获取纸巾。用户使用共享纸巾机，首先扫一扫特定的微信二维码，关注公众号就可以直接在订阅号里面点击链接领取纸巾了。
- 共享体重秤：共享体重秤利用扫码并关注公众号获取体重信息来引流。用户使用体重秤称重，首先扫一扫指定的微信二维码，关注公众号就可以直接在订阅号收到体重信息。
- 共享娃娃机：共享娃娃机利用扫码并关注公众号获取免费抓娃娃次数。扫一扫特定的微信二维码，关注公众号就可以直接在订阅号里面点击链接，领取免费抓娃娃次数。

2.5.2 用户激活

讨论 2-14：如何让用户自愿与你互动，并积极参与社群活动？

1．新用户引导

激活新用户常用的策略是新手福利、每日签到、引导阅读等。这样既可以增加用户活跃度，也可以让一部分暂时还没有对平台建立信任度、没有发生购买行为的用户获取体验积分，进而增进对产品的了解。公众号激活新用户页面如图 2-159 所示。

2．加强互动

互动既可以是线下的，也可以是线上的。比如，麦当劳官方公众号举行的线下"麦麦体验营"活动就大大拉近了与用户的距离，提高了用户对品牌的好感。麦当劳官方公众号的互动页面如图 2-160 所示。

微信公众号"关爱八卦成长协会"简称"关八"，订阅量 200 多万人，创始人马睿则默认了自己"会长"的身份。"会长"马睿不仅经常发真金白银、实打实的红包，而且把发红包的过程做得十分有趣"会长"发的是支付宝红包,需要有一个 8 位数的密码,也就是口令,才能有抢到红包的机会。于是,"会长"就把红包口令藏在了各种出其不意的地方,比如赞赏语、作者栏、摘要栏等。"关八"还会把用户关心的问题收集起来,回答之后做成文章推送给用户。

图 2-159　公众号激活新用户页面

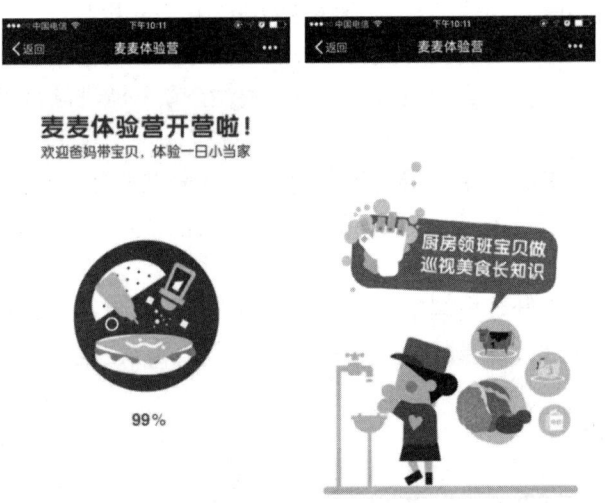

图 2-160　麦当劳官方公众号的互动页面

2.5.3　用户留存

讨论 2-15:微信公众号运营者应该如何留住用户?

1. 优化内容

内容是一个微信公众号的基本要素,是衡量用户是否被很好满足的直接表现。内容运营过程中,需要不断收集用户反馈,优化内容,同时优先保证核心功能正常运转。对于微信服务号来说,提供优质的服务是留下用户的核心。比如排号、优惠券、在线咨询等。提供优质服务的微信服务号页面如图 2-161 所示。

图 2-161　提供优质服务的微信服务号页面

2．构建社群

微信公众号的用户管理系统非常简单，功能有限。因此，必须借助移动社群工具实现更精细的用户运营。移动社群工具按功能大概可分为以下 3 类：

- 一类是以微信群为代表的实时交互社群工具，满足了即时沟通的需求；
- 一类是以小密圈、孤鹿等为代表的异步交互社群工具，满足了信息沉淀、深度交流的需求；
- 还有一类是以千聊、小鹅通等为代表的社群直播工具，满足了知识共享、变现的需求。

微信公众号社群页面如图 2-162 所示。

图 2-162　微信公众号社群页面

2.5.4 用户变现

> 讨论 2-16：你知道哪些微信公众号的变现方式？

用户变现即拥有一定的活跃用户后，尝试通过一系列方式获得收入。根据收入来源的不同，可将微信公众号的变现方式分为流量分成、软文广告、自媒体联盟、电商、打赏、咨询/讲座、社群、付费阅读 8 种方式。

1．流量分成

流量主是腾讯官方推出的一项广告服务，自推出以来，门槛越来越低。目前，只要达到 5 000 粉丝，即可申请开通，一般 7 天内会审核通过。审核通过后，腾讯会根据你申请时选择的行业类别为你分配相关广告，广告一般展示在图文消息的页面底部或文章中间。返佣商品广告的插入位置是可以自由控制的。流量主"账户设置"页面如图 2-163 所示。

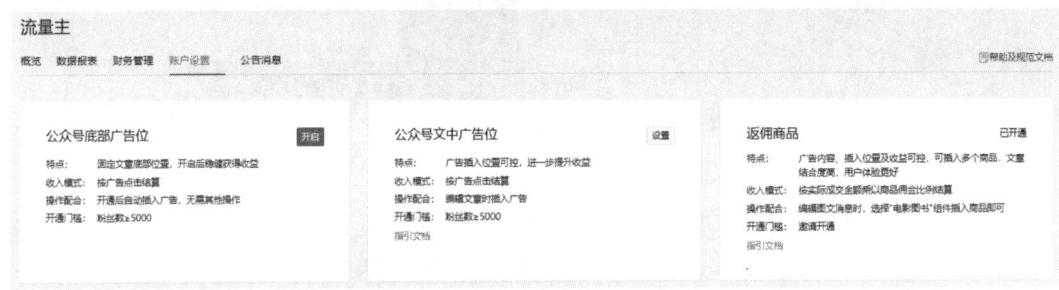

图 2-163　流量主"账户设置"页面

2．软文广告

软文广告在微信公众号中非常流行，因为相对来说利润空间更大，且不伤害用户体验，创意够好的话还可以为品牌加分。自从诞生过 200 万+阅读量的文案后，被称为"脑洞之王"的公众号"GQ 实验室"备受广告营销圈关注，与阅读量齐增的还有刊例价。公众号"GQ 实验室"的软文广告页面如图 2-164 所示。

图 2-164　公众号"GQ 实验室"的软文广告页面

3. 自媒体联盟

由于接广告的门槛较高，沟通过程较为复杂，促使不少小而美的自媒体开始抱团取暖，形成了自媒体联盟。联盟负责拉广告，给所有的自媒体账号分配广告任务，并与成员按照比例分成。目前国内最大的新媒体联盟是 2013 年成立的 WeMedia 自媒体联盟，其他较有影响力的还有野马联盟、浑水联盟，以及上海报业集团背景的界面联盟。加入自媒体联盟的门槛也不低。例如，WeMedia 自媒体联盟的入门标准是：微信个人好友超过 2 000 人；微信公众平台粉丝数量达到 10 万人以上。

4. 电商

通过自媒体渠道做电商，有一个新潮的名字，叫内容电商。这种模式很容易让人忘记价格，冲动消费，是打造爆款的好方法。一条、逻辑思维和企鹅吃喝玩乐都是自媒体中做内容电商的佼佼者。目前，自媒体电商中大部分选择有赞微商城提供技术支持，比如企鹅吃喝玩乐、吴晓波频道等。

逻辑思维最开始也是采用有赞微商城的标准商城模板，后来由于发展需要，有赞特意为其推出了大客户定制版商城。还有一小部分具备规模、有实力的自媒体，会选择链接自己的独立 App 商城，比如一条。不过，内容电商模式下发布的商品数量受到很大限制，而爆品的出现又是可遇不可求的，同时，移动电商的技术支持成本也相对传统电商高出许多。因此，总体来说，自媒体想要依靠电商变现，难度很大。

5. 打赏

原创的个人类型订阅号获得原创保护功能之后，一个星期左右就可以拿到赞赏功能。微信官方希望通过这种方式，使得自媒体上的原创作者获得一定收益，保持创作激情。不过，不管是娱乐类的自媒体（比如 Papi 酱），还是干货类的自媒体（比如李靖的公众号），质量越优秀，买单的人越多。所以，细分领域的头部自媒体收获的赞赏会相对更多，而其他自媒体想靠赞赏实现不错的盈利，则难度较大。

6. 咨询/讲座

依靠内容在自媒体上聚集用户，再通过为用户提供咨询/讲座等服务实现盈利的方式，也是目前自媒体行业较为成熟的盈利模式之一。李靖就曾谈到，因为成功地运营自媒体，为自己带来了大量咨询业务，包括奇虎 360 等知名大公司。靠讲座盈利，最成功的当数逻辑思维，"2034 年的演讲门票都拿出来拍卖了，还有谁？"。

7. 社群

当你的自媒体积累了一定数量的忠实用户，就可以考虑创建一个付费社群了。社群的定价一定要参考行业内其他社群的，不能太高（吸引力低），也不能太低（显得不专业），社群的定位要尽量做出差异化。并且后期的运营是关键，一定要保质保量地实现你最初承诺给付费用户的服务，最好还能增加额外服务，给用户意外惊喜，这样有利于积累口碑，开展新活动。

8. 付费阅读

微信公众号的付费阅读模式尚在内测中，目前可以通过微信公众号内嵌小程序的形式进行付费阅读。有一些公众号是通过阅读码的形式进行收费的，比如时尚芭莎。通过阅读码的形式进行收费的公众号页面如图 2-165 所示。

■ 新媒体运营

图 2-165　通过阅读码的形式进行收费的公众号页面

📔 任务小结

1．微信公众号用户获取的主要方式包括微信裂变、H5 页面涨粉、内容涨粉、微信公众号互推、微信自媒体联盟、其他自媒体引流、付费广告和线下推广等。

2．微信公众号用户激活和留存的主要方法有新用户引导、优化内容、加强互动和构建社群等。

3．微信公众号用户变现的主要方法有流量分成、软文广告、自媒体联盟、电商、打赏、咨询/讲座、社群、付费阅读等。

📔 任务实训

1．在内容涨粉、互推、自媒体联盟、其他自媒体引流、微信广告中任选一种方法，推广小组公众号，记录详细过程及最终数据（需要后台截图）。

2．创建微信公众号相关的粉丝圈，完成基本设置；将粉丝圈链接植入微信公众号；提交推文链接，保证跳转正常。

3．除了本任务提到的 8 种变现方法以外，还有其他的变现方法吗？至少列举一种，并结合案例进行分析。

任务 2.6　微信公众号的数据分析

任务目标

知识目标：了解微信公众号的用户分析和图文分析的概念和分类。
能力目标：掌握微信公众号用户分析和图文分析的方法。

任务导图

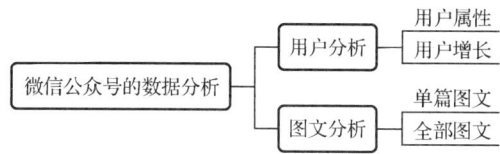

任务实施

2.6.1　用户分析

讨论 2-17：作为一名微信公众号运营者，你最关心哪些用户数据？
用户分析主要包括两个部分：用户属性和用户增长。

1. 用户属性

微信后台直接提供的用户属性有性别、语言、省份、城市、终端、机型。微信公众号后台显示的用户属性如图 2-166 所示。

图 2-166　微信公众号后台显示的用户属性

性别。性别比例一般因行业而异，科技、经济类的公众号男生占比较大，情感、心理类的公众号女生占比较大，对运营的意义其实不大，主要是一些广告主需要根据这个数据决定是否投放广告。微信公众号后台显示的性别分布如图 2-167 所示。

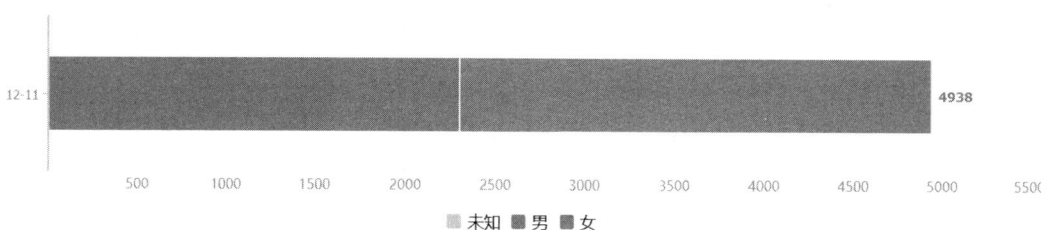

图 2-167　微信公众号后台显示的性别分布

省份和城市。省份和城市的分布情况，在发起线下活动，或者举办线下培训时具有参考价值。比如，编者的微信号"琛姐"的粉丝 24.4%分布在广东省，其中广州占了 8.8%，深圳占了 7.5%，如果以后考虑做线下活动，十有八九就会在广州或深圳了，因为这样才能保证最大的参与率。微信公众号后台显示的省份分布如图 2-168 所示。

省份	用户数	
广东省	1203	
北京	648	
上海	445	
浙江省	318	
江苏省	255	
山东省	199	
湖北省	188	
四川省	177	
福建省	165	
河南省	146	

图 2-168　微信公众号后台显示的省份分布

终端和机型。终端和机型对运营的影响主要有两个方面：一个是打赏情况；一个是显示效果。2017 年 4 月，苹果的新规出来后，微信撤消苹果手机的打赏功能，所以，如果打赏对你来说是很重要的收入来源，而恰好用户终端中苹果手机的占比较大，可以考虑换个方式使用打赏功能。微信公众号后台显示的终端分布信息如图 2-169 所示。

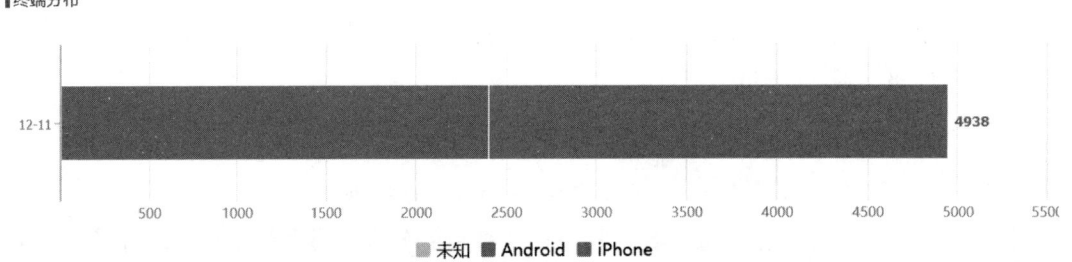

图 2-169　微信公众号后台显示的终端分布信息

机型能传递的最重要的一个信息是：大部分用户是用什么样尺寸的屏幕阅读你的内容。每种机型有固定的尺寸，比如 iPhone 6 是 4.7 英寸，iPhone 6 Plus 是 5.5 英寸。据此，我们可以对后台的原始数据进行进一步的分析，可以看到，4.7 英寸和 5.5 英寸是主力机型，如图 2-170 所示。

根据得到的结论，当你评估排版效果时，就可以优先使用占比较大的机型进行预览，以保证大部分用户的最佳阅读体验。比如，常用的"两端缩进"设置，到底缩进多少合适，和手机屏幕的大小就有直接的关系，如果大部分用户的手机屏幕较小（比如老年群体），最好就不要设置两端缩进了。

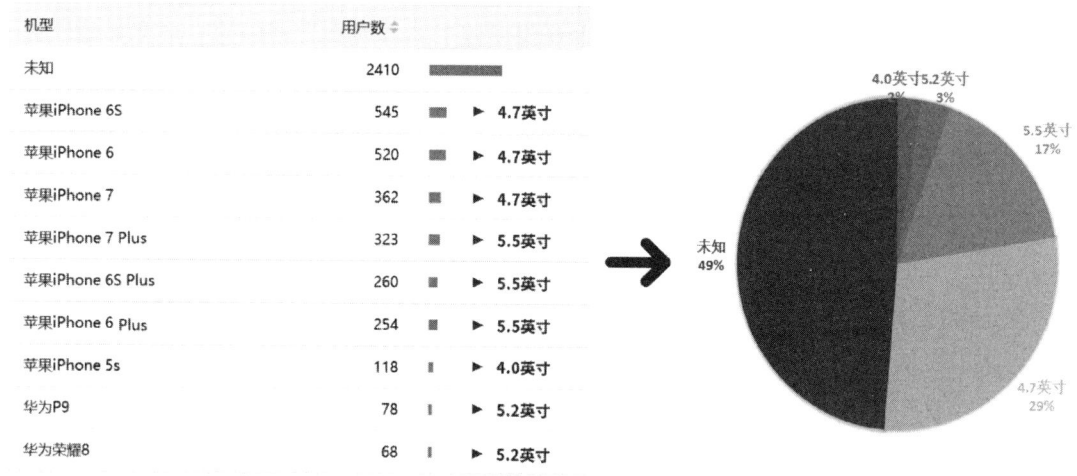

图 2-170　微信公众号后台显示的机型信息

除此之外，终端机型还可以传递用户的消费行为。因为不同机型间的价格、上市时间有较大差异，深入挖掘这些数据能在一定程度上掌握用户的消费习惯，对于运营方和广告主都有参考价值。

用户标签。除了以上几种直接提供的用户属性以外，我们还可以利用公众号后台的"标签"功能，为所有留言、打赏、转载的用户添加特殊标签，从而进行分层运营。微信公众号后台用户标签信息设置页面如图 2-171 所示。

图 2-171　微信公众号后台用户标签信息设置页面

李少加老师的公众号"少加点班"，进行过为期一年的统计：有打赏和好评行为的粉丝的掉粉率是整体掉粉率的 1% 左右。不仅流失率低了很多，他们参与活动、体验新产品的积极性也会高很多。所以，可以把这部分用户聚集起来，重点运营。一些活动相关推文，可以针对性地发给这类用户（在"群发对象"中选择标签类型）。微信公众号后台群发功能如图 2-172 所示。

图 2-172　微信公众号后台群发功能

2. 用户增长

用户增长无疑是公众号运营者最关心的数据。新关注人数、取消关注人数等基本数据的分析因号而异，这里不作重点介绍。这里主要想谈谈"新增人数"栏中的"全部来源"这一容易被忽略的数据。微信公众号后台显示的用户增长信息界面如图2-173所示。

图2-173　微信公众号后台显示的用户增长信息界面

公众号后台能统计到的新增粉丝来源有6类，另外的来源则全部归类在"其他合计"中。通过对新增粉丝来源的分析，可以判断各引流渠道的引流效果，在未来的运营工作中加强对重点渠道的运营。微信公众号新增粉丝来源及对应的引流渠道如表2-5所示。

表2-5　微信公众号新增粉丝来源及对应的引流渠道

新增粉丝来源	引流渠道
公众号搜索	知乎、头条、简书、百度等不允许直接放置二维码的平台
扫描二维码	任何出现公众号二维码的地方
图文页右上角菜单	文章被分享
图文页内公众号名称	文章被分享
名片分享	公众号被分享
支付后关注	微信支付
其他合计	文章被单钩转载（显示来源），底部名片引流

① 公众号搜索。通过公众号搜索引来的粉丝大部分是由其他平台引流的，因为知乎、头条、简书百度等平台，大部分都不允许直接放置二维码。知乎自2016年9月份开始，针对二维码类的图片进行放置二维码自动转链接处理，如图2-174所示。

rakuten.co.jp/kandmater...（二维码自动识别）

图2-174　二维码类的图片进行自动转链接处理

头条是直接禁止放置二维码的，目前发现的唯一可以导流的方式是图片上的水印。简书虽然没有直接禁止，但给出了人性化的建议："这种二维码的转换率非常低，却很影响用户的阅读体验。如果用户是在简书App上阅读文章，二维码对他们来说毫无作用。但当用户在网页端读你的文章时，又很少有人会掏出手机来扫。相比之下，我们建议你将二维码上传到个人设置中，或是将微信ID写在个人简介中，需要找你的人自然会找到。"这个建议适用于除微信外的所有平台。所以，可以把二维码上传到简书的个人设置中，并将ID写在个人简介中。

② 扫描二维码。所有出现公众号二维码的地方，都有可能为贡献新增粉丝的渠道，所以你需要先弄清楚，哪些地方出现了你的公众号二维码。比如，对公众号"草莓学堂"来说，二维码主要会出现在两个地方，一个是转载了公众号"草莓学堂"文章的网站（当然，前提是规范转载），另一个是公众号"草莓学堂"文章的底部（当文章被分享后打开，并被拉到了结尾，就可能被扫码关注）。

③ 图文页右上角菜单、图文页内公众号名称。这两种关注方式都是在文章被分享打开后才可能发生的。所以，这组数据和文章被分享的数量与文章的质量有直接关系。图文页右上角菜单的转化流程复杂，需要两步才能跳转到公众号详情页，一般使用较少。通过图文页内

公众号名称转化更快捷，只需一步即可跳转公众号详情页，这种方式更为常见。微信公众号的两种关注方式如图2-175所示。

图2-175 微信公众号的两种关注方式

如果分享数量较多，而图文页内公众号名称转化的数量较少，可以考虑是不是未设置"引导关注"，或"引导关注"不够清晰。

④ 名片分享。通过名片分享涨粉，说明你的公众号被分享、推荐了，这是粉丝对公众号整体内容、风格高度认可的表现。微信公众号分享示例如图2-176所示。

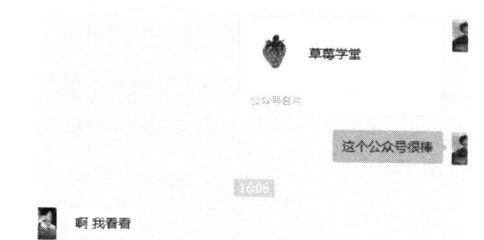

图2-176 微信公众号分享示例（草莓学堂粉丝提供）

⑤ 支付后关注。这一渠道适合已认证的企业号。当用户使用微信支付中的刷卡支付、公众号支付、扫码支付三种方式支付成功后，就会默认关注相关公众号，而App支付后关注需要额外申请。微信公众号支付关注方式如图2-177所示。

图2-177 微信公众号支付关注方式

⑥ 其他合计。这一项数据中主要包含文章被单钩转载后，底部显示的名片所带来的流量。结合底部阅读量，就可以大概估算单钩转载的导流效果了。微信公众号中转载文章末尾显示的内容来源如图 2-178 所示。

为了使得到的数据更加准确，可以有意识地在不同渠道设置不同的引流标识（二维码、名片、公众号名称等）。例如，在知乎和简书上不放二维码，只放公众号名称。

图 2-178 微信公众号中转载文章末尾显示的内容来源

2.6.2 图文分析

讨论 2-18：作为一名微信公众号运营者，你最关心哪些图文数据？

图文分析的图文类型主要包括两个部分：单篇图文和全部图文。

1. 单篇图文

（1）打开率和分享率。打开率和分享率对所有运营者来说都是非常重要的运营指标，它们的高低直接反映了公众号的运营好坏。不过，判断这类数据时，最好在行业内进行对比，因为行业间的差距非常大，不同行业的数据参考价值较小。比如，据第三方数据平台侯斯特发布的《2017 年第一季度微信公众号图文群发数据报告》，电商行业的平均打开率只有 1.18%，而农业的平均打开率达到了 8.78%。公众号的行业表现数据如图 2-179 所示。

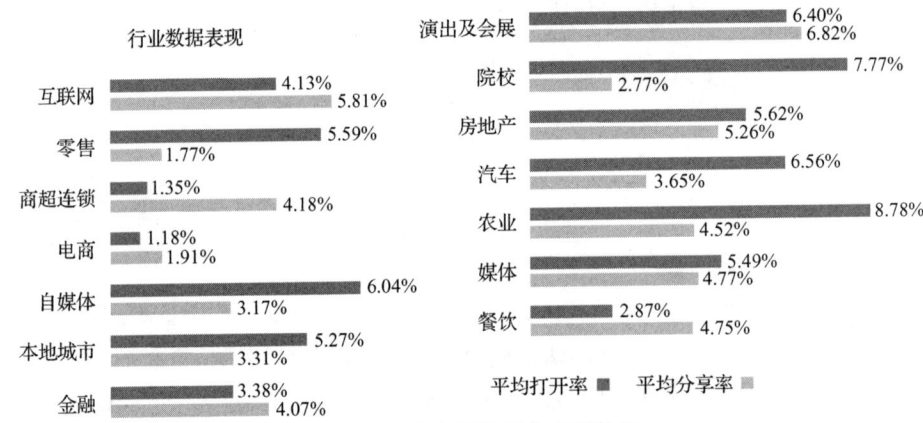

图 2-179 公众号的行业表现数据

如果实在找不到行业数据，和公众号整体表现对比也是可以的。公众号的整体表现数据如图 2-180 所示。

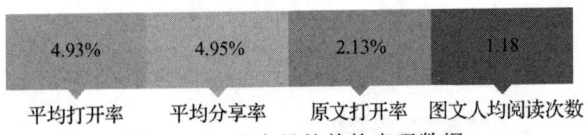

图 2-180 公众号的整体表现数据

（图片来源：第三方数据平台侯斯特发布的《2017 年第一季度微信公众号图文群发数据报告》）

（2）阅读来源。公众号后台统计的阅读来源包括公众号会话、好友转发、朋友圈、历史消息及其他。

公众号会话指的是原文打开次数，反映的是你的活跃粉丝数和标题的吸引力程度；好友转发既包括直接将原文链接发给好友，也包括分享到微信群后被打开的次数；朋友圈是指文章被发到朋友圈后打开的次数；历史消息是指关注公众号前浏览历史文章的次数，和新增粉丝数有关，如果内容属于工具型，现有粉丝也会通过历史消息持续阅读历史文章；其他项中主要包括通过菜单栏跳转到历史文章页面进行阅读的数据，以及通过文中链接跳转阅读的数据。通过菜单栏跳转到历史文章页面进行阅读如图 2-181 所示。

图 2-181　通过菜单栏跳转到历史文章页面进行阅读

2．全部图文

全部图文中有一个非常重要却又常常被忽略的数据，就是"小时报"，这个数据可以帮我们找到打开率最高的时段，从而决定在什么时间段推文。公众号图文分析中的"小时报"如图 2-182 所示。

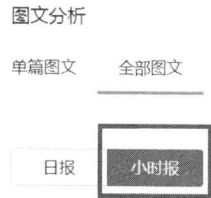

图 2-182　公众号图文分析中的"小时报"

看这个数据时一定要考虑现在的发文时间对数据的干扰，比如，公众号"草莓学堂"一般在晚上 10 点左右发文，因为系统的提示，这个时段肯定会有一波阅读高峰，第二天早上，高峰还会继续，但这个数据并不能说明晚上10点就是公众号"草莓学堂"的最佳发文时间。"草莓学堂"大部分推文第2天的阅读曲线如图2-183所示。

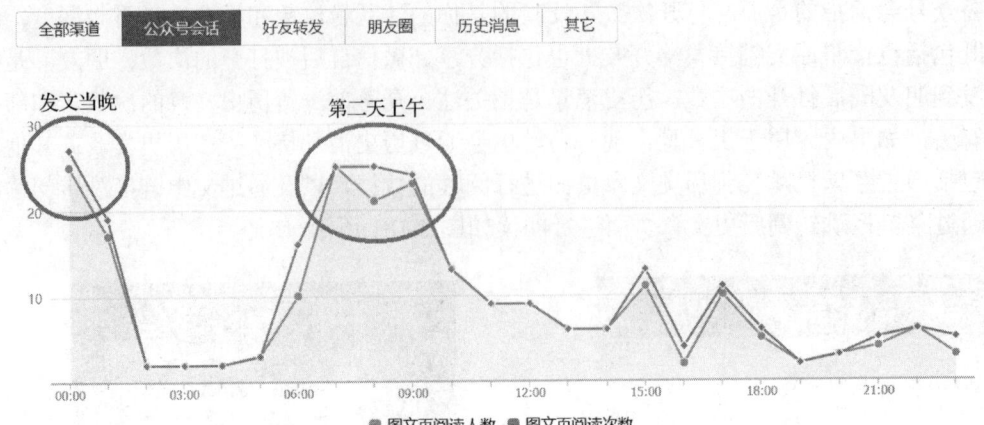

图2-183 "草莓学堂"大部分推文第2天的阅读曲线

为了排除干扰，公众号"草莓学堂"选择发文2天后的数据进行观察，下面是"草莓学堂"11月某次发文2天后的数据，可以看到，阅读高峰是在上午的9点至11点。为了减小误差，可以尽量多地统计相关数据，取平均值进行推算。草莓学堂发文2天后的数据如图2-184所示。

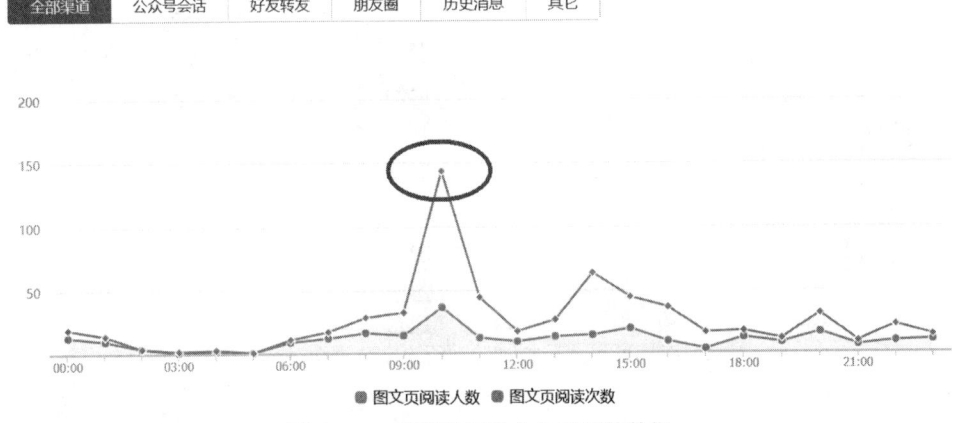

图2-184 草莓学堂发文2天后的数据

任务小结

1. 用户分析主要包括两个部分：用户属性和用户增长。
2. 图文分析的图文类型主要包括两个部分：单篇图文和全部图文。

任务实训

分小组分析微信公众号后台运营数据，重点对用户数据和图文数据进行分析。

项目 3

微信小程序运营

> 微信小程序是一种不需要下载安装即可使用的应用，它实现了应用触手可及的梦想，用户扫一扫或者搜一下即可打开应用。也体现了用完即走的理念，用户不用关心是否安装太多应用的问题。应用将无处不在，随时可用，但又无须安装卸载。
>
> ——张小龙

小程序能够实现消息通知、线下扫码、公众号关联等七大功能。其中，通过公众号关联，用户可以实现公众号与小程序之间相互跳转。

微信小程序的内容运营包括游戏类、电商类、内容类、工具类小程序的内容运营。

微信小程序的用户运营包括用户的获取、激活与留存、变现等。

任务 3.1　认识微信小程序

任务目标

知识目标：了解微信小程序的概念、特点、类型和发展历程。
能力目标：掌握微信小程序与网页、App 的区别。

任务导图

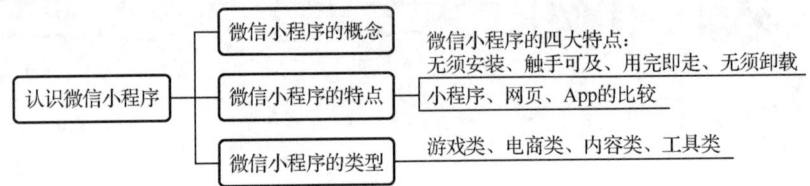

任务实施

3.1.1　微信小程序的概念

讨论 3-1：你用过的第一个微信小程序是什么？

微信小程序，简称小程序，英文名 Mini Program。小程序内测期间，"微信之父"张小龙就在朋友圈提出："小程序是一种不需要下载安装即可使用的应用，它实现了应用触手可及的梦想，用户扫一扫或者搜一下即可打开应用。也体现了用完即走的理念，用户不用关心是否安装太多应用的问题。应用将无处不在，随时可用，但又无须安装卸载。"微信小程序发展大事件如表 3-1 所示。

表 3-1　微信小程序发展大事件

时　　间	重　大　事　件
2016 年 1 月 11 日	张小龙透露微信内部正在研究新的应用形态，叫"微信小程序"
2016 年 9 月 21 日	微信小程序正式开启内测
2016 年 11 月 3 日	小程序开放公测
2016 年 12 月 30 日	上线小程序二维码
2017 年 1 月 9 日	微信第一批小程序正式低调上线
2017 年 3 月 27 日	（1）个人开发者可申请小程序。（2）公众号自定义菜单点击可打开相关小程序。（3）公众号模版消息可打开相关小程序。（4）公众号关联小程序时，可选择给粉丝下发通知。（5）移动 App 可分享小程序页面。（6）扫描普通链接二维码可打开小程序
2017 年 4 月 20 日	（1）公众号可关联不同主体的 3 个小程序。（2）公众号可关联同一主体的 10 个小程序。（3）同一个小程序可最多关联 3 个公众号。（4）对所有公众号开放关联小程序的能力
2017 年 12 月 28 日	微信更新的 6.6.1 版本开放了小游戏，微信启动页面还重点推荐了小游戏"跳一跳"

续表

时 间	重 大 事 件
2018年3月	微信正式宣布小程序广告组件启动内测
2018年7月13日	小程序任务栏功能升级,新增"我的小程序"板块
2018年8月10日	小程序后台数据分析及插件功能升级,开发者可查看已添加"我的小程序"的用户数
2018年9月28日	用户微信搜一搜功能词,搜索页面将呈现相关服务的小程序,点击搜索结果,可直达小程序相关服务页面
2018年10月22日	企业微信可通过扫一扫打开小程序,也可以将小程序分享到企业微信群聊,在群聊中打开

其实,除了微信小程序以外,百度、今日头条、抖音、支付宝、淘宝等都推出了相关小程序平台。

百度智能小程序是百度研发的产品,于2018年7月4日正式上线。2018年9月25日,百度智能小程序开放申请,开发者只要通过百度搜索"百度智能小程序"或在百度App语音搜索"智能小程序学院"就可以找到申请入口,申请成功后便可以开发智能小程序。百度智能小程序于2018年12月全面开源,未来智能小程序不仅可以运行于百度系App上,还将可以运营于哔哩哔哩、58同城等外部合作伙伴的App上。

支付宝小程序是一种全新的开放模式,它运行在支付宝客户端,可以被便捷地获取和传播,为终端用户提供更优的用户体验。2018年7月31日,支付宝App首页上线了小程序的收藏入口。2018年9月,淘宝小程序"轻店铺"开始内测,通过丰富的组件与开放能力,为个人、商家和组织提供链接消费者的新媒介。

2018年9月17日,今日头条开放小程序入口,同年10月24日,更新的iOS抖音3.0.0版界面中也出现了"小程序"入口。

字节跳动通过打造小程序生态,可以打破内容产品的边界,拓展流量的变现渠道。

3.1.2 微信小程序的特点

讨论3-2:结合你的使用经验,谈谈微信小程序最大的特点是什么?

1. 微信小程序的四大特点

在2017微信公开课的公开演讲上,张小龙提出小程序具有"无须安装、触手可及、用完即走和无须卸载"四大特点,并再次重申了微信推出小程序的初衷——让信息触手可及,改变应用程序需要下载、安装的烦琐过程。小程序看起来是程序,但是它以完全不同于过去App的形态出现,有更灵活的应用组织形态。小程序是一种比App更加灵活、更加唾手可得的一种形态。

(1)无须安装

小程序内嵌于微信程序之中,使用过程中用户无须在应用商店下载安装外部应用。

(2)触手可及

用户通过扫码等形式直接进入小程序,实现线下场景与线上应用的即时联通。

(3)用完即走

在线下场景中,对于身边需求可对直接接入小程序,无须安装及订阅,使用服务功能后无须卸载,实现用完即走。

（4）无须卸载

访问过小程序后可直接关闭，没有卸载过程。

2. 小程序、网页、App 的比较

我们可以从运行环境、系统权限、分享朋友圈、支付功能、用户体验、用户触达、开发成本等方面对小程序、网页、App 进行比较，如表 3-2 所示。

表 3-2 小程序、网页、App 的比较

	小程序	网页	App
运行环境	微信 App	浏览器，Web-view	智能手机
系统权限	强，如访问通信录、调用蓝牙等功能，微信 App 能获取的权限小程序都能获取	弱，依赖浏览器能力，兼容性有限	强，能获取手机上的几乎所有权限
分享朋友圈	不能	能	能
支付能力	微信支付	多种	多种
用户体验	体验流畅，但抗风险能力低	体验不够流畅，但抗风险能力高	体验流畅，抗风险能力高
用户触达	线下渠道，以及微信提供的场景入口	浏览器	App Store，App 开发者的线上线下推广渠道
开发成本	最低	较低	最高

（1）运行环境

微信小程序，是在微信 App 基础上支持的一种应用形式，完全依赖于微信 App 环境。

网页是基于 HTML5 技术开发的页面，在 PC 端和移动端都可以应用，主要依赖浏览器运行，比如手机内置的浏览器、App 的 Web-view 组件，以及小程序提供的 Web-view 组件，都可以打开网页。

App 是 Application 的缩写，中文名叫应用程序，主要指安装在智能手机上的软件，完善原始系统的不足与个性化。

（2）系统权限

系统权限，可以理解为隐私级别的设置，如通信录，或者能调用硬件，如蓝牙功能等。手机设置的"隐私"界面如图 3-1 所示。

小程序，由于依赖微信客户端本身，所以微信小程序团队将微信客户端的很多能力开放给了小程序环境。用户给微信授权的相关能力，比如允许访问麦克风、相册等，也会同步开放给小程序。

网页本身几乎没有什么系统权限，虽然也有摄像头之类的接口，但是主要依赖浏览器能力，兼容性有限。

App 的权限设置和微信的权限设置一样，只要用户在隐私设置中对设置相应 App 开放权限，这个 App 就可以访问相应的功能。

（3）分享朋友圈

网页在微信里可以直接分享朋友圈，而小程序目前只能以卡片的形式转发给好友或微信群，如果要分享小程序到朋友圈，就只能通过带小程序码的图片进行分享。对于淘宝、抖音等竞争对手的 App 内容，微信采用了全面封锁策略，淘宝内容需要生成淘口令的形式，抖音内容则要导出生成视频的形式，才能在微信场景中进行分享。淘宝内容与分享页面如图 3-2 所示。

项目 3　微信小程序运营

图 3-1　手机设置的"隐私"界面

图 3-2　淘宝内容与分享页面

（4）支付能力

小程序只支持微信支付，而网页和 App 中可以选择使用多种支付平台提供的支付方式，如支付宝、网银支付等。

（5）用户体验

小程序是微信原生的应用程序，在微信场景中的用户体验肯定优于网页和 App。但在抗风险方面，网页和 App 要显著优于小程序。小程序受到微信平台的严格管控，被封禁的风险大大高于网页和 App。

性能上，小程序和 App 都可以直接缓存资源，而网页需要在浏览器内核中进行加载和渲染。因此，使用小程序和 App 时可以明显感觉比网页更流畅。

（6）用户触达

小程序的核心入口是线下渠道，以及微信提供的场景入口，比如聊天界面顶部的"最近使用"和"我的小程序"等入口。

网页的核心访问入口是浏览器，通过搜索访问。PC 端可以通过收藏来保存网页，方便下次访问，但移动端的收藏入口较深，不方便再次访问。

App 的核心访问入口是 App Store，通过榜单或专题介绍页进行访问，或者是 App 开发者的线上线下推广渠道。

（7）开发成本

对于简单功能，小程序和网页的开发成本差不多，开发模式和语言风格也类似。此外，小程序自成体系，因此也有一些现成的组件可以使用，能提升开发效率。虽然网页也有很多框架组件可以用，但由于过于庞杂，有选择成本，且技术栈和 UI 五花八门，可能还有融合和修改的成本。而小程序组件的 UI 大部分已经确定，只有很少的部分可以修改，所以一旦认定使用小程序，这部分成本会低很多。相比之下，App 的开发成本最高，因为需要针对 iOS 和 Android 两个平台，做两个不同的版本。

3.1.3 微信小程序的类型

讨论 3-3：小程序的主要类型有哪些？

微信小程序的类型包括游戏类、电商类、内容类、工具类。根据行业权威榜单——阿拉丁指数于 2019 年 4 月统计的 TOP100 榜单上榜小程序的行业分布，筛选数量较多的行业并进行重点分析和解读。2019 微信小程序 4 月 TOP100 榜单如图 3-3 所示。

图 3-3　2019 微信小程序 4 月 TOP100 榜单

任务小结

1. 小程序是一个不需要下载安装就可使用的应用，它实现了应用触手可及的梦想，用户扫一扫或者搜一下即可打开应用。也体现了用完即走的理念，用户不用关心是否安装太多应用的问题。应用将无处不在，随时可用，但又无须安装卸载。

2. 微信小程序的四大特点：（1）无须安装；（2）触手可及；（3）用完即走；（4）无须卸载。

3. 微信小程序的类型主要包括游戏类、电商类、内容类、工具类。

任务实训

1. 结合实际使用经验，说说你对微信小程序四大特点的理解。

2. 结合阿拉丁指数数据，分别列举 10 个游戏类、电商类、内容类、工具类的代表微信小程序。

任务 3.2　微信小程序的简单开发

📔 任务目标

知识目标：了解微信小程序的开发流程。

能力目标：掌握微信小程序的简单开发。

📔 任务导图

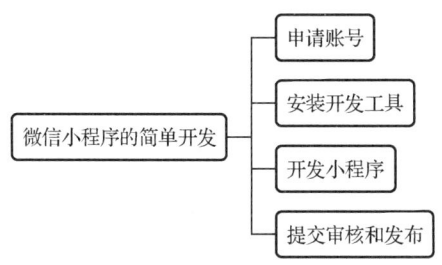

📔 任务实施

3.2.1　申请账号

对于开发者而言，微信小程序开发门槛相对较低，难度不及 App，能够满足简单的基础应用，适合生活服务类线下商铺以及非刚需低频应用的转换。小程序能够实现消息通知、线下扫码、公众号关联等七大功能。其中，通过公众号关联，用户可以实现公众号与小程序之间相互跳转。

全面开放申请后，主体类型为个人、企业、政府、媒体、其他组织的开发者，均可申请注册小程序。小程序、订阅号、服务号、企业号是并行的体系。微信小程序的开放注册范围如图 3-4 所示。

图 3-4　微信小程序的开放注册范围

开发小程序的第一步是注册小程序账号，通过这个账号就可以管理小程序。具体注册流程是进入小程序注册官方网站（https://mp.weixin.qq.com），根据指引填写信息和提交相应资料，即可完成注册。微信"小程序注册"页面如图 3-5 所示。

注册完成后，可以在小程序管理平台进行管理小程序的权限，查看数据报表，发布小程序等操作。

图 3-5 微信"小程序注册"页面

3.2.2 安装开发工具

为了帮助开发者简单和高效地开发和调试微信小程序，微信团队在原有的公众号网页调试工具的基础上，推出了全新的微信开发者工具，集成了公众号网页调试和小程序调试两种开发模式。

- 使用公众号网页调试，开发者可以调试微信网页授权和微信 JS-SDK 详情。
- 使用小程序调试，开发者可以完成小程序的 API 和页面的开发调试、代码查看和编辑、小程序预览和发布等功能。

为了更好地开发体验，微信团队从视觉、交互、性能等方面对开发者工具进行升级，推出了 1.0.0 版本。用户可以前往小程序开发工具官方下载页面，根据自己的操作系统下载对应的安装包程序进行安装，微信开发者工具界面如图 3-6 所示。

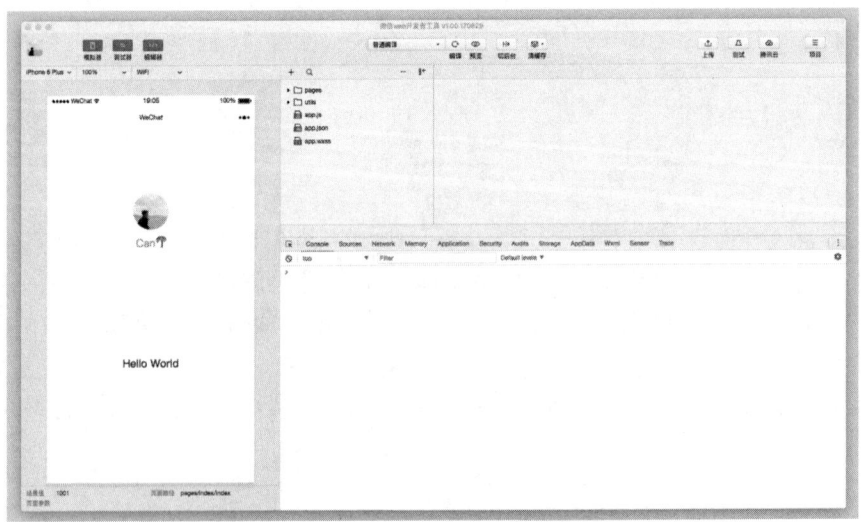

图 3-6 微信开发者工具界面

3.2.3 开发小程序

打开安装好的小程序开发工具，新建项目选择"小程序项目"，选择代码存放的硬盘路径，填入刚刚申请的小程序的 App ID，给你的项目起一个好听的名字，勾选"创建 QuickStart 项目"（注意：你要选择一个空的目录才会有这个选项），最后单击"确定"按钮，你就得到了你的第一个小程序了。微信开发者工具界面如图 3-7 所示。

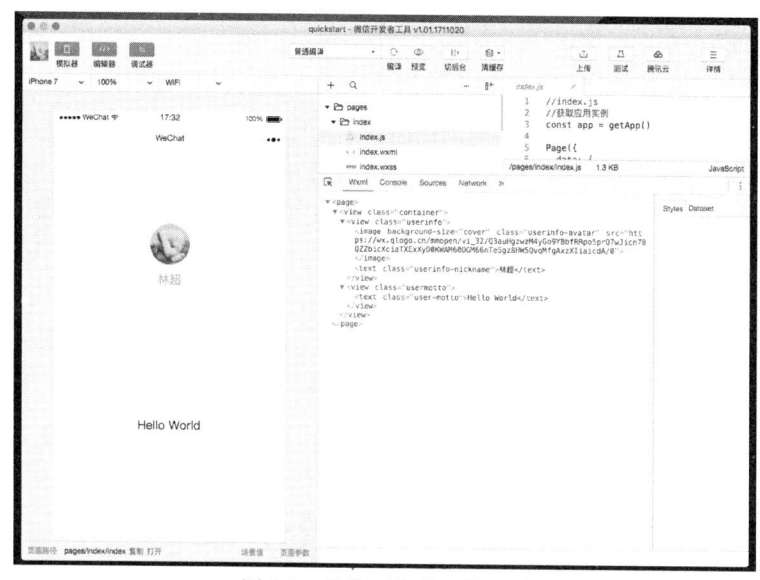

图 3-7　微信开发者工具界面

单击顶部菜单的"编译"按钮，可以在"微信开发者工具"界面中预览你的第一个小程序，在界面左侧模拟器界面，可以看到这个小程序的表现。也可以单击顶部菜单的"预览"按钮，通过微信的"扫一扫"功能，在手机上体验你的第一个小程序。微信小程序在手机上的显示页面如图 3-8 所示。

图 3-8　微信小程序在手机上的显示页面

3.2.4 提交审核和发布

开发和测试完成之后，就需要将小程序发布给用户来使用了。为了保证小程序的质量，以及符合相关的规范，小程序的发布是需要经过审核的。在开发者工具中上传了小程序代码之后，登录小程序管理后台，在"开发管理"菜单中，单击"开发版本"按钮，找到提交上传的版本。在"开发版本"列表中，单击"提交审核"按钮，按照页面提示，填写相关的信息，即可以将小程序进行提交审核。

需要注意的是，开发者需要严格测试了版本之后，再进行提交审核，过多的审核不通过，可能会影响后续的发布时间。

审核通过之后，管理员的微信中会收到小程序通过审核的通知，此时在小程序管理后台执行"开发管理"→"审核版本"命令，就可以看到通过审核的版本。单击"发布"按钮，即可发布小程序。

有两种方式可以方便地看到小程序的运营数据：
- 登录小程序管理后台，单击"数据分析"按钮，可以看到相关的数据。
- 使用小程序数据助手，在微信中方便查看运营数据。

小程序二维码如图3-9所示。

图3-9 小程序二维码

任务小结

1. 对于开发者而言，小程序开发门槛相对较低，难度不及App，能够满足简单的基础应用，适合生活服务类线下商铺以及非刚需低频应用的转换。小程序能够实现消息通知、线下扫码、公众号关联等七大功能。其中，通过公众号关联，用户可以实现公众号与小程序之间相互跳转。

2. 开发小程序的流程：（1）申请账号；（2）安装开发工具；（3）开发小程序；（4）提交审核和发布。

任务实训

1. 进入小程序注册官方网站（https://mp.weixin.qq.com），根据指引填写信息和提交相关资料，注册小程序账号。

2. 安装微信官方提供的小程序开发工具，开发一个简单的小程序项目，并用手机进行预览。

任务 3.3 微信小程序的内容运营

任务目标

知识目标：了解四类微信小程序的特点。

能力目标：掌握四类微信小程序的应用场景。

任务导图

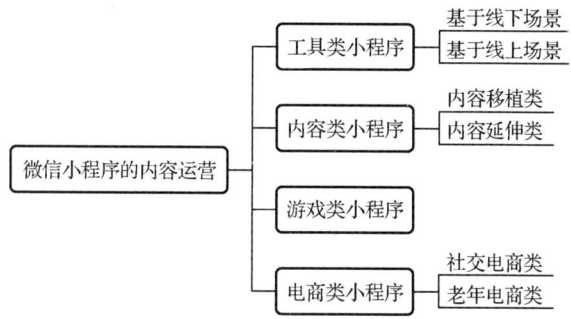

任务实施

3.3.1 工具类小程序

讨论 3-4：你用过微信小程序吗？具体是在什么场景中应用的？

工具类小程序是微信小程序最主要的应用类型，主要应用场景包括基于线下场景和基于线上场景两大类。

1. 基于线下场景

基于线下场景的实体场景体验是微信小程序的灵魂。对于一些使用频次不高的线下场景应用，考虑到消耗流量大、时间长等因素，用户并不愿意下载独立 App。此时，应用小程序可以有效解决这一问题。对于这些场景的企业或商户来说，使用小程序在优化用户体验的同时提升运营效率，一举多得。

例如，2017 年 2 月 23 日，微信联合摩拜单车宣布，摩拜小程序正式上线新功能：用户只需通过微信"扫一扫"进入小程序就能骑走单车。在摩拜小程序"扫码解锁"新能力推出之前，要使用路边的摩拜单车，用户需要下载、安装 App，因为网络环境差，或者用户习惯等问题，导致了部分潜在新用户的流失。自从接入小程序，摩拜单车月活跃用户量环比增速更是超过 200%，每日新增注册用户超过 50%的来自微信小程序。摩拜与微信的联合不仅仅为摩拜带来了流量、用户，同时也证明了微信小程序的价值所在。面对线下场景的竞争，摩拜与微信迈出了第一步。摩拜单车小程序如图 3-10 所示。

图 3-10 摩拜单车小程序

再比如，微信小程序乘车码提供的乘车扫码服务，无须下载 App、无须提前充值，乘客只需通过微信小程序搜索"腾讯乘车码"，开通相应功能，开通后乘车码会自动进入微信卡包，再次使用时只需打开微信下拉聊天框，打开"腾讯乘车码"小程序或通过执行"我"→"卡包"→"会员卡"命令，即可轻松使用。利用微信小程序乘车扫码如图 3-11 所示。

图 3-11 利用微信小程序乘车扫码

由于使用了脱网验证技术，乘车码付款的响应速度在 0.2 秒以内。这一服务的开通，有效解决了乘客乘坐公共交通时忘带交通卡和没有零钱的困扰。自 2017 年 7 月落地广州以来，截至 2018 年 6 月，腾讯乘车码已在深圳、广州、重庆、青岛、济南等 60 多个城市上线。

2．基于线上场景

基于线上场景的工具类小程序是完全基于虚拟场景的服务，比如，小程序"群应用"为移动社群中的用户提供二维码名片分享等服务，如图 3-12 所示；小程序"腾讯相册"为用户提供相片云存储服务，如图 3-13 所示。

图 3-12　小程序"应用之群应用"　　图 3-13　小程序"应用之腾讯相册"

3.3.2　内容类小程序

讨论 3-5：小程序做内容和公众号做内容有什么异同？

内容类小程序可被细分为内容移植类和内容延伸类两大类。

1. 内容移植类

内容移植类小程序是把网页、App 或公众号内的内容直接复制过来，内容和功能上并无太大差异，只是以小程序的形式方便用户查看和分享。比如，将内容从 App 移植到小程序的腾讯视频。腾讯视频 App 如图 3-14 所示，腾讯视频小程序如图 3-15 所示。

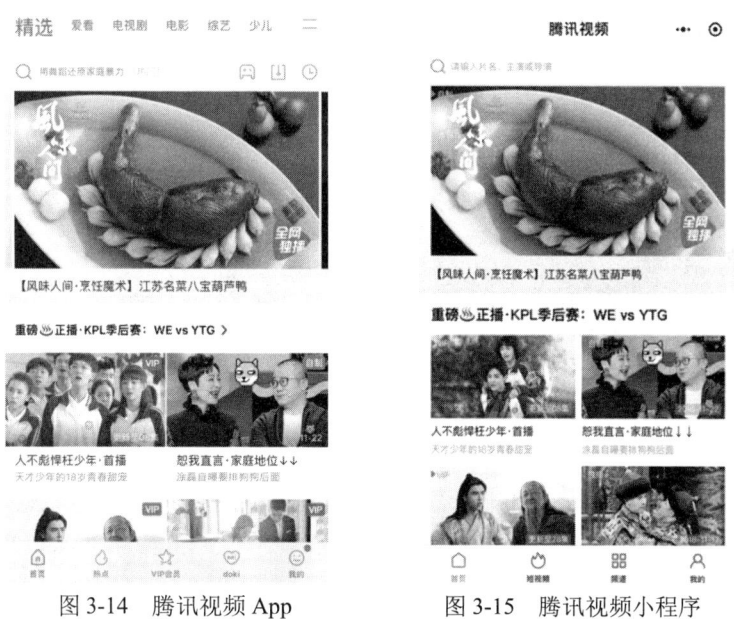

图 3-14　腾讯视频 App　　　　　图 3-15　腾讯视频小程序

再比如，把公众号视频内容按专题形式移植到小程序的"一条"，"一条"公众号如图 3-16 所示，"一条"小程序如图 3-17 所示。

图 3-16 "一条"公众号　　　　图 3-17 "一条"小程序

2. 内容延伸类

内容延伸类小程序主要目的是拓展公众号的内容形式，同时满足公众号读者阅读文章后产生的购买、互动等需求。

比如，一线时尚杂志《时尚芭莎》基于包括"时尚芭莎""时尚芭莎美容""芭莎星时尚"等公众号在内的公众号矩阵（粉丝达 150 万人），构建了一系列小程序，与公众号功能形成了有效补充，包括：（1）资讯类小程序"时尚芭莎 in"，为用户提供时装、明星、美容、乐活等内容；（2）以视频为主的内容小程序"BAZAAR V"，内容包括潮流风尚、彩妆护肤、明星微电影和艺术展览等；（3）电商小程序"U Choice 芭莎优选"，商品包括护肤品、彩妆、个人护理、服装、家居，以及芭莎联名款和周年限量款等；（4）专门和粉丝互动的小程序"芭莎达人团活动"，用户可以通过小程序报名申请参加时尚生活体验、试用大牌产品、提前观看影片、和明星面对面等活动；（5）用来阅读、购买杂志电子刊的小程序"时尚芭莎电子刊"。时尚杂志《时尚芭莎》的一系列小程序如图 3-18 所示。

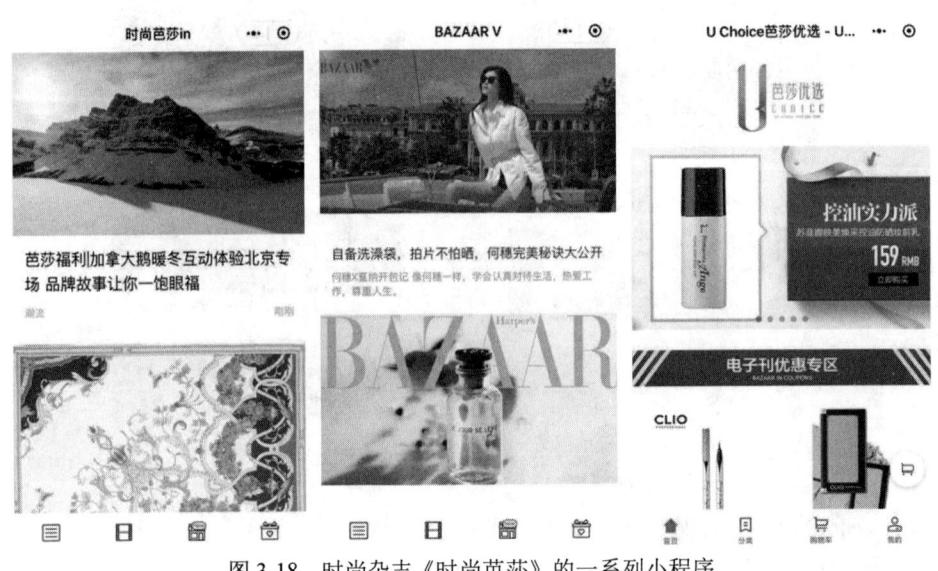

图 3-18 时尚杂志《时尚芭莎》的一系列小程序

图 3-18 时尚杂志《时尚芭莎》的一系列小程序（续）

3.3.3 游戏类小程序

讨论 3-6：你玩过游戏类小程序吗？

2017 年 1 月小程序上线后，一直不温不火，借助 2017 年底火爆朋友圈的小游戏"跳一跳"，微信小程序才开始被大众熟知。从某种程度上可以说，微信借助游戏类小程序推动了小程序的推广和传播。游戏类小程序"跳一跳"如图 3-19 所示。

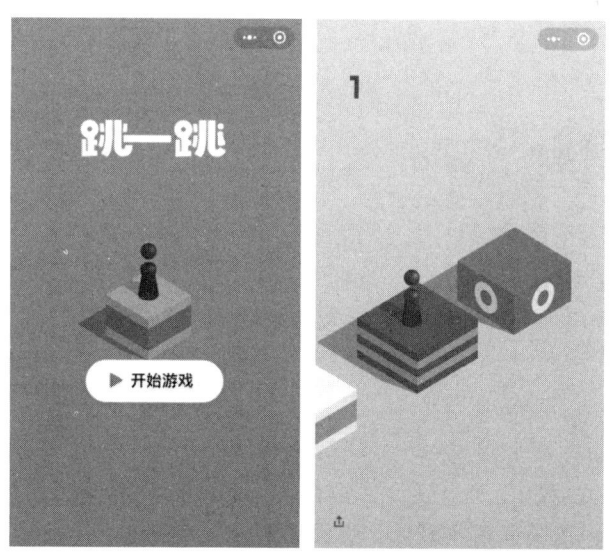

图 3-19 游戏类小程序"跳一跳"

2017 年底游戏小程序正式上线后，微信投入了较多资源支持游戏小程序的发展，如 2017 年 12 月 28 日，包括"跳一跳"在内的十几款腾讯自制小游戏上线；2018 年 3 月 23 日，小程序游戏类目开放测试；2018 年 4 月 5 日，微信宣布小游戏平台上线。

同时，微信给小程序开发者设立了两条盈利路径：一是安卓道具内购，安卓版的小游戏已经支持虚拟支付。腾讯渠道技术服务费会扣除小游戏道具内购 40%的总收入，再扣除腾讯代扣的缴税款，其余收益均为开发者所得。二是卖广告，平台会根据用户的广告点击收费，跟开发者分成。

3.3.4 电商类小程序

讨论 3-7：你用过小程序购物吗？小程序购物和 App 购物最大的区别是什么？

流量较大的电商类小程序主要分为两类：一类是基于拼团模式的社交电商，如拼多多、京东拼购等，二类是基于中老年群体的老年电商，如女王新款、丽都飞燕等。

1. 社交电商类

社交电商小程序在微信场景中有着优良的传播土壤，可以非常便利地通过微信社群、好友消息进行传播。比如，拼多多在移动流量枯竭、淘宝和京东垄断的背景下，借助微信红利，通过在微信中拼团裂变，不到两年时间就拥有了 3 亿用户、千亿元年成交总额的规模。电商类小程序拼多多如图 3-20 所示，电商类小程序京东拼购如图 3-21 所示。

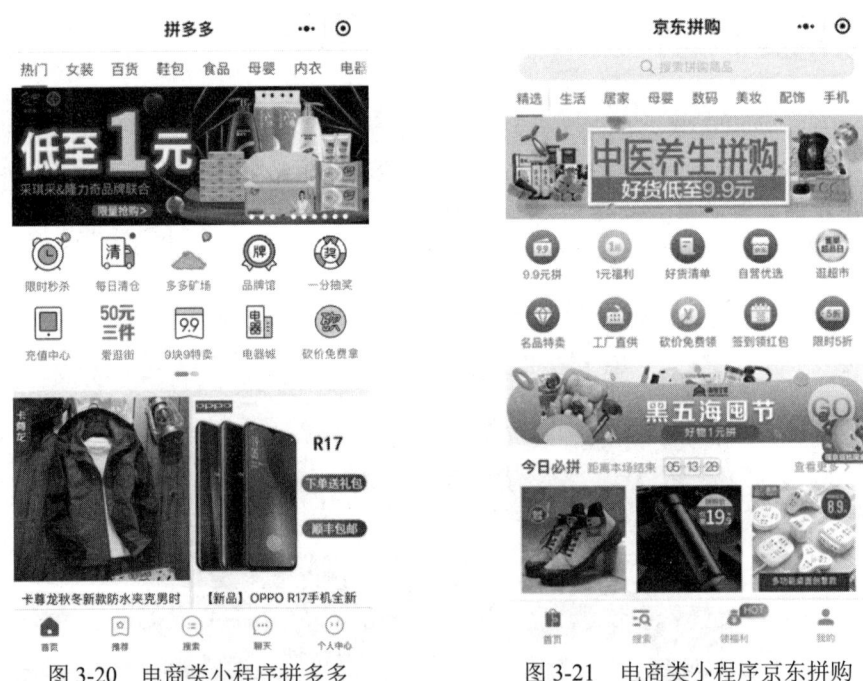

图 3-20　电商类小程序拼多多　　图 3-21　电商类小程序京东拼购

2. 老年电商类

小程序使用简单方便、易于上手，非常符合中老年用户的使用习惯。因此，微信 6 000 多万中老年用户的消费需求通过小程序得以快速释放，尤其是二线及以下城市的中老年群体，通过小程序的分享裂变迅速了解网购，成为网购的新生力量。比如，主打中老年女性服装的女王新款、丽都飞燕小程序借助网购行业的渠道下沉，迅速获取了大量用户。老年电商类小程序如图 3-22 所示。

项目 3　微信小程序运营

图 3-22　老年电商类小程序

任务小结

1．工具类小程序是微信小程序最主要的应用类型，主要应用场景包括基于线上场景和基于线下场景应用两大类。

2．内容类小程序可被细分为内容移植类和内容延伸类两大类。

3．2017 年 1 月小程序上线后，一直不温不火，借助 2017 年底火爆朋友圈的小游戏"跳一跳"，微信小程序才开始被大众熟知。

4．流量较大的电商类小程序主要分为两类：一类是基于拼团模式的社交电商，如拼多多、京东拼购等，二类是基于中老年群体的老年电商，如女王新款、丽都飞燕等。

任务实训

结合阿拉丁指数数据，分别列举 10 个游戏类、电商类、内容类、工具类的代表微信小程序。

任务 3.4 微信小程序的用户运营

任务目标

知识目标：了解微信小程序用户获取、用户激活与留存、用户变现的概念。
能力目标：灵活运用微信小程序获取用户、激活和留存用户、变现用户的方法。

任务导图

```
                          ┌─ 微信下拉栏
                          ├─ App 分享消息卡片
                          ├─ 小程序打开小程序
                  用户获取 ┤─ 小程序消息卡片
                          ├─ 扫描二维码
                          ├─ 微信搜索
                          └─ 公众号关联

                          ┌─ 引导添加到"我的小程序"
                          ├─ 推送模板消息
微信小程序的用户运营 ──── 用户激活与留存 ┤─ 支付成功后通知
                          ├─ 送带小程序码的精致物料
                          └─ 构建用户成长体系

                          ┌─ 付费版本
                          ├─ 流量变现
                  用户变现 ┤─ 第三方接单
                          └─ 小程序交易
```

任务实施

3.4.1 用户获取

讨论 3-8：小程序的用户主要从哪里获取？

根据行业权威小程序数据平台——阿拉丁小程序统计平台 2018 年 10 月统计的数据，用户访问小程序最主要的五大入口为微信聊天主界面下拉栏中的"最近使用"栏、App 分享消息卡片、小程序打开小程序、带 Share Ticket 的小程序消息卡片和扫描二维码。阿拉丁小程序统计平台 2018 年 10 月统计的数据如图 3-23 所示。

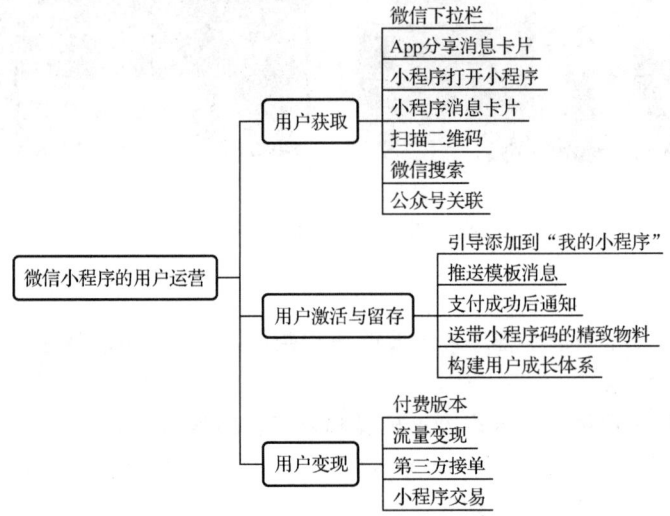

图 3-23 阿拉丁小程序统计平台 2018 年 10 月统计的数据

1. 微信下拉栏

微信下拉栏的小程序入口包括"最近使用"和"我的小程序"两部分，都是基于用户行为的入口，"最近使用"记录了用户最近访问的小程序，"我的小程序"则类似于微信公众号的订阅栏目，大大提高了小程序的用户黏性。微信下拉栏的小程序入口如图 3-24 所示。

图 3-24 微信下拉栏的小程序入口

2. App 分享消息卡片

要想分享 App 中的消息卡片，首先找到要分享的消息，然后点击"分享"按钮，选择"消息卡片"选项，即可将分享的信息制作成消息卡片，最后通过分享功能，将消息卡片分享下去。当小程序从 App 分享消息卡片的场景打开时，小程序会获得打开 App 的能力。

3. 小程序打开小程序

小程序打开小程序的形式类似于微信公众号中的互推，同一主体或同等量级的小程序之间互相导流，共同成长。不过，2018 年 10 月，小程序的跳转政策出现了重大调整，跳转需要用户确认，并且可跳转的小程序数量限定为 10 个以内。

4. 小程序消息卡片

在微信公众号、公众号文章、微信群聊、好友聊天等场景中都可以插入小程序消息卡片，用户通过点击消息卡片即可跳转到小程序页面，但小程序无法在朋友圈中发布分享。

借助微信分享传播的方式，小程序让"社交+品牌"的模式变得前所未有的高效。在小程序的推动下，社群成为品牌营销发酵的主战场。每一位用户都是一个传播节点，而他们背后所存在的庞大社交关系链，可以帮助品牌触达更多潜在消费者，从而加速转化。

比如，连咖啡是一家典型的依靠"小程序+社交"模式发力的品牌。至今为止，连咖啡没有开发独立的 App，一切业务由微信公众号和小程序完成。2017 年 1 月，微信刚推出小程序功能时，连咖啡随即上线"拼团"小程序，利用小程序切入社交分销场景；此后，推出"福袋""成长积分"等功能，以激励机制增加用户复购率，沉淀更多用户。连咖啡 CMO 张洪基认为："小程序可以将所有效率提高 10 倍，更深入地渗入用户基于微信群的人际关系里面去，将每一次分享、每一次转赠、每一次人际关系的流转,变得更有呈现感、转换能力、留存性和互动性。"

2018年7月,连咖啡上线"口袋咖啡馆"小程序,每位用户可以根据自己的风格喜好布置一家线上咖啡馆,售卖咖啡饮品,且每成功卖出一杯咖啡,将获得"0.1 杯"成长咖啡。该玩法的核心还是在于社交,用户通过开店获得裂变咖啡的资格,实现分享,从而达到病毒式传播的效果。连咖啡的小程序"口袋咖啡馆"开展的业务如图3-25所示。

图3-25 连咖啡的小程序"口袋咖啡馆"开展的业务

5. 扫描二维码

小程序最基本的获取方式就是扫描二维码,尤其是在线下场景中,用户可以很方便地通过微信扫描二维码进入小程序。比如,同程旅游直接就在景点购票处放置小程序二维码,游客直接就能在小程序中购票;公交车站的站牌附近放置二维码,等车的时候就可以知道公交车的动态;医院提供二维码,供用户排队挂号、咨询使用。

6. 微信搜索

在微信客户端最上方的搜索窗口,你可以通过搜索获取一个小程序。满足版本要求的微信,通过搜索入口查找小程序最方便,具体操作方法:打开微信,点击右上方 Q 按钮,再点击"小程序"按钮,输入需要搜索的小程序的关键词即可。

7. 公众号关联

同一主体的小程序和公众号可以进行关联,并可以相互跳转,该功能需要经开发者自主设置后才能使用。

一个公众号可以绑5个小程序,但一个小程序只能被一个公众号绑定。你可以通过公众号查看并进入所绑定的小程序。反之,也可以通过小程序查看并进入所关联的公众号。这是小程序提供的与公众号进行绑定的功能,可以完成订阅推送、消息会话、功能调整等功能。微信公众号绑定小程序页面如图3-26所示。

图 3-26　微信公众号绑定小程序页面

3.4.2　用户激活与留存

讨论 3-9：小程序的特点是"用完即走"，那么，商家该如何留住用户呢？

小程序"用完即走"的特点对用户来说体验很好，但对商家来说，会大大降低留存率。根据阿拉丁 2017 年数据报告，从整体水平来看，小程序用户留存率在前三天衰减速度较快，两周后留存率较低。纵观全产业，各类小程序都呈现出上述趋势。阿拉丁数据报告统计的小程序的留存率如图 3-27 所示。

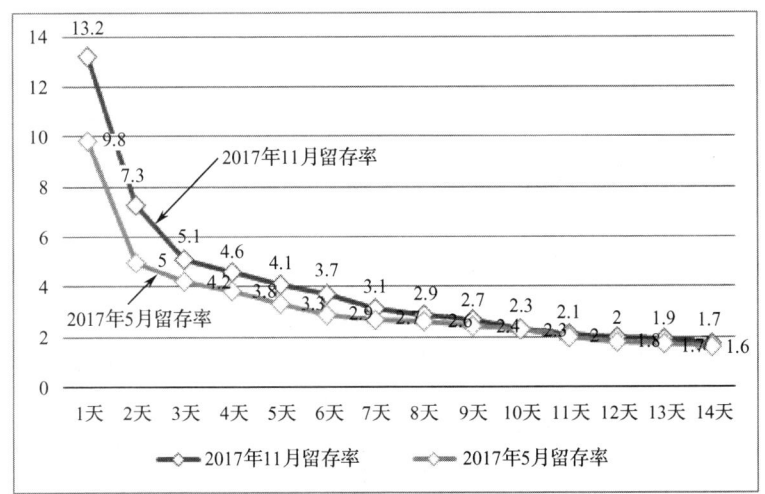

图 3-27　阿拉丁数据报告统计的小程序的留存率

（图片来源：阿拉丁 2017 年数据报告）

从各细分类别分布来看，娱乐影音类小程序留存率数据较为抢眼，部分数据证明小程序趋向填补用户的碎片化时间，而娱乐影音为这种目标提供了良好的内容支持。另一方面，头部小程序的留存率水平较高。各类小程序的次日留存率、7日留存率和30日留存率如图3-28所示。

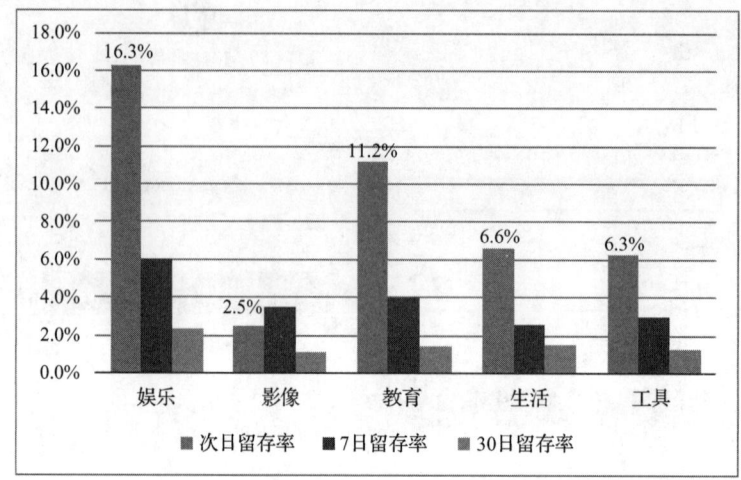

图3-28　各类小程序的次日留存率、7日留存率和30日留存率
（图片来源：阿拉丁2017年数据报告）

微信官方和小程序主都各出奇招，试图解决小程序留存率低这个老大难问题，前者一直在升级入口、开放权限，后者则从功能玩法上不断创新。

1. 引导添加到"我的小程序"

由于微信目前仅允许用户添加不超过50个小程序，也就是说，能够占据这50个位置的小程序，也就有更大概率被用户再次打开。因此，每个小程序都力求通过各种提示引导用户将自己添加到"我的小程序"。比如，"墨迹天气"将添加的流程分点罗列，详细贴心。引导用户添加到"我的小程序"页面如图3-29所示。

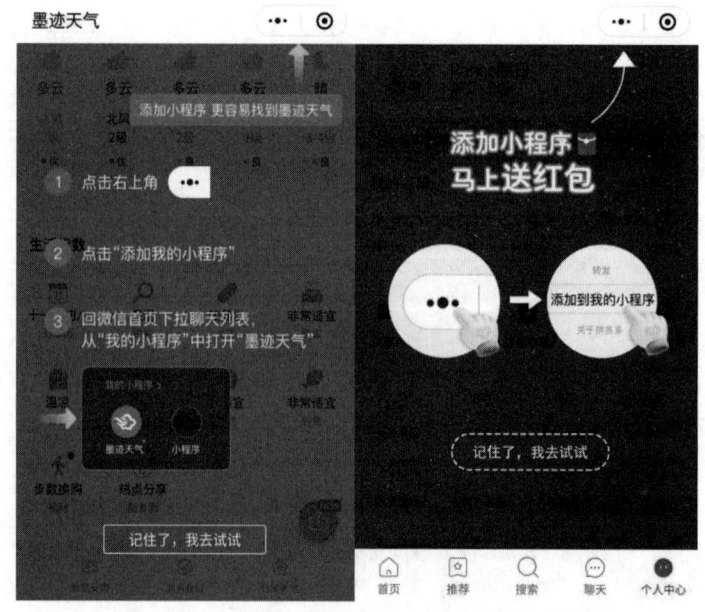

图3-29　引导用户添加到"我的小程序"页面

2. 推送模板消息

模板消息是小程序和用户之间建立联系的一种手段，每条模板消息都是以卡片的形式呈现的，用户点击即可进入小程序。由于模板消息出现后用户能明显看到，点击率较高，对用户留存率的提升会有明显的帮助，而"小打卡"小程序曾经就是这个功能的受益者。"小打卡"小程序的推送模板消息如图 3-30 所示。

图 3-30 "小打卡"小程序的推送模板消息

3. 支付成功后通知

使用微信支付付款后会收到支付成功的通知，我们点击该通知即可进入小程序。这就是小程序商家特意留下的一个入口，方便用户二次触达。微信支付的商家小程序入口页面如图 3-31 所示。

4. 送带小程序码的精致物料

我们平时到店消费的时候，经常会看到打印粘贴着小程序码的立牌，放在收银台或其他便于被发现的位置，目的就是拉新促活。当你在喜茶消费后，它会送你一块可以放小照片的立牌，上面印着喜茶小程序的二维码，如图3-32所示。你可以把它放到办公桌上作为装饰品。可想而知，当用户下次想买奶茶时，看到这个带喜茶小程序码的装饰品，会有更大概率用小程序在喜茶进行二次消费。

图 3-31 微信支付的商家小程序入口页面

5. 构建用户成长体系

什么是用户成长体系？它的形式比较多样，虚拟货币、勋章、排行榜、身份、等级，包括前面提到的打卡奖励、会员卡、积分商城，都是它的一种表现形式。

比如礼券和会员卡。商家的小程序门店可以通过给用户定制门店会员卡，这种会员卡显示在微信的"卡包"中,执行"我"→"卡色"命令,点击"会员卡"选项即可进入小程序页面,这是留存用户、促进用户二次消费的一种有效方法。

"天天练口语"小程序就是一种典型的物质激励型打卡,它通过设置"连续签到大作战"活动即用户每天选择一篇自测内容,完成测评即自动签到,连续签到不同的天数,就会获得不同的奖品福利,如话费、英语书籍和学习卡等,以此鼓励用户坚持练习口语。"天天练口语"小程序的签到活动页面如图3-33所示。

图3-32 送带小程序码的精致物料

图3-33 "天天练口语"小程序的签到活动页面

再比如积分商城。麦当劳就在"i麦当劳"小程序为用户搭建了一个积分商城。用户注册成为会员后,每一笔微信支付都可自动积分,用户还能在小程序里用这些积分兑换不同的麦当劳产品和优惠券。麦当劳的"i麦当劳"小程序页面如图3-34所示。

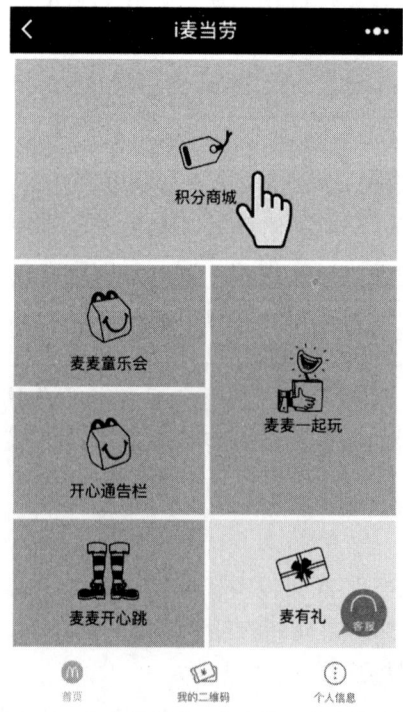
图3-34 麦当劳的"i麦当劳"小程序页面

3.4.3 用户变现

> 讨论 3-9：你见过小程序的哪些变现方式？

1. 付费版本

前期免费、后期收费，或者采取会员制，这些是小程序最常见的变现模式。利用免费工具，前期先积累一部分用户，当用户黏性到一定阶段时，再进行功能性收费。最常见的例子就是图像识别类及活码生成类小程序。付费版本的小程序如图 3-35 所示。

2. 流量变现

开通小程序流量主是最为官方的变现形式。根据很多同行反馈，目前广告主的一次点击的收入在 0.2～0.3 元左右，收入并不算特别高。但如果你的小程序流量足够多的话，每天几百元的收入还是比较容易做到的。

小程序流量主开通条件如下：
- 累计独立访客数（UV）不低于 1 000 人；
- 有严重违规记录的小程序不予申请。

主要功能介绍如下：
- 接入简单，仅需复制广告插件嵌入代码，广告展示位置可以灵活控制；
- 收入回报丰厚，数据精准透明，可按天查看收入；
- 广告支持多种形态，客户资源丰富，并经过严格审核后投放，给用户展示合适的广告。

3. 第三方接单

第三方接单是行业内最普遍的变现形式，具体操作方法是通过小程序间的互相跳转来为其他小程序引流，通过第三方接单的流量收入比广点通收入要高得多，小程序盒子是此变现类型的代表。第三方接单类小程序如图 3-36 所示。

图 3-35　付费版本的小程序

图 3-36　第三方接单类小程序

4. 小程序交易

根据微信团队最新通告，目前小程序已经支持账号主体的转移，这也意味着小程序交易时代的来临。如果你拥一个有大流量的小程序，有稳定的日活用户，有稳定的用户黏性，甚至你只需要有一个好名字，就可以直接卖掉小程序，如同当年的公众号一样。这样的变现方式也许是最直接的。小程序迁移流程如图3-37所示。

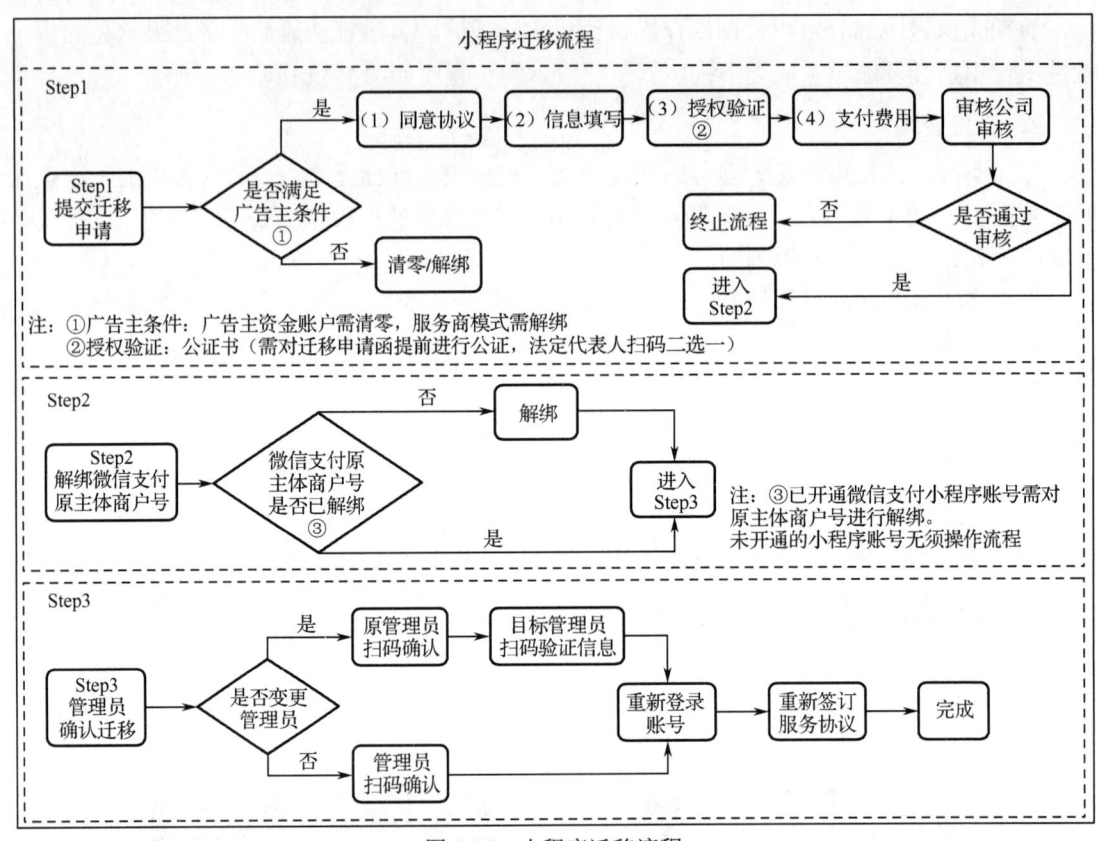

图3-37 小程序迁移流程

任务小结

1. 微信小程序用户入口包括：微信下拉栏、App分享消息卡片、小程序打开小程序、小程序消息卡片、扫描二维码、微信搜索、公众号关联。

2. 小程序"用完即走"的特点对用户来说体验很好，但对商家来说会大大降低留存率。微信小程序用户激活与留存的方式主要有：引导添加到"我的小程序"、推送模板消息、支付成功后通知、送带小程序码的精致物料、构建用户成长体系。

3. 微信小程序变现的方式主要有：付费版本、流量变现、第三方接单、小程序交易等。

任务实训

1. 除了本任务讲述的7种小程序用户获取方式，你还知道哪些？
2. 除了本任务讲述的4种小程序变现方式，你还知道哪些？

项目 4

微 博 运 营

微博,即微博客(MicroBlog)的简称,是一种基于用户关系的信息分享、传播及获取的社交媒体、网络平台,用户可以通过Web、Wap及各种客户端组建个人社区并实现即时分享。

微博的基本设置包括微博名称、微博头像、微博简介、微博标签、个性域名和微博认证等内容。

微博内容可以分为短微博、长文章、话题3种,每种微博内容运营的重点和方式都不相同。

微博的用户运营是指根据微博用户发展规模,以微博用户行为数据为基础,了解微博用户特征、掌握如何增加微博的粉丝量、提升微博的活跃度的一系列活动。

微博的数据分析包括微博的基本数据分析,如微博内容、微博的粉丝、微博账号对比、微博推广数据分析等。分析单条微博的传播路径,找出关键节点、转发次数、地域分布、性别分布等数据,可用微博数据分析工具,通过数据找出问题并尽快解决问题,这才是微博数据分析最重要的目的。

任务 4.1 认识微博

任务目标

知识目标：了解微博的概念、特点和类型。
能力目标：分析微博行业的发展趋势。

任务导图

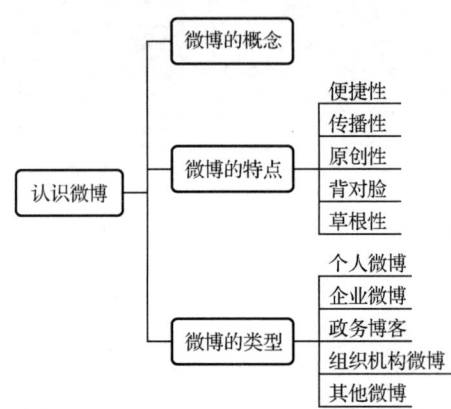

任务实施

4.1.1 微博的概念

讨论 4-1：1. 微博是什么？2. 微博对我们的生活方式有哪些影响？3. 你有主动分享信息或事情的习惯吗？

微博，即微博客（MicroBlog）的简称，是一种基于用户关系的信息分享、传播及获取的社交媒体、网络平台，用户可以通过 Web、Wap 及各种客户端组建个人社区并实现即时分享。

微博的主要发展历程如表 4-1 所示。2009 年 8 月，门户网站新浪网推出"新浪微博"内测版，成为门户网站中第一家提供微博服务的网站，微博正式进入中文上网主流人群视野。此外，微博还包括腾讯微博、网易微博、搜狐微博等。

表 4-1 微博的主要发展历程

序号	时间	微博发展历程时间线
1	2006 年 3 月 21 日	Odeo 内部项目 Twitter 上线
2	2006 年 7 月 15 日	Twitter 向公众开放
3	2007 年 4 月 14 日	叽歪上线
4	2007 年 5 月 12 日	饭否上线
5	2007 年 7 月 9 日	做啥上线
6	2007 年 8 月 13 日	腾讯滔滔上线

续表

序号	时间	微博发展历程时间线
7	2008年5月12日	Plurk上线
8	2009年2月8日	嘀咕上线
9	2009年5月22日	聚友9911上线
10	2009年8月6日	Follow5上线
11	2009年8月16日	139说客上线
12	2009年8月28日	新浪微博上线
13	2009年12月14日	搜狐微博上线
14	2009年12月22日	人民微博上线
15	2010年1月10日	网易微博上线
16	2010年4月1日	腾讯微博上线

在微博日益普及的过程中，国内知名新媒体领域研究学者陈永东在国内率先给出了微博的定义：微博是一种通过关注机制，分享简短实时信息的广播式的社交网络平台。

该定义可以从以下五个方面理解。

- 关注机制：可单向可双向。
- 简短内容：通常正文显示140字。
- 实时信息：最新实时信息。
- 广播式：公开的信息，谁都可以浏览。
- 社交网络平台：把微博归为社交网络。

微博有着广泛的影响力和传播力，成为人们生活中重要的社交工具，也作为重要的媒体力量登上了营销的舞台。

4.1.2 微博的特点

讨论4-2：1. 2019年最热门的事件或新闻你知道哪些？2. 你是通过什么平台最先知道的？

微博在信息传播和分享的过程中，可以为用户提供最短的路径，让用户快速准确地获取有价值的内容，它的主要特点有以下几个。

1. 便捷性

微博提供了这样一个平台，你既可以作为观众，在微博上浏览你感兴趣的信息；也可以作为发布者，在微博上发布内容供别人浏览。微博发布的内容一般较短，例如140字的限制（2016年，新浪微博的字数限制从140字变为2 000字）。除了发布文字信息以外，也可以发布图片、分享视频等信息。微博最大的特点是发布信息快速、信息传播速度快。例如，你有200万听众（粉丝），你发布的信息会在瞬间传播给200万人。

微博网站即时通信的功能非常强大，可以通过QQ和MSN直接书写，在有网络的地方，只要有手机也可即时更新自己的微博内容。

类似于一些大的突发事件或引起全球关注的大事，如果有微博客在场，利用各种手段在微博客上发布出来，其实时性、现场感及快捷性，是很多传统媒体无法比拟的。

2. 传播性

微博草根性强，且广泛分布在桌面、浏览器和移动终端等多个平台上。传统媒体拥有较大的经济规模和复杂的组织机构，而微博这种"草根媒体"则进入门槛相对低许多。微博有多种商业模式并存，能形成多个垂直细分领域的可能性。服从公共性逻辑的微博属于免费浏览，更加偏重内容与影响。因此，在信息源的选取、关注的话题和个人叙事框架的构建等方面，都可以保持一定的独立性，从而改变了媒体发展的动力模式。

在微博上，用户对信息的获取具有很强的自主性、选择性，可以根据自己的兴趣偏好，依据对方发布内容的类别与质量，来选择是否"关注"某用户，并可以对所有"关注"的用户群进行分类。微博宣传的影响力具有很大弹性，与内容质量高度相关。其影响力基于用户现有的被"关注"的数量。用户发布信息的吸引力、新闻性越强，则对该用户感兴趣、关注该用户的人数也越多，影响力越大。

微博信息共享便捷迅速。可以通过各种连接网络的平台，在任何时间、任何地点即时发布信息，其信息发布速度超过传统纸媒。

3. 原创性

在微博客上，字数的限制将平民和莎士比亚拉到了同一水平线上，这一点导致大量原创内容爆发性地被生产出来。李松博士认为，微型博客的出现具有划时代的意义，真正标志着个人互联网时代的到来。博客的出现，已经将互联网上的社会化媒体推进了一大步，公众人物纷纷开始建立自己的网上形象。然而，博客上的形象仍然是化妆后的表演，博文的创作需要考虑完整的逻辑，这样大的工作量对于博客作者来说成为很重的负担。

4. 背对脸

与博客上面对面的表演不同，微博上是背对脸的交流，就好比你在电脑前打游戏，路过的人从你背后看着你怎么玩，而你并不需要主动和背后的人交流一样。当你跟一个自己感兴趣的人互动时，两三天就会上瘾。移动终端提供的便利性和多媒体化，使得微型博客用户体验的黏性越来越强。

5. 草根性

与其他平台相比，微博客草根性更强，且广泛分布在桌面、浏览器和移动终端等多个平台上，有多种商业模式并存，或形成多个垂直细分领域的可能。信息获取具有很强的自主性、选择性，用户可以根据自己的兴趣偏好，依据对方发布内容的类别与质量，来选择是否"关注"某用户，并可以对所有"关注"的用户群进行分类。

4.1.3 微博的类型

> 讨论 4-3：你关注过哪些类型的微博？

微博作为一种新型的网络媒介形态，具有非常鲜明的传播特征，其平民化、碎片化、交互化、病毒化的传播特征能迎合和满足现代人碎片化、快节奏的信息获取需求。作为一种简单便捷、可以实现即时沟通的网络交流方式，这不仅是人际交流的一种重要方式，同时也已成为商家进行自我宣传的阵地。微博的类型主要有以下 5 种。

1. 个人微博

个人微博主要包括明星、企业高管、专家、名人、草根、网红等。如图 4-1 所示分别为明星微博、企业高管微博和网红微博。个人微博不仅是个人用户日常表达自我的场所，也是个人或团体营销的主要阵地。一般来说，个人微博主要基于个人本身的知名度，通过发布有价值的信息吸引粉丝关注，扩大个人影响，从而达到营销效果。其中，部分企业高管、名人的个人微博通常还会配合企业或团队微博形成影响链条，扩大企业和品牌的影响力和知名度。

图 4-1 明星微博、企业高管微博和网红微博

2. 企业微博

企业微博是指企业的官方微博。很多企业都创建了自己的官方微博，通过积累产品或品牌的粉丝进行宣传推广，知名企业的官方微博如图 4-2 所示。企业微博一般以盈利为目的，企业的微博运营人员或团队会通过微博增加企业的知名度，为最终的产品销售服务。受微博信息发布机制的限制，企业不能仅仅依靠微博向用户进行产品的推广宣传，而是应该策划适合微博营销的宣传方案，结合微博的特点，建立和维护自己固定的消费群体，多与粉丝进行交流互动，达到宣传企业、提高品牌影响力的目的。

3. 政务博客

政务博客是指政务部门为方便工作而开设的微博。政府部门通过微博既可以调和各种矛盾，还可以作为群众对政务机关工作人员的工作进行监督的途径。惠州市公安局的官方微博"惠州公安 110"如图 4-3 所示。政务微博是汇聚民声、表达民意的平台，不具有盈利目的，是政务机关利用微博随时随地发布信息而不受媒体出版时间约束的一种有效发布信息的渠道。截至 2018 年底，经过认证的政务微博达到 17.6 万个，影响力继续扩大，阅读量达 3 800 多亿次。

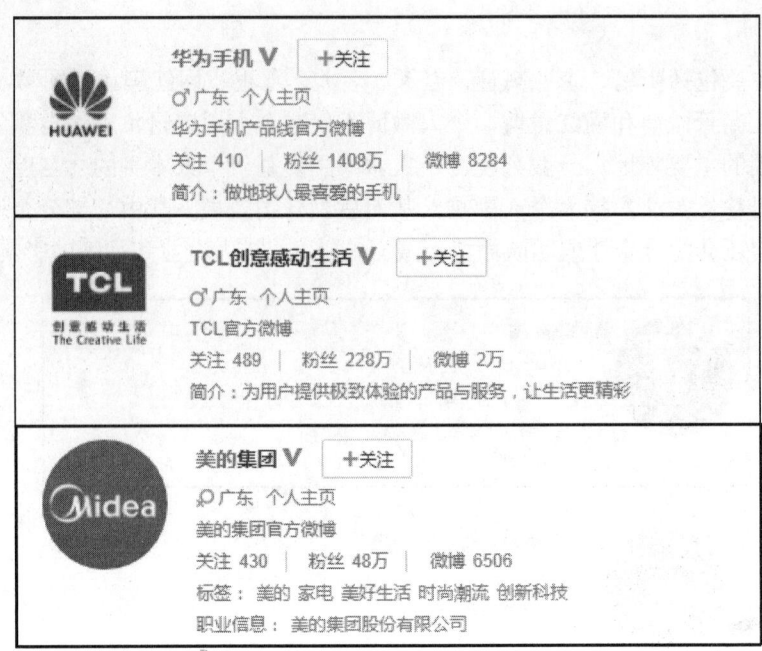

图 4-2 知名企业的官方微博

图 4-3 惠州市公安局的官方微博"惠州公安 110"

4．组织机构微博

组织机构微博主要对象是学校等组织机构的微博，主要用于传播信息、促进沟通，在教育教学、危机公关等方面发挥了重要作用。北京大学的微博如图 4-4 所示。

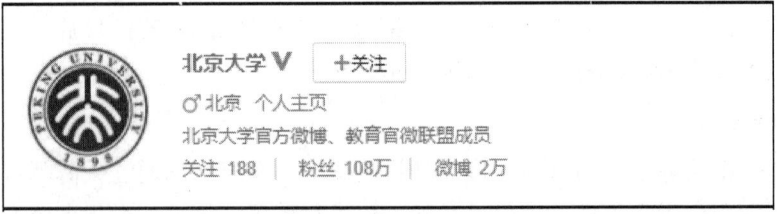

图 4-4 北京大学的微博

5．其他微博

为某个重要活动、重要事件、电影宣传等特意开设的微博为其他类型微博，一般具有特定用途和时效性。这类微博通常不会持续运营，只发挥阶段性的作用，但带来的宣传效果不容小觑，北京 2022 年冬奥会微博如图 4-5 所示。

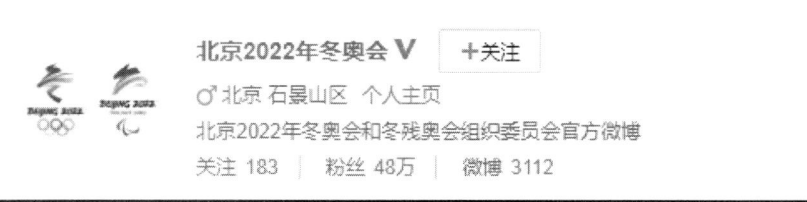

图 4-5　北京 2022 年冬奥会微博

任务小结

1. 微博，是一种基于用户关系的信息分享、传播及获取的社交媒体、网络平台，用户可以通过 Web、Wap 及各种客户端组建个人社区并实现即时分享。

2. 微博在信息传播和分享的过程中，可以为用户提供最短的路径，让用户快速准确地获取有价值的内容，微博具有便捷性、传播性、原创性、背对脸、草根性等特性。

3. 微博作为一种简单便捷、可以实现即时沟通的网络交流方式，这不仅是人际交流的一种重要方式，同时也已成为商家进行自我宣传的阵地。微博的类型主要有个人微博、企业微博、政务微博、组织机构微博和其他微博。

任务实训

请注册一个新浪微博账号，登录关注几个不同类型的微博，对比个人微博与企业微博的不同，把关注的微博进行分类，并把典型的微博代表列举出来。

任务 4.2　微博的基本设置

任务目标

知识目标：了解微博设置的技巧。

能力目标：掌握设置微博的名称、头像和简介的方法。

任务导图

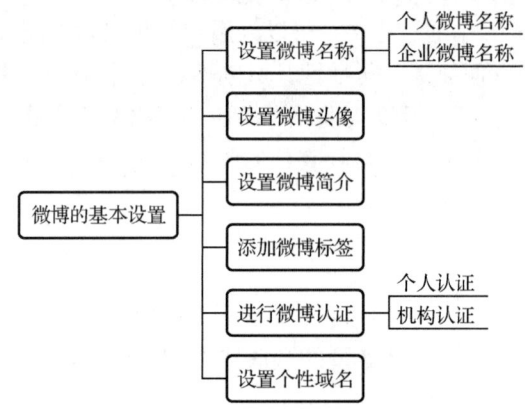

任务实施

微博在运营之前需要进行一些准备工作，要做好微博账号的设置与定位，本任务将具体介绍微博名称、微博头像、微博简介、微博标签、微博认证和个性域名的设置方法。需要说明的是，本任务讲述的基本设置方法均以 PC 端新浪微博为例，移动端的设置方法相对简单，在此不作介绍。

4.2.1　设置微博名称

讨论 4-4：你的个人微博是如何命名的？

不同类型的微博，名称设置也有所区别。下面主要介绍个人微博和企业微博名称设置的方法，其他类型微博名称的设置方法类似。

1. 个人微博名称

个人微博名称即微博的昵称，一般要求符合简短有趣、简洁个性、拼写方便、避免重复的原则。简短有趣的昵称方便粉丝记忆；简洁个性的昵称容易给粉丝留下好的印象；拼写方便的昵称方便粉丝搜索，特别是从其他平台被引流过来的粉丝，很多都是通过直接搜索的方式关注微博的，如果昵称拼写复杂，很容易使粉丝难以搜索继而放弃关注；避免重复是为了区别于其他微博，微博昵称虽然具有唯一性，但相似昵称非常多，如图 4-6 所示，要尽量避免与其他微博产生高度重合，特别是推广产品或品牌的微博。

微博名称的设置方法：打开微博并登录，在右上角 ⚙ 菜单的下拉列表中选择"账号设置"，打开"账号设置"页面,在"我的信息"列表中"昵称"栏、单击"编辑"按钮,输入昵称即可。普通用户的微博昵称 1 年可以修改 1 次,会员最多 1 年可以修改 5 次。建议确定昵称后不要频繁修改,以免粉丝流失。

图 4-6　个人微博昵称

2．企业微博名称

企业微博的名称通常与企业名称保持一致,根据微博性质、特色、功能和服务等也可以添加一些修饰词,如"TCL 通讯中国""TCL 电视"等,如图 4-7 所示。企业微博名称也要尽量避免与其他微博名称产生高度重合,企业必须有意识地进行名称保护。有些企业不止一个微博,通常会设计微博矩阵,将品牌微博和客户微博分开。拥有矩阵式的微博团队在运营方面要比单微博运营更容易取得成功。比如,可口可乐中国的微博矩阵如图 4-8 所示,其根据产品品牌线建立微博矩阵,不同的产品线都有不同的品牌,那么可以根据产品线、品牌的不同来分别建立微博。

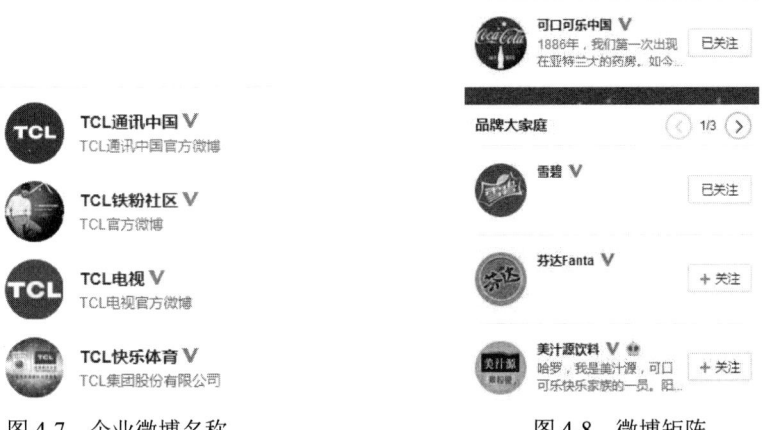

图 4-7　企业微博名称　　　　　　　图 4-8　微博矩阵

4.2.2 设置微博头像

讨论4-5：你设置过微博头像吗？你的头像是用什么样的照片？

微博头像是用户对微博主的直观印象，可以通过头像的设置告知用户微博的风格、自我的定位，从而在用户心中形成一个形象认知。个人微博的头像设置比较随意，可以是清晰的真人照片，也可以是个性化的卡通头像、特殊标志等。卡通头像的个人微博如图4-9所示。个人微博头像设置可登录微博，打开"账号设置"页面，选择"头像"选项，选择上传需要设置的图像即可，如图4-10所示为微博头像设置界面。

企业微博头像最好选择能够代表公司形象的内容，一般为企业Logo、企业名称或企业拟人形象等，如图4-11所示为联想集团的官方微博头像。

图4-9 卡通头像的个人微博

图4-10 头像设置界面

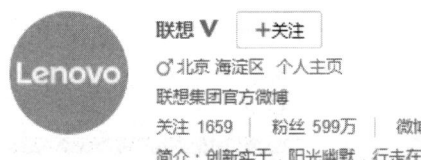

图4-11 联想集团的官方微博头像

4.2.3 设置微博简介

微博简介是对微博、个人或企业的简单介绍。个人微博的简介一般是可以吸引用户关注的信息，例如，简明扼要地表达个人的兴趣、特长和能力等，也可以是个性化有趣的句子。某知名搞笑幽默博主的微博简介如图4-12所示。登录微博，打开"账号设置"页面，在"我的信息"列表中的"个人资料"栏编辑简介即可设置微博简介。

项目 4　微博运营

图 4-12　某知名搞笑幽默博主的微博简介

企业微博简介应该简明扼要，以便用户快速了解企业。企业微博简介可以用个性化的文案展示微博形象，不同企业的微博简介如图 4-13 所示。

图 4-13　不同企业的微博简介

4.2.4　添加微博标签

讨论 4-6：你有查看过别人微博的标签吗？一般标签内容写些什么？

微博标签是对微博账号所擅长和关注领域的一个缩影，不仅可以让用户更好地了解自己，还能在用户搜索时匹配到对应的标签，获得更多的曝光量，便于获取目标用户的关注。对于个人微博，可以在编辑个人信息时添加个人标签信息，以便对自己的个性、特长、爱好进行展示，从而吸引具有相同兴趣爱好的用户群体，个人微博标签如图 4-14 所示。登录微博，打开"账号设置"页面，选择"我的信息"列表选项，在"个人标签"栏编辑相关信息即可添加个人标签。个人标签设置页面如图 4-15 所示。

图 4-14　个人微博标签

对于企业微博，标签所对应的内容为"行业类别"，可以设置为描述企业所在的行业、领域，或者是企业经营的产品、服务等关键词，以便获得具有品牌认同感的更多潜在用户。芒果 TV 自制《明星大侦探》官方微博的行业类别如图 4-16 所示。

139

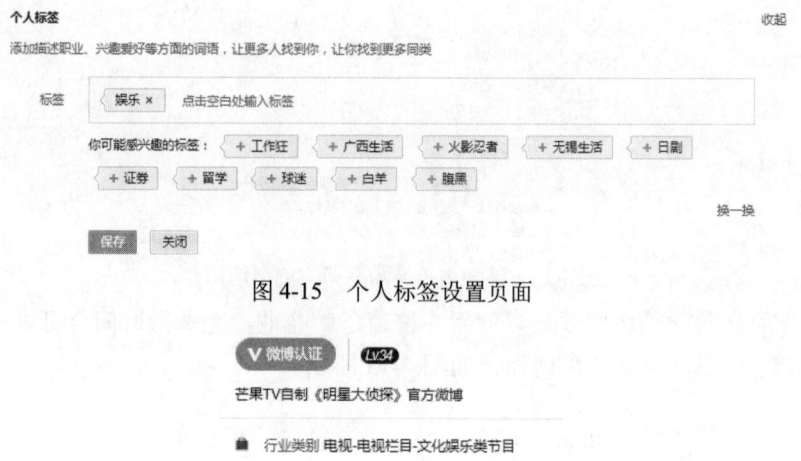

图 4-15 个人标签设置页面

图 4-16 芒果 TV 自制《明星大侦探》官方微博的行业类别

4.2.5 进行微博认证

讨论 4-7：你有注意过别人微博的认证标识吗？

通过认证的微博账号能够提升信用度，增强用户对账号的信心，提升账号在用户心中的好感。登录微博即可申请认证，微博认证包括个人认证和机构认证。

1. 个人认证

个人认证也叫"橙 V 认证"，认证成功的微博昵称后面会带有一个橙色的 V 字图标，经过认证的个人账号可以基于身份构建个人平台的个性化模块，更加多元化地进行自我展示。同时，在搜索页面中进行推荐，能够增加个人微博的曝光度以吸引粉丝、提高知名度。个人认证根据认证类型的不同，又分为身份认证、兴趣认证、自媒体认证、金 V 认证和超话认证和故事红人认证，如图 4-17 所示，每种认证要求的申请条件不同。

图 4-17 个人认证

（1）身份认证

申请身份认证的个人微博用户，需要满足如图 4-18 所示的条件。身份认证主要有在职认证、职业资格认证、作品和获奖成就认证 3 种认证方式，申请人可以选择自己所具备的一项进行认证。海外用户进行身份认证需要雇主证明和工作名片；身份证明、驾照或护照；相关行业从业证书申请材料至少包含上述 3 组中的 2 组。

图 4-18　身份认证申请条件

（2）兴趣认证

兴趣认证需要持续发布统一领域的博文内容才能获得权限，且要满足如图 4-19 所示的条件。当月阅读量大于 100 万时，可获得"知名领域博主"称号。目前支持以下领域申请认证：互联网、科学科普、历史、军事、数码、萌宠、星座命理、搞笑幽默、情感、健康养生、音乐、电视剧、综艺、电影、摄影、运动健身、体育、美食、旅游、汽车、设计美学、美妆、时尚、动漫、游戏、母婴育儿、娱乐、文玩收藏。

图 4-19　兴趣认证申请条件

（3）自媒体认证

自媒体认证要求申请认证的微博用户能在固定领域持续贡献内容，并且达到一定的数量要求，自媒体认证申请条件如图 4-20 所示。其中持续固定领域是指用户所发布的头条文章或视频内容的归属领域，应该与用户申请认证自媒体领域所选择的领域相同，并保持文档的内容发布频率。自媒体认证主要是为了更好地帮助和激励微博自媒体用户。

图 4-20　自媒体认证申请条件

（4）金 V 认证

金 V 是个人微博账户中较具影响力的"橙 V"账号，要求认证的个人用户粉丝量不少于 1 万，月阅读量不低于 1 000 万。认证成功的金 V 账号除了可以享受如图 4-21 所示的特权服务（如专属标识、专属客服、专属推荐、专属权益）以外，还能获得各种渠道的热门推荐，增加账号的曝光率和关注度。一般带有金 V 标识的个人微博账号都是具有较高影响力的大 V 账号，如明星、网络红人、知名作家等，金 V 账号示例如图 4-22 所示。

图 4-21 金 V 特权服务

图 4-22 金 V 账号示例

（5）超话认证

超话认证需要满足下面 4 项条件之一。

- 金 V 或微博超百万阅读量用户；
- 相关贴吧吧主或兴趣部落酋长；
- 所申请超话内通过上个月考核的小主持人（签到 20 天）；或者超话内活跃粉丝（等级≥6）；
- 超话对应粉丝团或组织账号负责人。

每个用户目前最多可主持 3 个超话，超过 3 个后将不能再申请主持人；满足当月超话内发帖大于或等于 10 篇；完成身份验证、绑定手机号、距离上次申请被驳回大于等于 7 日。符合以上条件后，如果你是该超话的相关活跃用户，或者具有网络社区管理经验的用户，申请后可优先成为主持人。

（6）故事红人认证

故事红人认证可获得涨粉资源，有更多的曝光量和优先特权。故事红人成长体系如图 4-23 所示。近 30 天内发布优质原创微博故事大于或等于 8 条可申请故事原创作者；近 30 天内发布优质原创微博故事大于或等于 8 条，微博粉丝大于或等于 10 万人或抖音/快手粉丝大于或等于 50 万人，积极参与主题活动/发布栏目化内容，可申请故事红人。

图 4-23 故事红人成长体系

2．机构认证

机构认证也叫蓝 V 认证，认证成功的微博昵称后会有一个蓝色的 V 图标。能够申请机构认证的机构有政府、媒体、校园、企业、网站、应用等官方账号，这里以企业认证为例进行介绍。

申请企业认证的微博需要具备以下条件:
- 微博头像应为企业商标/标识或品牌 Logo。
- 微博昵称应为企业/品牌的全称或无歧义简称;若昵称为代理品牌,需体现代理区域。
- 微博昵称不能仅包含一个通用性描述词语,且不可使用过度修饰性词语。
- 企业提供完成有效年检的《企业法人营业执照》/《个体工商户营业执照》等资料。
- 微博昵称与营业执照登记名称不一致的,需提供相关补充材料,如《商标注册证》《代理授权书》等。

符合以上条件的微博申请企业认证还应准备好营业执照副本(已通过最新年检的营业执照副本,并将此副本拍摄成清晰彩色照片的形式)。加盖了红色公司公章的企业认证公函(公函下载详见认证资料提交页面,公函内容手抄打印后拍摄成清晰彩色照片)和其他补充材料。

企业认证步骤如图 4-24 所示,先准备认证材料,提交认证材料,3 个工作日内即可完成审核。

图 4-24 企业认证步骤

4.2.6 设置个性域名

讨论 4-8:你使用过域名访问别人的微博吗?

个性域名是对微博个性化的体现,个人和企业可以通过设置个性域名引导粉丝进入其他页面,实现页面流量和转化的提升。个人微博的个性域名设置一般与昵称保持一致,以方便粉丝通过域名进入微博。例如,秋叶老师微博的个性域名为 qiuyeppt。企业微博一般设置一个与微博名称或公司官网相匹配的个性域名,可以方便用户记忆微博地址,提高微博的辨识度,例如,昵称为"旅游约吗"的个性域名为 lvyouym,如图 4-25 所示。

个性域名可登录微博后,打开"账号设置"页面,在"我的信息"列表的"个性域名"栏进行编辑设置。"个性域名"设置页面如图 4-26 所示。

图 4-25 微博"旅游约吗"的个人域名　　图 4-26 "个性域名"设置界面

任务小结

1．微博的基本设置主要包括微博名称、微博头像、微博简介、微博标签、微博认证和个性域名的设置。

2．个人微博一般要求符合简短有趣、简洁个性、拼写方便、避免重复的原则。企业微博的名称通常与企业名称保持一致，根据微博性质、特色、功能和服务等也可以添加一些修饰词。

3．个人微博头像一般为真人照片、卡通头像或特殊标志等。企业微博一般为企业Logo、企业名称或企业拟人形象。

4．微博简介一般简明扼要，个人微博简介一般是可以吸引用户关注的信息，企业微博简介一般为个性化文案。

5．微博标签是对微博账号所擅长和关注领域的一个缩影。

6．微博认证一般分为个人认证和企业认证，不同类型的认证类别，申请要求和认证条件也不相同，所获得的权限也不一样。

7．个性域名是对微博个性化的体现，个人和企业都可以通过设置个性域名引导粉丝进入其他页面，实现页面流量和转化的提升。

任务实训

登录个人微博账号，熟悉个人微博和企业微博昵称、头像、简介、签名设置的技巧，并查看微博认证条件。

任务 4.3　微博的内容运营

任务目标

知识目标：熟悉微博内容的表现形式。

能力目标：掌握短微博、长文章的设置技巧，并能按要求发布短微博，设计长文章；掌握话题的发布技巧。

任务导图

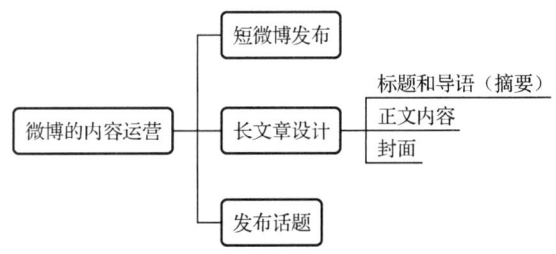

任务实施

内容是微博运营的基础与核心，因此，微博一直坚持提升平台内容与功能的完善度。图文类博文仍是微博用户最主要的发布形式；与此同时，包含链接、视频、音乐类博文的占比则实现全面提升。微博的内容形态更加丰富多元，进一步提升用户体验。根据微博内容表现形式的不同，微博内容可以分为短微博、长文章、话题 3 种。每种微博内容运营的重点和方式都不相同，个人和企业在内容运营过程中要选择合适的方式或结合多种方式打造内容热度，吸引用户的关注。本任务主要介绍短微博、长文章、话题的内容运营要点。

4.3.1　短微博发布

讨论 4-9：你知道怎样的内容为短微博吗？短微博一般字数有什么限制？

短微博是指可以直接在微博首页文字输入框中发布的内容，文字限制在 2 000 字以内，一般以 140 个字以内的微博内容为最佳。短微博的信息发布一般没有严格的内容和形式的要求，比较随意，但要想使微博信息得到关注和传播，还需要掌握短微博内容运营的技巧。从原则上来说，感兴趣的、有价值的、发人深省的、容易让人产生认同的、有趣的、有名的、有创意的、真实的内容更受用户的欢迎，也更容易获得评论和转发。如图 4-27 所示的微博是用户感兴趣的话题，这种话题容易引起粉丝参与讨论。

大部分短微博中都有配图，主要是为了增加短微博的阅读感。搭配合适的图片，图片既可以是对微博内容的补充，也可以是对微博文案的强调和说明。微博配图和微博内容最好能够相匹配，让用户可以更好地理解微博内容，促进微博内容的转发和讨论。一般图片数量为 9 张以内（2019 年上线了"超 9 图"功能，App 端达到条件的用户一次性最多发送 18 张图片），大部分以 9 张为主，可以快速吸引用户的注意力，9 个方格组成的一个完整图形叫九宫图。

对图片类型的限制较少，可放置动图、长图等，如图 4-28 所示。微博中的图片是对微博内容的补充说明。

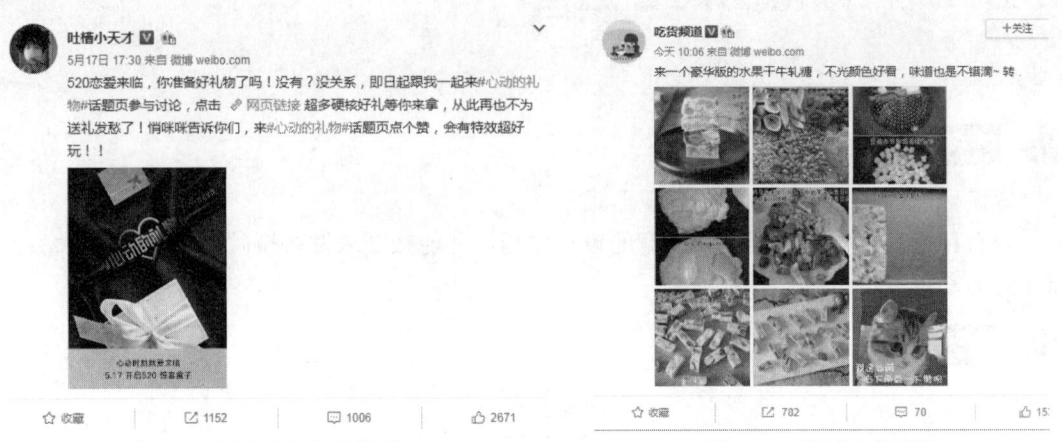

图 4-27　用户感兴趣的微博　　　　　图 4-28　微博中的配图

很多时候，图片才是微博的灵魂，很多短微博依靠有趣、好看的图片吸引粉丝。图片比文字的表现力强，更能给粉丝带来良好的视觉效果。微博中的图片既可以根据文案进行配图，也可以根据普通的景物进行配图。文案类配图只包含关键文案，句子精练简短，或有创意，或者幽默有趣，方便粉丝快速阅读，比文字传播范围更广泛。如图 4-29 所示的微博中，搭配了一张与短微博内容没有实际意义但有趣的图片。

目前，越来越多短微博内容添加了视频，一般为短视频。视频中包含了图片、声音、文本等元素，表现形式更加多样化，适合在移动状态和短时休闲状态下观看的、高频推送的视频内容。一般视频时长在 5 分钟左右，大小在 4G 以下，这样效果更直观、形象。适合微博的视频有很多类，例如，搞笑视频、时尚美妆、美食、社会时政等，不同类别的视频要求也不一样，如社会时政类视频要求注重内容的真实性、客观性。视频质量越高越容易获得粉丝的点赞、评论或转发，如图 4-30 所示的微博包含了视频。

图 4-29　有趣的配图　　　　　　　图 4-30　包含视频的微博

4.3.2　长文章设计

讨论 4-10：你有在微博中看过长文章吗？

长文章即头条文章，长文章是微博的长文产品。对用户而言，长文章以信息流大卡片的形式呈现，能够极速打开，用户体验非常好。同时，长条文章是微博碎片化内容的弥补与增强，满足用户深度阅读的需求。长文章的内容在微博信息流内可以得到更多推荐，能传播并触达到更多用户。同时，长文章具有打赏、付费阅读功能，让作者在赢得用户认可的同时获得收入，支持鼓励创作者持续产出更多优质的内容。

长文章包含了标题和导语（摘要）、正文内容、封面图等元素，如图 4-31 所示是小米手机的一篇长文章。

图 4-31 小米手机的一篇长文章

长文章不同于短微博，需要花比较长的时间和精力去阅读，所以长文章的设计尤为重要。长文章必须针对目标人群的特点和喜好进行选题和创作，才能激发用户阅读和讨论的热情。内容可以是对时下热点、话题等进行的评价，也可以是一片有阅读价值的软文。例如，小米手机发布的长文章既为粉丝创造了阅读价值，同时也宣传了企业的产品。

长文章设计包括内容、表达风格和排版设计。登录微博后，单击微博输入框下方的"头条文章"超链接，即可打开"头条文章"编辑页面，如图 4-32 所示。

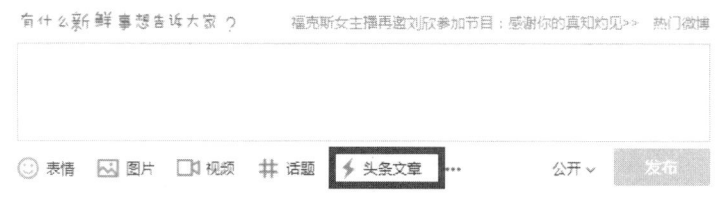

图 4-32 "头条文章"编辑页面

长文章编辑页面包括标题和导语（摘要）、正文内容、封面图等，下面进行详细介绍。

1．标题和导语（摘要）

长文章标题字数要求在 32 个字符以内，导语（摘要）在 44 个字符以内。微博中直接显示的主要信息就是标题和导语（摘要）。标题和导语（摘要）要尽量简短精练，最好能快速引起用户的好奇心和阅读欲望，提供有价值的内容给用户，能够快速引起用户对这篇长文章内容的兴趣。

长文章标题设计方法有：直接点名文章内容的中心、数字式标题（10 个小妙招、3 个步骤、50 种方法等）、如何式标题、提问式标题、命令式标题、傍大款式标题等。

2. 正文内容

正文内容要与标题相匹配，内容要有价值，要做到图文并茂。一般建议长文章尽量不要发超过 1 500 字以上的文章，但有些专业性、科学性的文章就要根据需求而定。

3. 封面

在微博头条文章的编辑页面看到封面图尺寸为 1 000px×562px，信息安全区尺寸为 1 000px×400px，文件大小不超过 20MB，格式为 jpg、gif 和 png 的图片。

表达风格与微博主个人写作风格有关，例如，幽默、有趣、严谨等，最好能根据用户喜欢的风格调整自己的表达方式，这样才能获得更大阅读量。

排版设计时要注意用户的阅读体验：段落之间空出一行；字号选择要适中，不要太小；标题、重要句子和词语可以加粗；最好让文章的字体和字号产生对比；可以图文相结合，增加排版的美观性，提升用户的阅读兴趣。长文章图文结合的排版案例如图 4-33 所示。

如果长文章是头条微博，在后台还能设置打赏功能。微博打赏设置页面如图 4-34 所示。长文章设置成功并发布后会自带打赏按钮，打赏界面如图 4-35 所示。微博打赏门槛要求低，只要别人喜欢你的文章，就可以打赏。

图 4-33 长文章图文结合的排版案例

图 4-34 微博打赏设置页面

图 4-35 打赏界面

4.3.3 发布话题

讨论 4-11：你知道最近热门的话题是什么吗？

话题，即微博热点、个人兴趣、网友讨论等多种内容，经过话题主持人补充说明和加以设置的，与某个话题词有关的专题聚合页面。个人和企业都可以通过发布微博话题以引发用户更大范围的讨论和转发。如果讨论人数很多可能升级为超级话题，从而产生广泛的传播效果，最终实现品牌的宣传作用。登录微博后单击微博输入框下方的"#话题"按钮，在打开的下拉列表中选择"插入话题"选项，并在"#在这里输入你想要说的话题#"文本框中输入内容即可发布话题，"发布话题"页面如图 4-36 所示，"热门话题"页面如图 4-37 所示。

图 4-36 "发布话题"页面　　　　　　图 4-37 "热门话题"页面

话题的组成要素主要包括话题词、话题词所属分类、导语、主持人等内容。

以"#关键词#"的形式发布微博时，#号内的关键词即为话题词。如#六一儿童节#话题，六一儿童节为话题词，字数一般为 4～32 个字符，使用亲切有趣的词语或短句，更能吸引网友们探讨。话题词中不能含特殊字符，包括空格、#、@、[]、<>、&、'、"、换行（\n \r）、\t、表情符号等。

话题词所属分类如图 4-38 所示，这些为主要的话题词分类。话题所属分类会显示在话题后面，如图 4-39 所示。

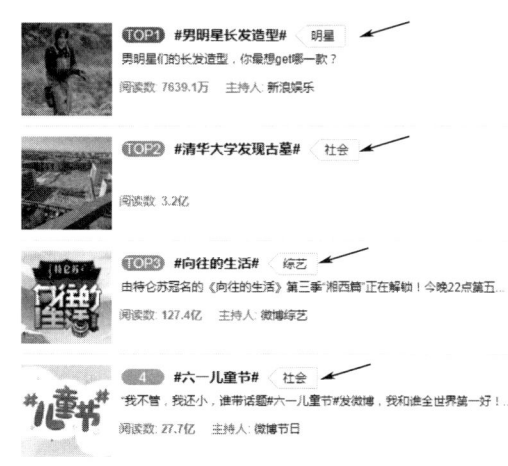

图 4-38 话题词分类　　　　　　图 4-39 话题类别

导语字数一般在 120 个字符以内，文字介绍让话题更容易理解。话题的导语如图 4-40 所示。

微博话题可以申请主持人，目前每个话题只能有一位话题主持人。主持人对话题有部分权限管理，既可以对话题页面进行编辑、更换话题头像、编辑话题简介，还可以发起关注和讨论。如图 4-41 所示为某话题主持人。

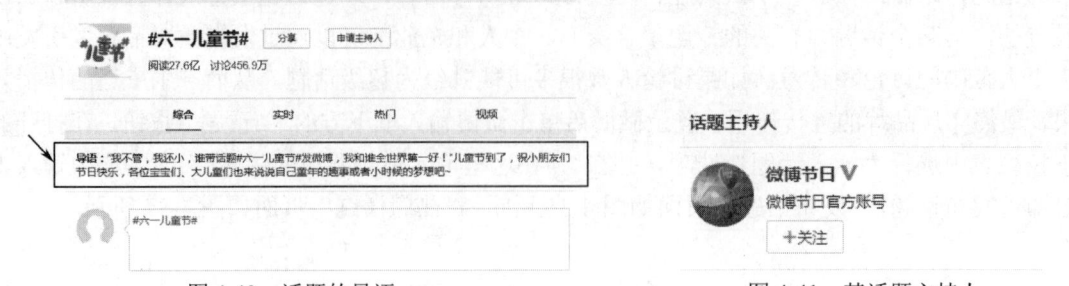

图 4-40　话题的导语　　　　　　　图 4-41　某话题主持人

话题的设计要尽量与微博主要内容保持一致。有效利用话题的导语，运用适当的文字效果，可以提高话题的阅读性。话题右侧推荐人模块，展示了相关用户，可以增强话题的引导性。利用微博分享、转发话题，适当与话题页下方的用户进行沟通，可以调动话题的讨论氛围。利用微博之外的其他网站及渠道，分享、推广话题，可以引导其他用户参与话题讨论。

任务小结

1．短微博是指可以直接在微博首页文字输入框中发布的内容，文字限制在 2 000 字以内，一般以 140 个字以内的微博内容为最佳。从原则上来说，感兴趣的、有价值的、发人深省的、容易让人产生认同的、有趣的、有名的、有创意的、真实的内容更受用户的欢迎，也更容易获得评论和转发。

2．长文章必须针对目标人群的特点和喜好进行选题和创作，这样才能激发用户阅读和讨论的热情。内容可以是对时下热点、话题等进行的评价，也可以是一篇有阅读价值的软文。

3．话题，即微博热点、个人兴趣、网友讨论等多种内容，经过话题主持人补充说明和加以设置的，与某个话题词有关的专题聚合页面。个人和企业都可以通过发布微博话题以引发用户更大范围的讨论和转发。

任务实训

1．登录个人微博账号，根据目标用户的特点，发布一条文字+配图的短微博。
2．根据个人需要推广的产品，设计一篇长文章。
3．列举比较典型的企业微博或个人微博，分析这些微博内容运营的方法。

任务 4.4　微博的用户运营

📒 任务目标

知识目标：了解微博用户运营的概念。

能力目标：熟悉微博用户运营的内容，掌握微博用户运营的技巧。

📒 任务导图

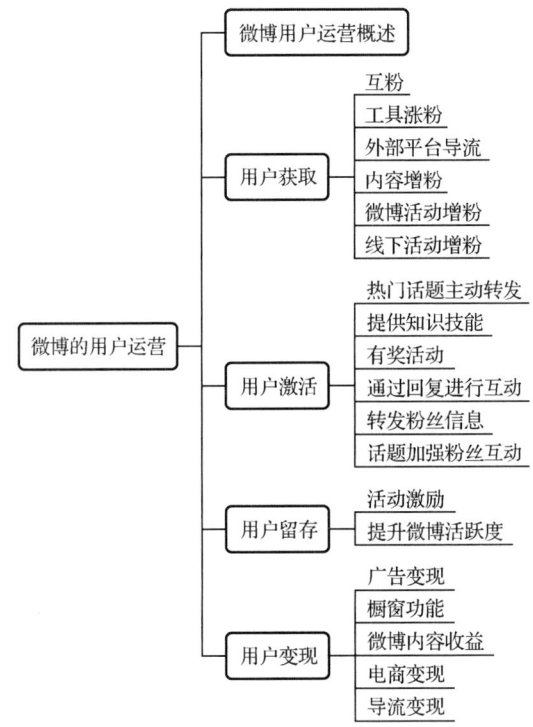

📒 任务实施

2019 年 3 月 15 日，新浪微博数据中心发布《2018 微博用户发展报告》。2018 年第四季度财报显示，微博月活跃用户 4.62 亿人，连续三年增长 7 000 万+；微博垂直领域数量扩大至 60 个，月阅读量过百亿的领域达 32 个。微博的用户数量非常大，好的用户运营能达到事半功倍的效果，本任务主要介绍微博的用户运营内容和技巧。

4.4.1　微博用户运营概述

讨论 4-12：你平时一般会主动关注哪些人的微博？

用户运营是指以用户为中心，遵循用户的需求设置运营活动与规则，制定运营战略与运营目标，严格控制实施过程与结果，以达到预期所设置的运营目标与任务的过程。用户运营是一个很烦琐的过程，运营者要有足够的耐心和细心去整理用户资料和信息。产品的核心应该是解决用户的问题，了解用户需求是用户运营最重要的一个点。首先要知道用户的需求是什么，然后才能更好地为用户服务。

微博的用户运营是指根据微博用户的发展规模，以用户行为数据为基础，了解用户特征，掌握如何增加微博的粉丝数量，提升微博用户的活跃度。根据2018年微博财报的数据，截至2018年第四季度，微博月活跃用户增至4.62亿人，日活跃用户增至2亿人，如图4-42所示。微博用户的特征表现为23～30岁的用户占比最高，如图4-43所示。用户运营的核心，是把活跃用户的规模往上提，还有一种是保持活跃度，让不活跃用户变活跃，让活跃用户更活跃。

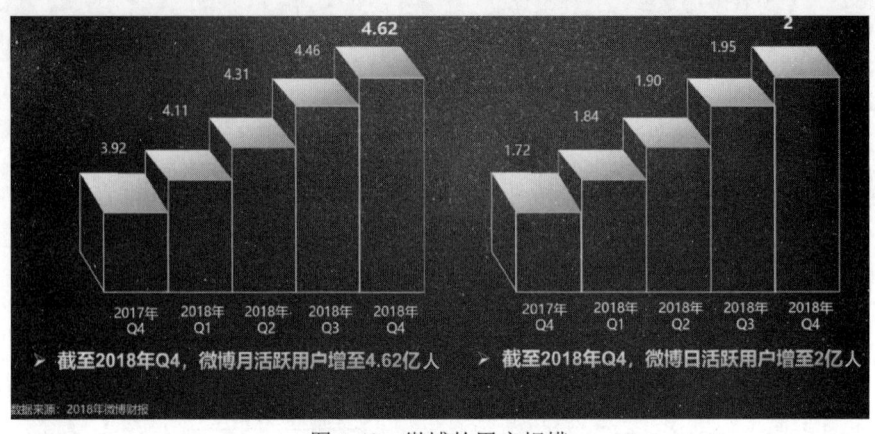

图 4-42　微博的用户规模

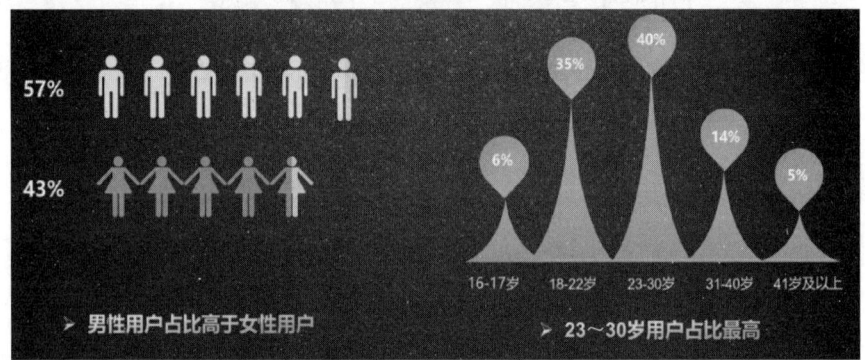

图 4-43　微博的用户特征

4.4.2　用户获取

讨论 4-13：1. 你的微博账号有多少粉丝和多少人关注？你是如何增长粉丝的？2. 你最近有参与过微博的活动吗？例如抽奖活动，说说愿意或不愿意参与的原因是什么？

1. 互粉

为了提高粉丝的数量和质量，对于初创微博的运营者来说，可以选择有策略进行互相关注成为粉丝（互粉）的操作。通过关注和自己方向相关的用户进行合作共赢。个人微博开通新微博账号以后，通过与身边的亲戚、朋友、同学进行微博互粉，相互关注，增加微博互动，从而达到获取用户的目的。

在微博上，喜欢同一领域、有着共同喜好的人群往往会相互关注。微博有一个功能是对关注人进行"编辑分组"设置，分组后可以只查看某组人群的微博，对于特别重要的可以加

"特别关注",微博"编辑分组"页面如图 4-44 所示。

图 4-44　微博"编辑分组"页面

2. 工具涨粉

微博官方的付费推广工具主要有粉丝通、粉丝头条,通过支付一定的费用,就可以将自己的微博内容推广出去,吸引粉丝关注,但是费用较高。

3. 外部平台导流

通过外部平台进行大曝光的导流增粉是一个快速增粉的方式,主要外部渠道有以下几种。

① 视频直播。视频直播最大的特点是可以与用户进行实时互动。不少平台的网络主播通过直播给自己的微博进行增粉。主播可以在自己的简介中输入微博号以引导粉丝关注,还可在直播中通过活动的形式引导粉丝关注自己的微博账号。

② 问答平台。2016 年 5 月 15 日,一款问答服务的产品——付费语音问答"分答"流行起来了。同时,不少人借助问答自然而然地植入微博账号为微博涨粉。在此之前,知乎、百度知道等问答平台,回答者往往会在简介或答案中植入微博账号,实现引流增粉。

③ 媒体网站。随着互联网各行各业细分媒体网站的崛起,越来越多的自媒体人通过撰稿发布的形式在各种媒体上发布文章,同时利用文章内容及账户简介为微博增粉。以科技类媒体为例,自媒体人可通过在果壳网、虎嗅网等媒体网站上发布文章为自己增粉。

④ 视频平台。伴随着社交平台一起流行起来的还有视频类平台,越来越多的团队开始制作精品视频,通过社交媒体传播,带动粉丝的增长。

⑤ 博客、出版读物、口碑、搜索等其他方式增粉。除了以上几种外部导流增粉的方式以外,还有很多种形式,如个人博客文章、出版读物、粉丝口碑等方式,也可以为微博带来粉丝。

4. 内容增粉

当前移动互联网时代是一个以内容为王的时代,微博虽"微",但也不可以忽略内容的质量。微博的核心依然是内容。当在微博中发布用户喜欢的优质内容时,转发量才会增加,而看到的人多了,吸引来的粉丝也自然就多了。通过微博"头条文章"的形式,用户可以积极发布优质的文章内容来吸引粉丝。

利用名人效应,如明星或相应领域的专家,可以通过生产优质的内容来增粉。如果微博内容能让名人转发,名人的粉丝看到你的微博,自然会产生好奇心,转而关注你的微博,但前提是你的微博内容质量要好。100 个草根转发影响力不如一个真正有影响力的名人。通过内容增粉可以采取的方式：多与身边有影响力的人互动，持续输出有质量的微博内容；坚持与名人互动，如定期关注他的微博，积极参与他发起的话题，积极参与他们组织的线上线下活动等。

5. 微博活动增粉

微博活动的类型很多，用户往往愿意选择一些门槛低、有趣、有奖品的微博活动。

① 话题设计。无话题不活动，从多次的操作经验来看，话题的设计应该弱化商业属性，而是以轻松、有趣的内容为主题，这就非常考验策划人员的工作，既要考虑用户的感受，还要兼顾产品，只有二者完美结合才能吸引更多的微博用户。

② 奖品设定。用奖品及用户喜欢的东西吸引用户参与活动，这是很多企业在做活动时通常的做法，但如何低成本获得更好的效果才是关键。

③ 海报设计。海报的画面设计至关重要，如果海报需要承载引流的重任，不建议在图片上植入二维码或联系方式，因为这样是不会通过微博审核的，建议通过话术对用户进行引导。

另外，在每次活动过程中，精选两个大号进行推送。借助大号微博的力量来提升用户的参与度，并以此来导流也是可以尝试的。

由于影响微博活动效果的因素众多，所以目前没有直接的证据说明发布时间对微博活动的重要性。通过观察微博用户的日常活跃时间，更倾向于将微博活动发布时间选择在16：00至18：00之间。

6. 线下活动增粉

线下活动类型有线下分享会、公司内训和高校培训会等，如果活动能给人留下比较深刻的印象，会增加不少主动关注的粉丝，并且粉丝的互动性也会比较高，具有较强的黏性。线下活动增粉注意以下几点：线下活动开展过程中，务必在邀请函和现场海报留下微博信息；开场自我介绍中，介绍自己的微博；交流过程中，预设微博互动的方式；在活动结束时，邀请听众就未尽事项在微博中进行交流和互动；活动分享的资料里留下自己的微博联系方式。

4.4.3　用户激活

1. 热门话题主动转发

选择有吸引的话题（热点信息）进行转发，这样能够引发讨论。转发的微博都是话题，或者是可以让粉丝产生共鸣的信息，这些内容容易让粉丝主动帮你转发微博，从而激活更多的用户。

2. 提供知识技能

提供知识技能，让粉丝通过你的微博可以获得他想要的内容。甚至还可放置干货，引发下载。

3. 有奖活动

通过微博活动来维护粉丝，比如大转盘、抽奖等活动，让粉丝更愿意参与其中。

4. 通过回复进行互动

及时回复粉丝的留言评论，这样才能增加粉丝的黏性，让粉丝更愿意参与互动。当接到别人的@提醒，或者是评论信息，如果内容是你感兴趣的，第一时间回复很重要，快速回复往往让刚刚发表评论的人感到更加贴心，会让粉丝对你增添好感。也可以定期搜索与自己微博名称相关的信息，找出相关微博，主动和这些人进行互动。

对于粉丝的回复要真诚，言之有物；与粉丝互动要礼貌、克制；切不可在评论里和粉丝吵架。

5. 转发粉丝信息

对于粉丝的评论或是发表的相关微博，要选择性地转发或评论，让粉丝有存在感。同时加强互动，积极参与他人，尤其是忠实粉丝的微博互动，转发粉丝信息，增进彼此的感情。

6. 话题加强粉丝互动

制造一个话题加强粉丝间的互动，这个话题是可以共同参与的。话题要有话题性，有足够的讨论空间，如"#21 天改变自己#"，还可以在参与话题时，每条言论都配上生动的图片，图片更能吸引用户的目光。除了使用图片以外，还可以使用表情。例如，动态表情会显得言论更活泼，有意思的表情会让用户有兴趣浏览你的微博，微博中的粉丝自然会增加。

4.4.4 用户留存

1. 活动激励

（1）签到和日常任务领红包和积分

签到成功后，用户可以直接获得随机金额的签到红包，每次签到获得的红包金额可能不一样。通过日常任务，如刷微博、关注、点赞、转发微博、分享热门微博内容等获得红包和积分，红包可提现，积分可参与夺宝、竞猜、兑换、游戏、兑红包等活动。微博用户任务中心及积分乐园如图 4-45 所示。

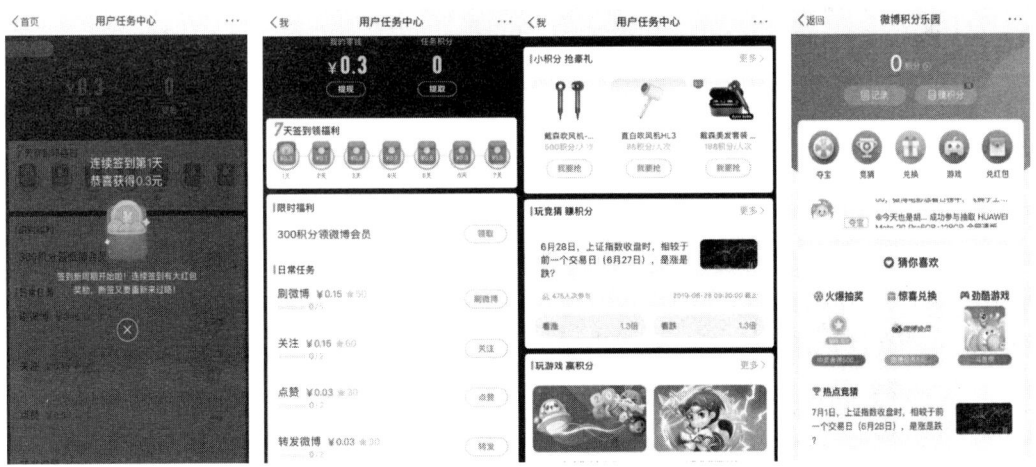

图 4-45　微博用户任务中心及积分乐园

（2）活动领红包

新浪微博做过给用户发红包来实现用户留存的活动。例如，2018 年，新浪微博通过弹窗给用户发了"领最高 100 元红包"的消息，还特意强调这是专属福利。还有 2019 年 6 月，发起"#微博抽百人送 5 万现金#"话题，进行"晒 6·18 购物账单赢万元回血现金"活动等。微博领红包活动页面如图 4-46 所示。

■ 新媒体运营

图 4-46 微博领红包活动页面

2．提升微博活跃度

微博具有强大的传播力，要想留存用户，提升微博的活跃度是关键。

（1）通过高效互动增加粉丝黏性

增加粉丝黏性的方法主要有写有吸引力的内容、多和粉丝互动等。互动的方式有评论+转发+私信+@提醒。通过互动增加粉丝黏性的微博示例如图 4-47 所示。

图 4-47 通过互动增加粉丝黏性的微博示例

（2）通过话题提升微博的转发量

话题可以是热点信息，有话题性、传播性，能够引发讨论和转发。例如，高考时期可以利用热点信息"高考"来提升微博的转发量，如图 4-48 所示。

图 4-48 通过话题提升微博转发量的示例

微博里有话题功能，可以把话题用"#"围住，引起更多人的注意，如图 4-49 所示。

图 4-49 微博里的话题功能

4.4.5 用户变现

1. 广告变现

据网络调查，一万粉丝的微博，每转发一条信息的价格是 20~30 元；真实活跃粉丝数量超过 60 万，转发微博报价为 2 000 元/条；真实活跃粉丝数量接近 50 万，转发微博报价为 1 500 元/条；真实活跃粉丝数量接近 30 万，转发微博报价为 1 000 元/条。理论上讲，一个一百万真实活跃粉丝的微博账号，一年能够获得 50 万元的收益。

2. 橱窗功能

微博后台在用户"管理中心"页面有微博橱窗功能，可以创建商品，也可直接导入淘宝和聚美优品的商品，完成后可在"TA 的橱窗"页面看到商品列表。微博后台管理中心"微博橱窗"设置页面如图 4-50 所示。"TA 的橱窗"页面如图 4-51 所示。

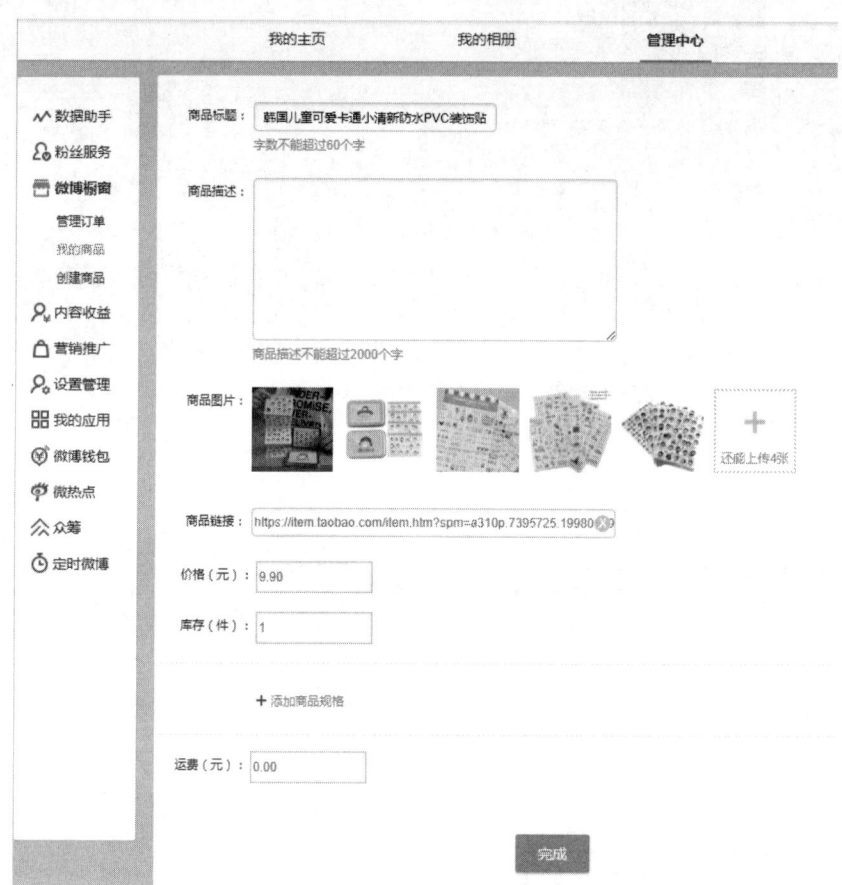

图 4-50　微博后台管理中心"微博橱窗"设置页面

图 4-51　"TA 的橱窗"页面

3. 微博内容收益

微博在发布文章时可以设置打赏功能。打赏按钮位于微博首页及微博正文页点赞处，手机客户端长按"赞"即会出现"赏"按钮。微博上获得收入的作者主要是头部作者及大 V。微博对于头部作者的定义：粉丝数量超过 2 万人或月均阅读量大于 10 万次，目前头部作者规模有 70 万人。头部作者之上还有大 V，粉丝数量超过 50 万人或月均阅读量大于 1 000 万次的微博大 V 用户数量接近 5 万人。微博的"打赏作者"功能如图 4-52 所示。

图 4-52　微博的"打赏作者"功能

4．电商变现

2018 年 V 影响力峰会公布了一组数据：2018 年微博赋能内容作者的收入规模已经达到 268 亿元。其中 254 亿元收入来源于电商变现，占比 94.7%，同比增长 36%。"双 11"期间，微博红人店 ASM ANNA 的排名超过韩都衣舍等知名品牌店，与微博有深度合作的红人电商机构几乎囊括了淘宝女装交易额排名前 30 名。对于大 V 来说，微博作为公众社交平台，能帮助他们积累并运营粉丝。通过电商平台实现变现的微博示例如图 4-53 所示。

图 4-53　通过电商平台实现变现的微博示例

5. 导流变现

微博是具有天然裂变性的一个开放且公众的自由平台，虽然也受到官方的很多规则约束，但是相对微信而言，其流量的传播和获取更为简单。因此，要善于运用微博，向其他平台导流，比如导流到微信、电商等平台。绝味鸭脖从微博导流到其官方旗舰店的文章如图 4-54 所示。

图 4-54　绝味鸭脖从微博导流到其官方旗舰店的文章

任务小结

1．微博的用户运营是指根据微博用户的发展规模，以用户行为数据为基础，了解用户特征。

2．微博的用户运营内容主要是用户获取、用户激活、用户留存和用户变现。

任务实训

1．列举比较典型的个人微博，分析其微博用户获取的方式。

2．写一条有关校园生活的微博，请全班同学进行评论，看看谁写的评论会被最先转发。

任务 4.5　微博的数据分析

📋 任务目标

知识目标：了解微博数据分析的意义。

能力目标：掌握如何分析微博的基本数据，熟悉微博的数据分析工具。

📋 任务导图

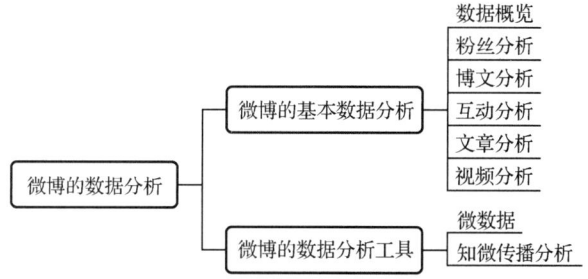

📋 任务实施

4.5.1　微博的基本数据分析

> 讨论 4-14：教师与学生一起查看某个微博账号的净增粉丝数、阅读数、转评赞数等昨日关键指标，说说这些指标各有什么作用？

微博的数据分析是指对微博内容、微博粉丝等基本数据的分析，通过对微博账号的对比、推广数据的分析，找出自己的优劣势，从而改进运营策略。如果想要分析单条微博的传播路径，则需要找出关键节点、转发次数、地域分布、性别分布等指标。通过数据找出问题所在，并尽快解决问题，这是微博数据分析最重要的目的。

微博管理后台提供了丰富的数据分析模块，有些数据分析模块需要付费，但大部分模块可以免费使用 7 天。微博后台提供的数据分析套餐包如图 4-55 所示。

图 4-55　微博后台提供的数据分析套餐包

运营者进入微博主页，执行"管理中心"→"数据助手"命令，就可以对微博基本数据进行整体分析。微博管理中心"数据助手"页面如图4-56所示。

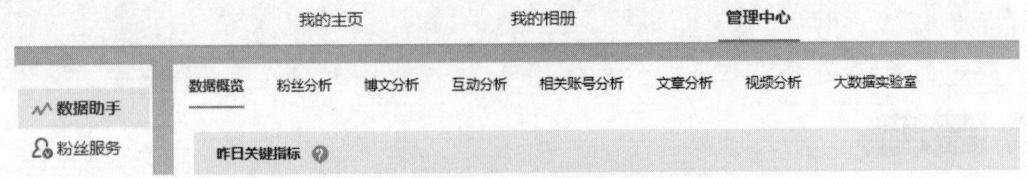

图4-56 微博管理中心"数据助手"页面

微博的基本数据分析包括数据概览、粉丝分析、博文分析、互动分析、相关账号分析、文章分析、视频分析和大数据实验室，下面仅对重要的数据分析功能进行介绍。

1. 数据概览

数据概览主要包括昨日关键指标，如图4-57所示。昨日关键指标可以一目了然昨天的基本数据，包括净增粉丝数、阅读数、转评赞数、发博数、文章发布数、文章阅读数、视频发布数、视频播放量等。在数据概览中，随着时间变化，运营者可以对上述指标进行进一步的分析，红色代表数据下降，出现了问题，绿色代表运营数据有所增长。通过客观数据找出差异，提升运营效率。

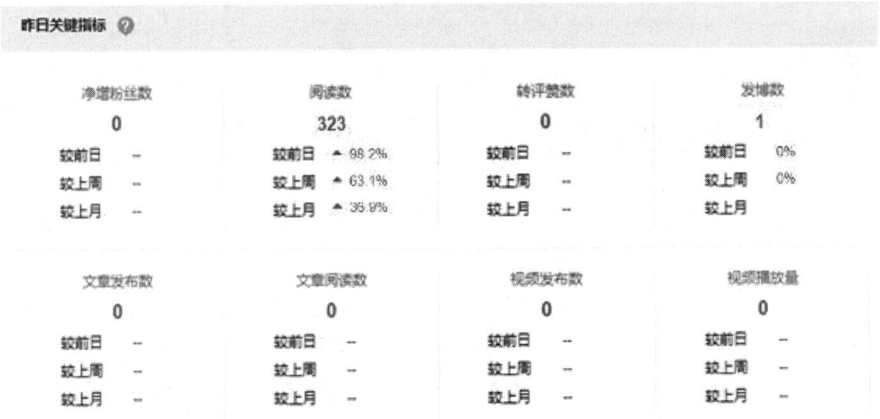

图4-57 昨日关键指标

2. 粉丝分析

微博粉丝分析数据有助于我们了解粉丝的喜好，可以更好地执行相关的运营工作。粉丝分析包含两大主要板块和3个小板块，两个主要板块是粉丝趋势分析和近7日取消关注的粉丝列表，3个小板块是粉丝趋势、活跃分布以及粉丝画像。其中粉丝趋势分析，可以提供近7天和近一个月的趋势分析，近90天和自定义数据以及导出功能都是付费用户才能使用的。"粉丝分析"页面如图4-58所示。

3. 博文分析

微博的博文分析包括微博阅读趋势、微博转发评论和赞的数据，还有单条微博的数据。这些数据中包含在新浪博客中发表的文章的统计数据。"博文分析"页面如图4-59所示。

项目 4　微博运营

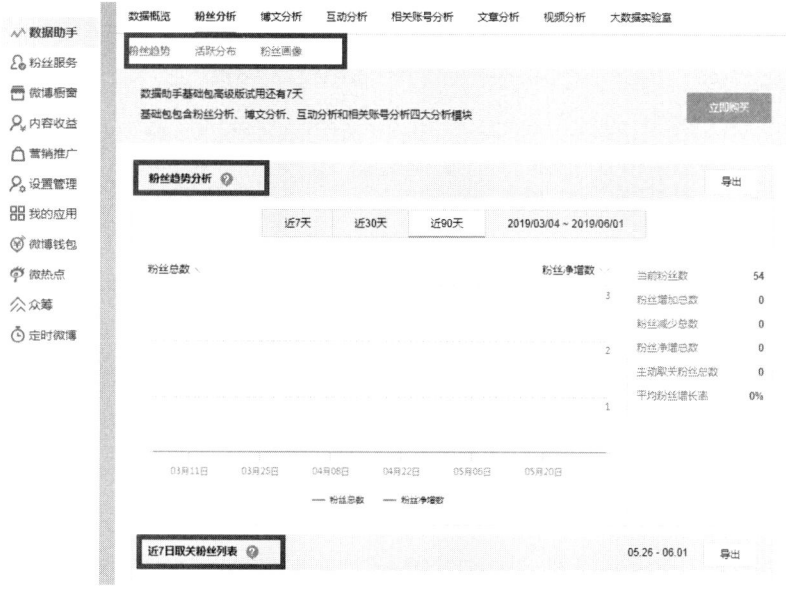

图 4-58　"粉丝分析"页面

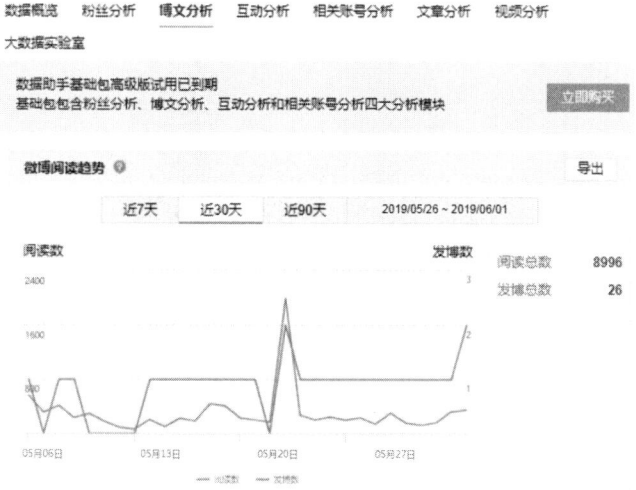

图 4-59　"博文分析"页面

4．互动分析

微博的互动分析基础板块主要包含 3 个模块：第一个模块是"近 7 天账号互动 Top10"，如图 4-60 所示；第二个模块是"我的影响力"，如图 4-61 所示；第三个模块是"我发出的评论"，如图 4-62 所示。

图 4-60　"近 7 天账号互动 Top10"页面

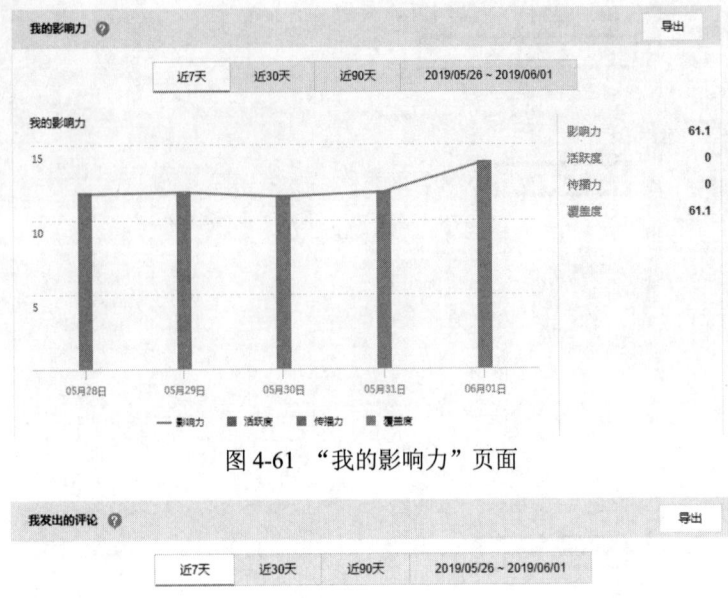

图 4-61 "我的影响力"页面

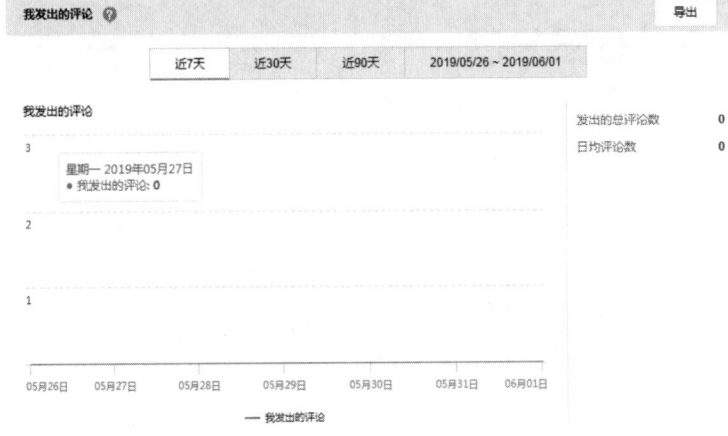

图 4-62 "我发出的评论"页面

5．文章分析

文章分析是指对新浪微博的头条文章进行分析，细心的运营者一定会发现了它的存在，"文章分析"页面如图 4-63 所示。文章分析模块包括某段时间内的文章发布数量和文章阅读数量，可对文章阅读趋势导出分析。

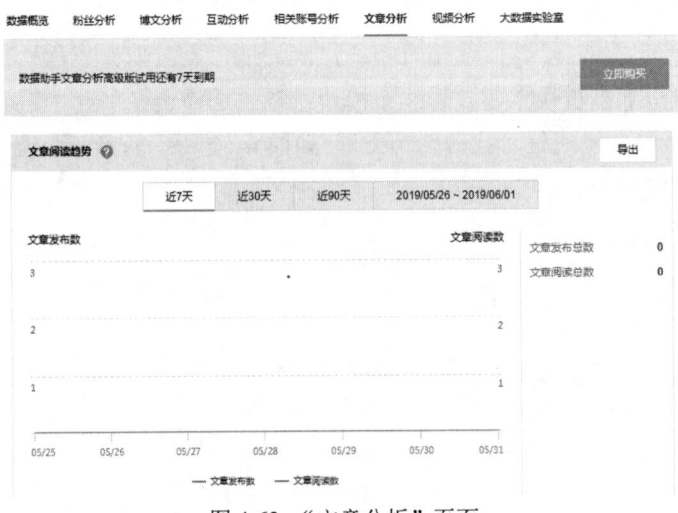

图 4-63 "文章分析"页面

6. 视频分析

视频分析模块可以对微博上发布的视频数量和播放数量进行统计。每个板块都可以对当前的数据一目了然，统计起来非常的便捷省时。"视频分析"页面如图 4-64 所示。

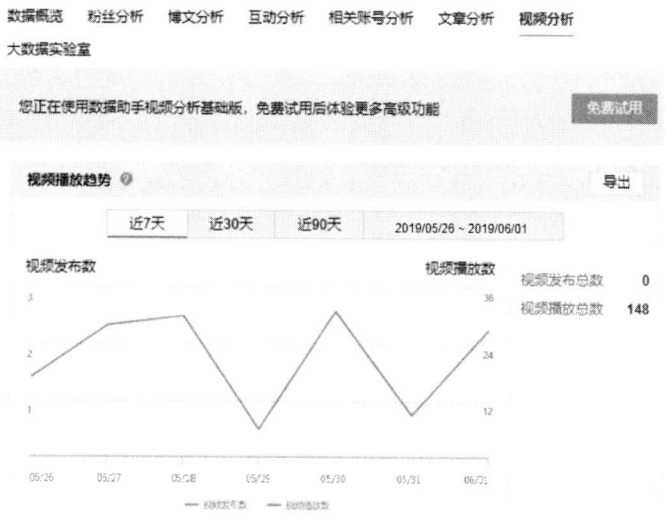

图 4-64 "视频分析"页面

想要做好微博运营，以上这些板块数据分析都必不可少。通过对每一个板块的数据分析，可以了解当前微博账号的问题，然后去解决它。

4.5.2 微博的数据分析工具

1. 微数据

新浪微博的微数据如图 4-65 所示，主要用于粉丝分析。可以了解微博的影响力、微博人脉、粉丝属性等数据。

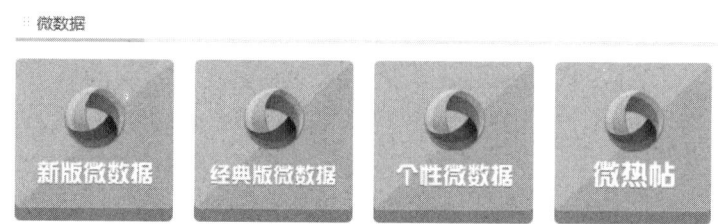

图 4-65 新浪微博的微数据

2. 知微传播分析

知微传播分析是目前一款微博传播分析的工具，它的分析功能包括总览、传播分析、参与者信息、引爆点、短链分析、水军分析、内容分析，是按照微博的转发数量进行计费的。知微传播的具体功能如图 4-66 所示。

模块名称	功能名称	功能说明
总览	整体评价	本消息在曝光量（未去重的转发者粉丝加和）、用户总评（用户活跃度、粉丝量等指标的加权平均）、情感值（正负情感）、内容分析（消息传播深度）四个维度，与行业标准的比较
	消息传播各项指标	包括用户质量、水军比例、短链点击数等的总体概述
	微力值	综合该消息的传播深度、广度及参与用户各项指标加权后得出的微博影响力总体评价
传播分析	转发时间趋势	各时段转发量数值及相应的参与意见领袖（KOL）
	关键账号	带来二次转发最多的前十个微博账号，及其传播路径
	转发层级分析	显示各层的转发数量
参与者信息	地域分析	转发者的所在省份，显示各省份的转发人数、比例、在全国的排名
	微博来源	转发者使用各客户端的比例分布
	认证·男女	转发者的性别比例、认证类型比例
	粉丝质量	所有转发者的粉丝的各区间分布
	活跃用户	极活跃用户、较活跃用户、活跃用户、不活跃用户的数量（根据大量采集的用户行为划分区段）
引爆点	引爆点	十大关键传播账号
短链分析	链接地址	所分析的微博中含有的短链接
	点击数	短链接被点击次数
	分享数	短链接在微博上的被分享次数
	评论数	短链接在微博上的被评论次数
	Referer来源	前五大短链点击来源
	点击地域分布	各省份点击该短链的用户的数量和比例
	点击/转发比例	各省份的点击用户数和转发用户数比例
水军分析	总体分析	给出无水军、疑似水军、轻度水军、重度水军判别
	水军危害	文字说明微博营销中常见水军的危害
	营销账号水军分析	给出该条微博转发者中的营销账号的水军比例
内容分析	情感值	该条微博转发中呈现的正能量、中性能量、负能量数值
	关键词/字	给出转发语中的高频词，并分别按序给出正面高频词和负面高频词，并可查看正面/负面高频词的提及次数，以及提及该关键词的微博
	提及关键词的转发	包括转发者、转发时间、微博地址

图 4-66 知微传播的具体功能

任务小结

1．微博基本数据分析包括数据概览、粉丝分析、博文分析、互动分析、相关账号分析、文章分析、视频分析和大数据实验室。

2．数据分析工具有用于粉丝分析的微数据，用于单条微博传播分析的知微传播分析。

任务实训

请登录个人微博，根据管理中心的数据助手里的数据，分析昨日关键指标、粉丝分析、博文分析、互动分析等相关数据，根据数据写出下一步的运营计划。

项目 5

抖音运营

抖音是一款可以拍短视频的音乐创意短视频社交软件,是一个专注年轻人音乐短视频社区的平台。用户可以通过这款软件选择歌曲,拍摄音乐短视频,形成自己的作品。

抖音的基本设置包括个人头像、昵称、账户签名、背景图的选择、认证及绑定关联相关账号等内容。

抖音的内容主要可分为 4 类:美好生活类、好玩类、猎奇类、技巧类。

抖音的用户运营包括用户获取、用户激活、用户留存、用户转化等内容。

任务 5.1　认识抖音

📋 任务目标

知识目标：了解抖音的概念、主要功能、特点和发展历程。
能力目标：分析抖音平台的发展趋势。

📋 任务导图

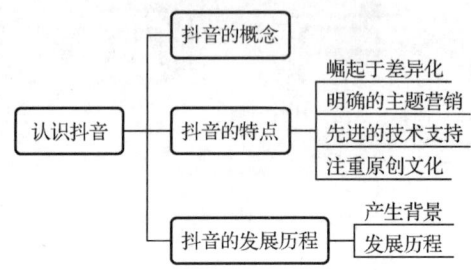

📋 任务实施

5.1.1　抖音的概念

> 讨论 5-1：1. 抖音是什么？2. 平时使用抖音主要用于哪些方面？3. 抖音流行的原因有哪些？

抖音，是一款可以拍短视频的音乐创意短视频社交软件，该软件于 2016 年 9 月上线，是一个专注年轻人的音乐、短视频社区的平台。用户可以通过这款软件选择歌曲，拍摄音乐短视频，形成自己的作品。

抖音上线以来，打出来的口号是"记录美好生活"，每个视频只需要短短的 15 秒，用户可以根据自己的喜好创作不同风格的视频。当然，抖音提供的技术特效功能，能够让用户在自己拍摄的视频上进行 DIY 创作，大大减少了由于复杂的后期制作而带来的流量流失。

5.1.2　抖音的特点

抖音 App 是一款社交类的软件。通过抖音短视频 App，你可以分享你的生活，同时也可以在这里认识更多朋友，了解各种奇闻趣事。

抖音实质上是一个专注年轻人的音乐短视频社区，用户可以选择歌曲，配以短视频，形成自己的作品。它与小咖秀类似，但不同的是，抖音用户可以通过视频拍摄快慢、视频编辑、特效（反复、闪一下、慢镜头）等技术让视频更具创造性，而不是简单的对嘴型。

抖音平台一般都是年轻用户，配乐以电音、舞曲为主，视频分为舞蹈派和创意派两类，共同的特点是都很有节奏感。也有少数放着抒情音乐展示咖啡拉花技巧的用户，成了抖音圈的一股清流。

抖音能在众多短视频中异军突起，主要有以下几点原因。

1. 崛起于差异化

抖音将产品定位标签化，产品不是面向所有用户，而是确定了特定的用户群。明确地走酷炫、新潮、优质音乐短视频的路线，符合年轻人追求个性的生活态度。"抖友"在录制短视频的基础上，选择不同风格的音乐，为自己的视频增添色彩，以此奠定自己在短视频领域的领头羊地位。

2. 明确的主题营销

每天都会有不计其数的视频上传至抖音平台，抖音将所有视频按主题进行归类，并定期推出视频标签，作为趋势潮流或内容主题。通过这种标签化、主题化的管理方式，得到了很多商家的认可。平台邀请了知名品牌人入驻抖音，创作更为火爆的视频，不但给平台带来新的流量，也增加了品牌的知名度。将视频制作的用户与粉丝转化成为其潜在的营销对象，是一场双赢的营销。

3. 先进的技术支持

抖音短视频软件采用了先进的搜索引擎，这是抖音的核心竞争力之一，这一点类似淘宝的千人千面。它通过用户过去的观看行为来确定将来推送给你的内容，进行特定用户的个性化推送。例如"推荐"内容选项，只能看到你关注的人发布的内容。通过这种方式，用户可以不断发现新的内容创作者，激发自己创作新潮流的小视频。

4. 注重原创文化

抖音之所以受用户的欢迎，不仅能够在每个阶段都可以保证自己独特的娱乐属性，而且乐于积极创新，紧跟用户需求，突出热点，时刻为用户提供新鲜感。抖音为此花费重金打造自己的"抖音曲库"，设置了"原创标签"音乐、视频证明等，形成了对原创文化的良好保护措施。

5.1.3 抖音的发展历程

1. 产生背景

自影像技术诞生以来，全世界范围内最受欢迎的短视频就是 MV（Music Video）。音乐MV 是所有短视频里最让人头疼的部分，随机对着镜头装模作样地演一下的人不少，能随时随地对着镜头说一段、唱一段的人不多。Dubsmash 的对嘴表演模式创造性地解决了这个问题，音频台词、剧本都给你写好了，你只要表演。而且音频时长很短，不到 10 秒，降低了表达成本，增加了内容趣味，恰巧因为这个低成本内容也变得容易扩散。

娱乐的方式有两种：一种是我为你们提供娱乐；一种是你们自己动手，自娱自乐。Dubsmash 是天生的 PGC（歌曲）+ UGC（视频）制造者。

波普艺术领袖安迪·沃霍尔曾经说过："每个人都可能在 15 分钟内出名。"而现在移动网络飞速发展，"每个人都可能在 15 秒钟内出名"，这句话说的就是抖音软件。目前抖音主流的短视频时长为 15 秒钟，15 秒钟时间很难展现出完整的故事情节。虽然只是展示了一个个小小的片段，却是精华的集合，能够直接刺激用户大脑的兴奋点。15 秒钟便遇上一个新的兴奋点，这就是网民对抖音视频上瘾的原因。

2. 发展历程

作为时下最火短视频软件之一，毋庸置疑，抖音受到年轻用户的喜爱。不但国内，国外亦是如此。根据 Sensor Tower 的数据，仅 2018 年第一季度，抖音软件的全球下载量便达到了 4 580 万次，远远超过 Facebook、YouTube 等社交软件的下载量。抖音上线以来的大事件一览表如表 5-1 所示。

表 5-1 抖音上线以来的大事件一览表

序号	时间	抖音发展历程时间节点
1	2016 年 9 月	抖音短视频 App 正式上线
2	2017 年 3 月	通过明星转发，抖音短视频进入公众视野
3	2017 年 4 月	与《明星大侦探》《中餐厅》等综艺节目进行合作并深度植入广告
4	2017 年 9 月	首支创意 H5《世界名画抖抖起来》在朋友圈刷屏
5	2017 年 9 月	抖音嘉年华 IDOU 之夜盛大举办，300 位抖音网红齐聚北京
6	2018 年 2 月	春节期间，联合 12 位明星/名人发起抖音红包活动
7	2018 年 3 月	抖音进行品牌升级并发布最新 Slogan "记录美好生活"
8	2018 年 5 月	抖音邀请社会各界、广大用户代表和专家学者，面对面地研讨，拟订《抖音社区公约》
9	2018 年 6 月	国资委新闻中心携中央企业媒体联盟与抖音签署战略合作，首批 25 家央企集体入驻抖音
10	2018 年 7 月	抖音上线官方推广任务接单平台——星图平台
11	2018 年 11 月	抖音平台 MAU（月活跃用户数量）达 4.5 亿人，DAU（日活跃用户数量）达 2 亿人，日均视频播放量 200 亿次

任务小结

1. 抖音以"记录美好生活"为口号，是一个旨在帮助大众用户表达自我，记录美好生活的短视频分享平台。应用人工智能技术为用户创造丰富多样的玩法，让用户在生活中轻松快速地产出优质短视频。

2. 数据显示，抖音俨然已经成为爆点内容的制造器。抖音信息流广告，将广告主投放的视频广告在抖音推荐频道的信息流中进行展示，同时支持从视频广告点击跳转至广告主设置的落地页，帮助广告主在抖音实现营销推广的目的。

3. 数据显示，抖音实现用户进阶，从"年轻"到"普世"，基本实现全年龄段覆盖。女性用户比例略高于男性用户，从一二线城市为主导，迅速扩展到三四线城市。

任务实训

请注册一个抖音账号，登录账号后，搜索几个感兴趣的关键词，并关注 3～5 个抖音号，对比之前学习的其他新媒体平台，简单描述抖音短视频平台的使用体会。

任务 5.2　抖音的基本设置

任务目标

知识目标：了解抖音的基本设置。
能力目标：掌握抖音的设置技巧。

任务导图

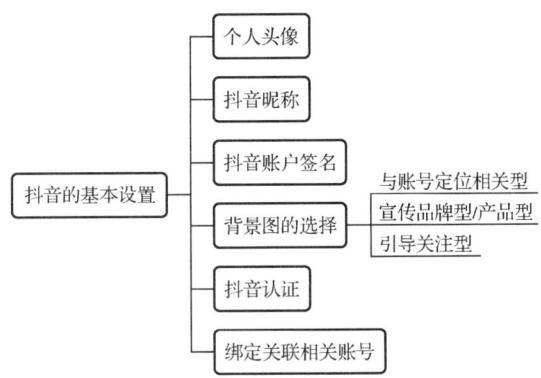

任务实施

5.2.1　个人头像

讨论 5-2：如何设置抖音才能吸引粉丝的关注和提升推荐机会呢？

头像的选择有两种：一种是真人照片；一种是领域相关照片。真人照片更容易吸引用户的注意，大家一看到头像是帅的、美的、有个性的，很容易点击进入主页。若主页内容又不错，就很容易转化为粉丝。最典型的就是网红开设的账号，几乎全部都是真人头像。抖音"明星爱 DOU 榜"页面如图 5-1 所示。

图 5-1　抖音"明星爱 DOU 榜"页面

如果你的账号是定位于某一个垂直领域的，那么头像就应该设置成跟你的领域相关的图片。比如：你是想打造一个宠物知识分享的账号，那么你的头像可以是一个可爱、萌萌的宠物；如果是做与美食相关的账号，可以是一张与食物有关的照片；等等。图像为垂直领域相关图片的账号如图 5-2 所示。

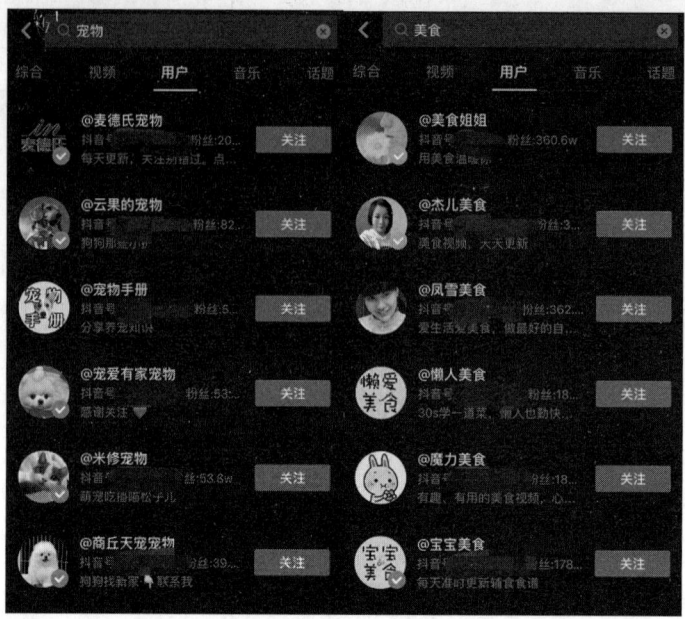

图 5-2　图像为垂直领域相关图片的账号

5.2.2　抖音昵称

关于抖音短视频账号的昵称，好记、好输入是重点。比如，"成都小甜甜"就是一个非常有特征，而且易于记忆的名称。还有一些个人自媒体账号，比如"跑腿界的彭于晏""会唱饭的王小潮"等，都是简单好记，从昵称就能判断是做什么的。

如果是定位垂直领域的账号，昵称里面要包含垂直领域的某些关键词。比如，如果想打造一个情感账号，可以采用"情感信箱""情感疗伤""晚间情感电台"等；如果想打造一个护肤账号，可以采用"每日护肤""护肤小百科"等。

账号昵称主要是突出账号的标签性质。这个要结合账号的内容定位来设置。垂直领域账户昵称设置如图 5-3 所示。

最简单的抖音短视频运营账号设置方法，就是直接在抖音搜索垂直领域的相关关键词，参考别人的昵称，来获取更多起名灵感。毕竟头像就是我们品牌的 Logo，名字就是品牌标识。

账号昵称的宗旨：保持头像、昵称标签的一致性。

如果有明确的品牌名称，也可以直接用品牌词，或者用品牌词+运营主体词。比如，网易严选、网易云课堂、网易云音乐、小米手机等。

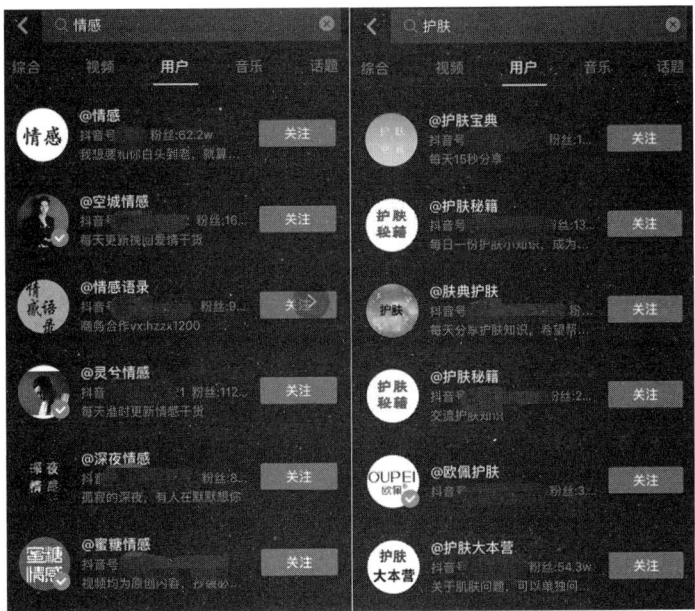

图 5-3　垂直领域账户昵称设置

5.2.3　抖音账户签名

抖音账户签名（简介）需要根据人物/品牌定位，突出 2~3 个特点，一两句话就好，不用太长，否则不方便记忆。

比如，支付宝抖音账号的个性签名是：就是你们熟悉的那个支付宝，如图 5-4 所示。

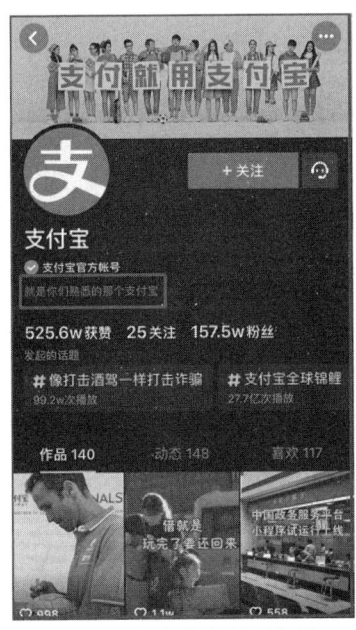

图 5-4　抖音签名展示位置

因为支付宝在微博、公众号、知乎等平台都有入驻，并且各个平台的官方账号都运营得非常成功，尤其是微博和微信公众号拟人化运营，以及风趣、幽默、搞怪的抖音短视频运营，吸引了一大波的粉丝的关注。

抖音火了之后，支付宝火速入驻抖音。从最开始的签名"本宝宝还没有想到个性签名"到后来的"就是你们熟悉的那个支付宝"，又成功地玩了一把留粉的抖音短视频运营营销。

如果是做吸粉引流的抖音账号，个性签名里刚开始时不要留任何联系方式，因为前期是吸粉阶段，等粉丝数量慢慢增加了，再留微信号也不迟。留微信号最好不要出现"微信"二字，而是用"❤：××××"的方式。当然，签名里面也可以诱导别人添加你为好友。比如，你想打造一个护肤网红，那么你平时肯定是发一些跟护肤相关的内容，你的签名里面可以写：大家有皮肤方面的问题，可以咨询❤：××××（微信号）。这样给人感觉是你留这个微信号，是为了给大家解答皮肤问题的，而不是卖产品给他们。这是很多做抖音短视频运营时的引流方法。

当然，还有其他的签名编辑小技巧，大家举一反三地去运用即可，多参考、多模仿，然后将自己的定位细分化、垂直化。最终的目的只有一个，那就是想尽办法把粉丝导流到你的变现平台上。

5.2.4 背景图的选择

既然是做抖音短视频运营，当然任何一个细节都不能放过，背景图也是如此。

1. 与账号定位相关型

背景图与账号定位相关型的抖音账号有许多，比如如图 5-5 所示的与账号定位相关的背景图中，左图是做美甲的一个账号，其背景图就是直接与账号定位相关的一张美甲照片；右图是短视频自媒体大号李子柒的抖音号，李子柒的视频特征就是古风风格，所以选择的封面图是一张她本人的古风风格照片，也非常有辨识度。

图 5-5 与账号定位相关的背景图

2. 宣传品牌型/产品型

企业蓝 V 号或品牌抖音账号使用宣传品牌型/产品型背景图比较合适。这样可以是宣传自己的品牌文化、企业愿景。比如，福特汽车的背景图"进无止境"。小米手机的背景图是小米 9

手机。宣传品牌型/产品型背景图如图 5-6 所示。

图 5-6　宣传品牌型/产品型背景图

3．引导关注型

背景的设置可以简单粗暴，直接引导关注，吸粉引流。这种方式适合网红或是用来给微信引流的账号。

以上三种背景图的设置方法，大家可以根据自己账号的定位来进行选择。设置方法也非常简单，先保存一张要用来作为背景图的图片在手机相册里，然后直接长按背景图，选择一张上传即可。

5.2.5　抖音认证

抖音认证的类型有两种：一种是个人身份认证；一种是企业认证。加 V 后的抖音账号权重会提升很多，有助于排名的提升与平台流量的分配。所以，有条件的运营者可以自己申请抖音加 V 认证。

不过加 V 认证对于普通人来说门槛稍高一点。比如，以个人的身份认证，想认证某个领域的自媒体，你必须是该领域的知名人士，而且要提交相关资质证明你是专业人士。不过，如果你之前有微博有认证的话，抖音认证相对也比较容易。比如，营销大咖杜子建、短视频自媒体网红李子柒等，另外，抖音现在也有不少明星入驻并认证了。

企业认证对于企业来说比较有用，企业认证的昵称必须是官方化。如果有条件开通企业号的话，还是比较有优势的，包括蓝 V 认证标识、搜索排名靠前、购物车功能、个人主页自定义、60 秒长视频开通、视频置顶权益、主页链接跳转、POI 认领、DOU+工具、私信自定义及粉丝精细化管理等权益。尤其是 DOU+这个工具，是抖音平台上推出的促进更高效传播的工具，可将视频推荐给更多兴趣用户，以期提升视频的播放量和互动量，帮助企业更好地进行内容运营和品牌建设。此外，这款工具在抖音短视频 App 内可直接操作，使用起来十分便捷。

5.2.6 绑定关联相关账号

绑定关联相关账号包括绑定手机号、绑定 QQ 号、绑定微信、绑定微博、绑定今日头条……特别是要记得绑定今日头条双通道展现,这样作品推送就多很多。绑定方法也很简单,打开抖音,点击右下角"我"按钮,然后选择右上角三个小点标识"…",进入"设置"页面,选择"账号与安全"选项;"账号与安全"页面就有绑定入口及认证入口,如图 5-7 所示。

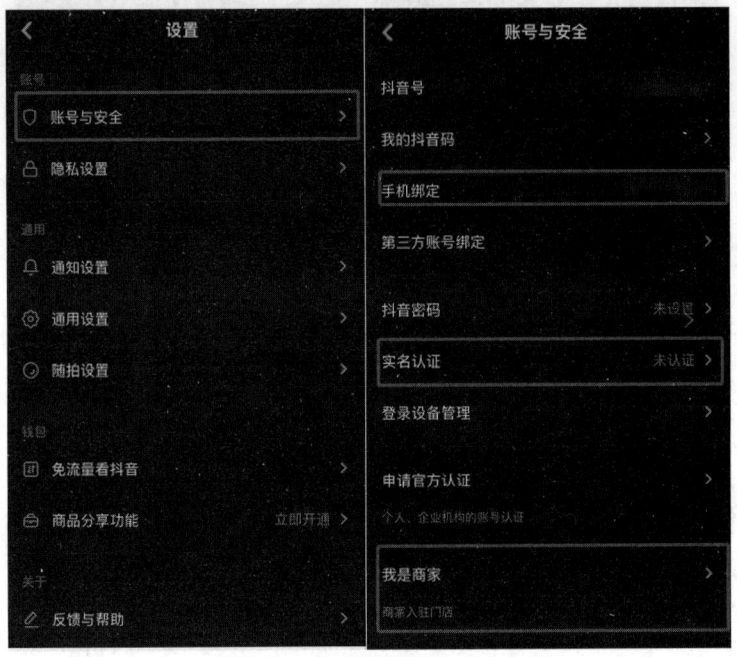

图 5-7 抖音"账号与安全"页面

以上就是一个抖音短视频运营个人主页的关键要素,当然,编辑个人资料里面还有学校、性别、生日、地区等信息,根据实际情况填写就好。编辑个人资料时,尽量把所有需要填空的地方都填满,这样机器会判定你是一个正常的、资深的抖音玩家,初始推荐量才更有保障。

任务小结

1. 抖音的基本设置主要包括个人头像、昵称、账户签名、背景图的选择、认证和绑定关联相关账号 6 个方面。
2. 抖音的头像设置要做到"吸睛",结合账户的定位选择合适的图片。
3. 抖音昵称设置要反映自己的特征,签名则要反映个人/品牌的特点。
4. 抖音背景图选择要有技巧,做到有一定的代表性、引导性。
5. 抖音账户能加 V 的尽量加,以便获得更多的平台流量资源。

任务实训

请使用个人注册的抖音账号,熟悉个人抖音账户个人头像、昵称、账户签名、背景图、认证和绑定关联账号的设置流程。

任务 5.3 抖音的内容运营

📔 任务目标

知识目标：了解抖音的内容制作方法、运营技巧。
能力目标：熟练掌握抖音的内容发布方法。

📔 任务导图

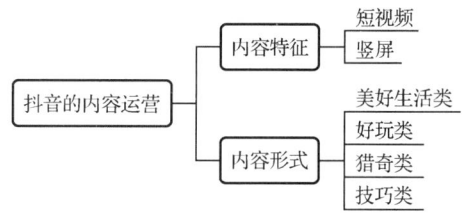

📔 任务实施

5.3.1 内容特征

1. 短视频

自 2017 年以来，以快手、抖音为代表的短视频类 App 异军突起，短视频增长速度快，正处于爆发期。在不断侵占用户使用时间的同时，也在侵占其他应用的市场份额。短视频已经成为用户重要的娱乐场景之一。中国移动互联网二级细分热门行业使用时长占比如图 5-8 所示。

图 5-8 中国移动互联网二级细分热门行业使用时长占比

最开始，抖音平台上的视频时长仅为 15 秒钟，只有粉丝量超过 1 000 人的账号才有权限申请开通 60 秒钟以内的短视频。抖音为内容创作者开通 5 分钟长视频权限，目前开放范围仅限于知识类创作者，包括抖音科普顾问团（首批成员包括 13 位两院院士、25 位专家），以及

"DOU 知短视频科普大赛"通过初选的参赛队伍。

2. 竖屏

短视频的平台迅猛发展，分走了移动互联网用户的大量时间，而这些时间又大多数被时间不长的竖屏的视频分走。如果你开始留心的话，会发现用手机观看的视频中竖屏的比例正在提高。不仅是抖音、快手、微博、优酷等产品中也开始出现竖屏视频的身影。用户竖屏视频使用习惯及特点如图 5-9 所示。

图 5-9　用户竖屏视频使用习惯及特点

5.3.2　内容形式

根据海马云大数据《2018 抖音研究报告》，头部视频按点赞数分类排名前四的是：美好生活类、好玩类、猎奇类、技巧类。头部视频按点赞数分类如图 5-10 所示。

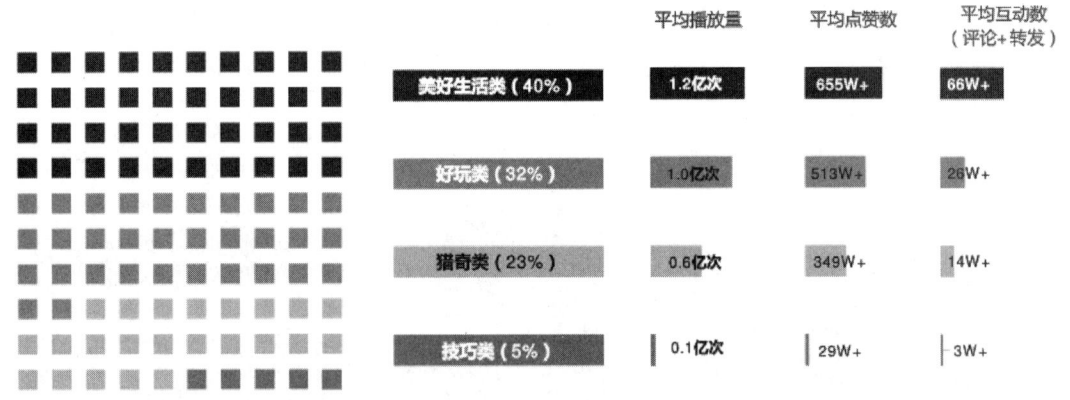

图 5-10　头部视频按点赞数分类
（数据来源：海马云大数据《2018 抖音研究报告》）

1. 美好生活类

美好生活类主要包括记录生活类、萌娃萌宠类、高颜值类、旅行美景类、美食美景类等类型，如图 5-11 所示。

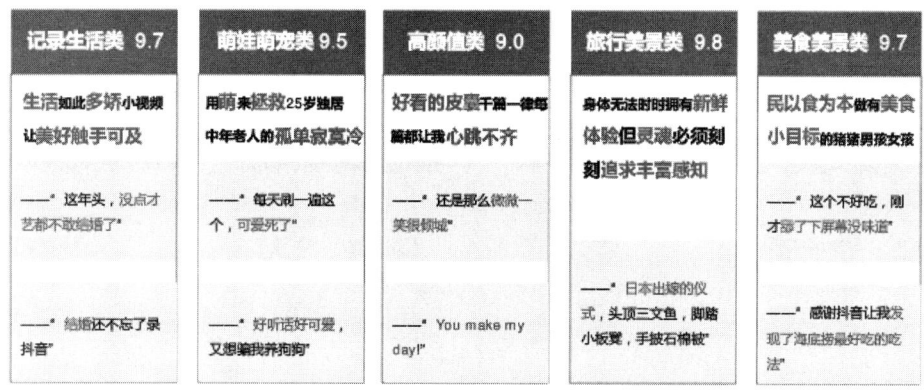

图 5-11 美好生活类视频

2．好玩类

好玩类主要包括搞笑类、套路类等类型，如图 5-12 所示。

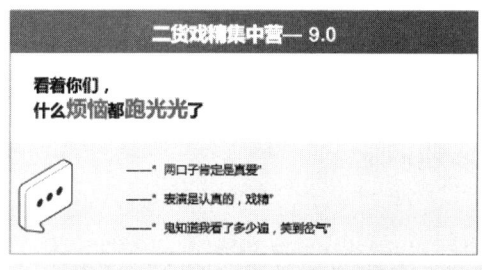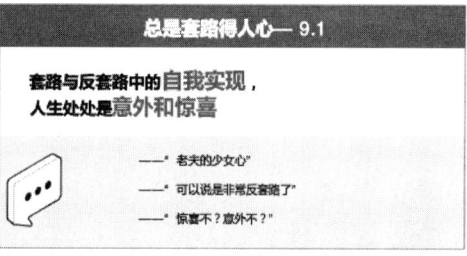

图 5-12 好玩类视频

3．猎奇类

猎奇类主要包括炫技类、创意惊奇类等类型，如图 5-13 所示。

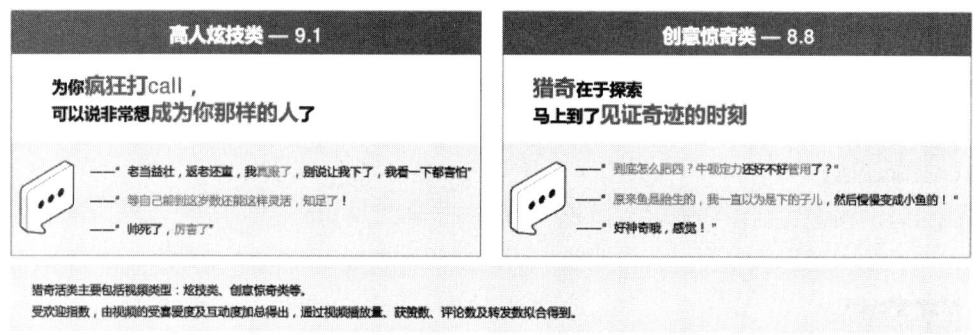

图 5-13 猎奇类视频

4．技巧类

技巧类主要包括时尚美妆类、健身类、生活技巧类、专业教程类等类型，如图 5-14 所示。

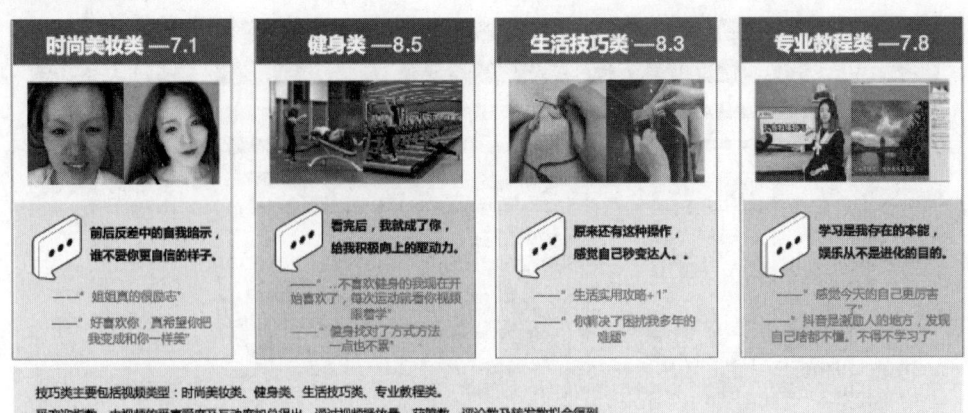

图 5-14 技巧类视频

技术流都有强大的后期能力,他们能够将一些非常简单好玩的视频,加以强大的后期渲染之后,变得惊险又刺激,让人的感官感受非常不一样。抖音平台本身也提供了非常多的技术类工具支持,让技术流视频的拍摄变得越来越简单,如图 5-15 所示。

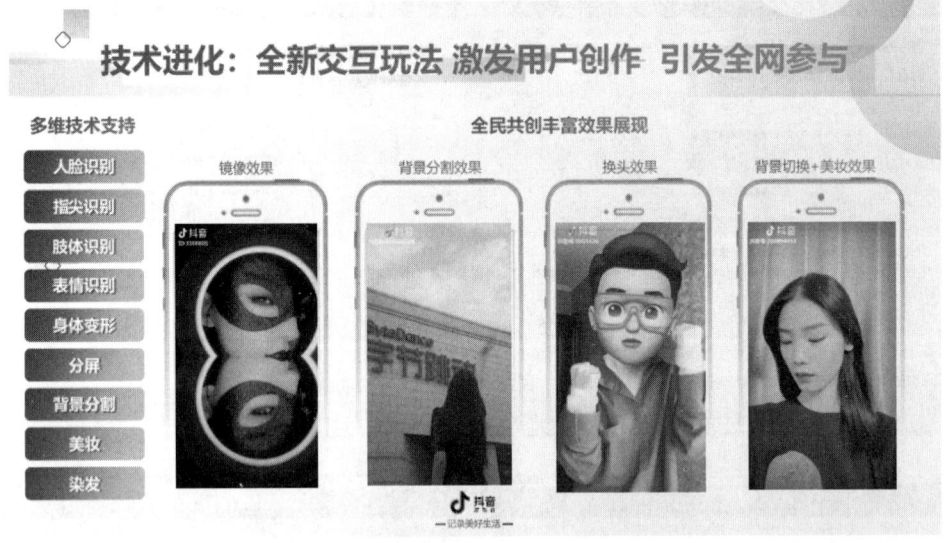

图 5-15 抖音平台的技术类支持工具

任务小结

1. 抖音的内容特征主要表现为短视频和竖屏。
2. 抖音的内容形式主要可分为四类:美好生活类、好玩类、猎奇类和技巧类。

任务实训

通过网络搜索抖音平台发布的抖音《2019 年短视频营销通案》并仔细阅读,谈谈对目前抖音运营模式的一些看法。

任务 5.4　抖音的用户运营

任务目标

知识目标：了解抖音用户运营的概念。

能力目标：熟悉抖音用户运营的内容，掌握抖音用户运营的技巧。

任务导图

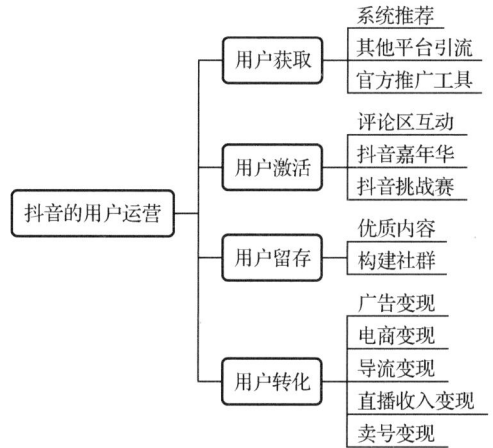

任务实施

5.4.1　用户获取

1. 系统推荐

抖音是基于平台分发模式来分发内容的，首页除了基本功能菜单以外，只有关注和推荐两个栏目，关注是你已经关注的账号的视频推荐。推荐栏目主要受内容质量影响，可操作程度较高。所以，能够获得系统推荐，意味着能够获得更多的流量。

想要获得更多的推荐，首先需要弄清楚抖音的推荐机制。抖音的分发机制与今日头条的一样，由上传检测、匹配分发、测试数据、持续推荐 4 个环节组成，如图 5-16 所示。

- 审核机制：抖音跟今日头条一样，审核也分为机器审核和人工审核。一般都是机器审核为主，人工做一些机器无法判断的审核。在机器审核的算法中有一个拦截库，视频发布后立即进入审核状态，机器自动比对视频标题、内容，看是否能跟数据库里的标题、内容匹配上，如果能匹配，那么就不通过审核。
- 消重机制：就是消除重复视频。如果你的视频是别人发过的，那么被推荐的可能性会降低许多，所以原创是非常重要的。这里的重复视频，包括搬运别人的视频，以及高度相似的视频。
- 特征识别：当视频通过了审核以后，抖音系统会根据视频的内容和标题，对这条发布的视频打标签，并匹配相关的用户人群，准备推送这条视频给这部分人群。
- 推荐机制：考虑到通过特征识别出的标签不一定完全跟要推送的用户兴趣匹配，所以系统采用分批次阶段性地推送给用户群。通常来说，先推送给一小部分用户（比如100个人），如果其中有10%的互动，那么就说明可能推荐得比较准确，系统会自动扩大推送范围（比如1 000个人），如果仍然有10%以上互动，那么就继续增加推送量。这里的互动指的是播放完成率、点赞、评论、分享。

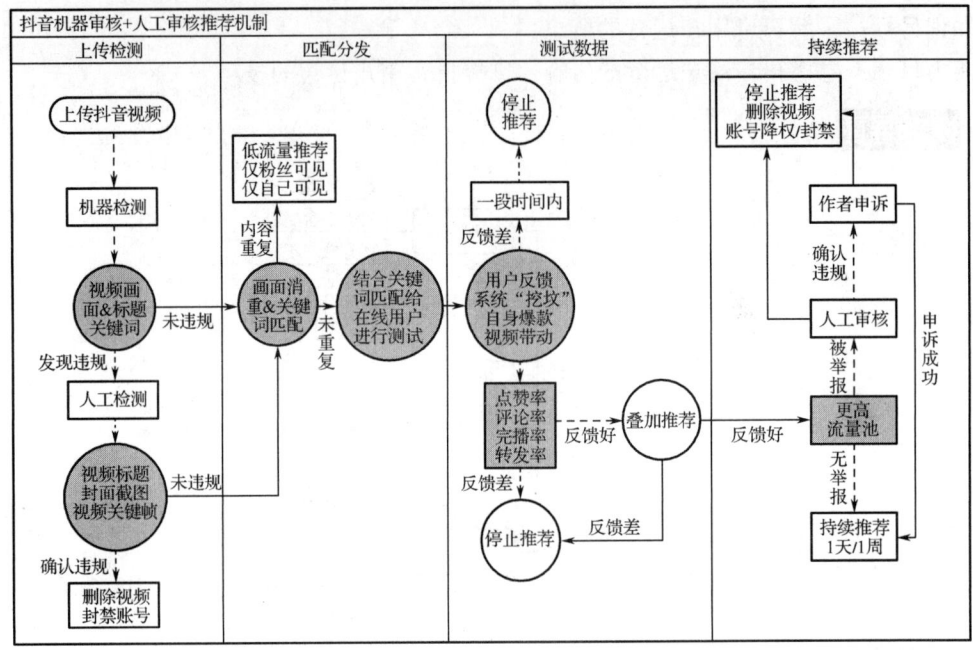

图 5-16 抖音的分发机制

2. 其他平台引流

利用其他平台为抖音引流是一种快捷和有效的涨粉方法。例如，钉钉、支付宝都在微信公众号上发布了引流推文。钉钉在微信公众号上发布的引流推文如图 5-17 所示。

图 5-17 钉钉在微信公众号上发布的引流推文

3. 官方推广工具

（1）DOU+

为了让抖音企业号快速获得用户关注，抖音上线了第一个付费推广工具 DOU+。DOU+只针对抖音企业号，品牌可以付费增加在抖音推荐信息流的曝光次数，获取更多用户的关注。DOU+推广的视频没有"广告"标识，推广结束后还能看到你花费的钱究竟获得了多少展示量、播放量、互动量（关注、转发、分享数据）。抖音企业号付费推广的订单页面如图 5-18 所示。

图 5-18　抖音企业号付费推广的订单页面

（2）抖音企业号广告

抖音企业号越来越多，DOU+这种简单的推广方式开始渐渐不能满足品牌的精确需求，抖音团队正式在 2019 年 1 月上线了抖音企业号广告，接入了头条商业广告体系。相比较 DOU+只能设置"性别、年龄、地域"三种定向条件，抖音企业号广告基本能适用十多种的推广广告定向条件，抖音企业号广告"用户定向"页面如图 5-19 所示。

图 5-19　抖音企业号广告"用户定向"页面

品牌除了能够根据目标用户设置更加贴切的用户定向条件以外，还能从后台获取多个维度的广告推广数据。数据维度包括省级地域分布、兴趣分类分布、性别分布、年龄分布及设备分布等，如图 5-20 所示。

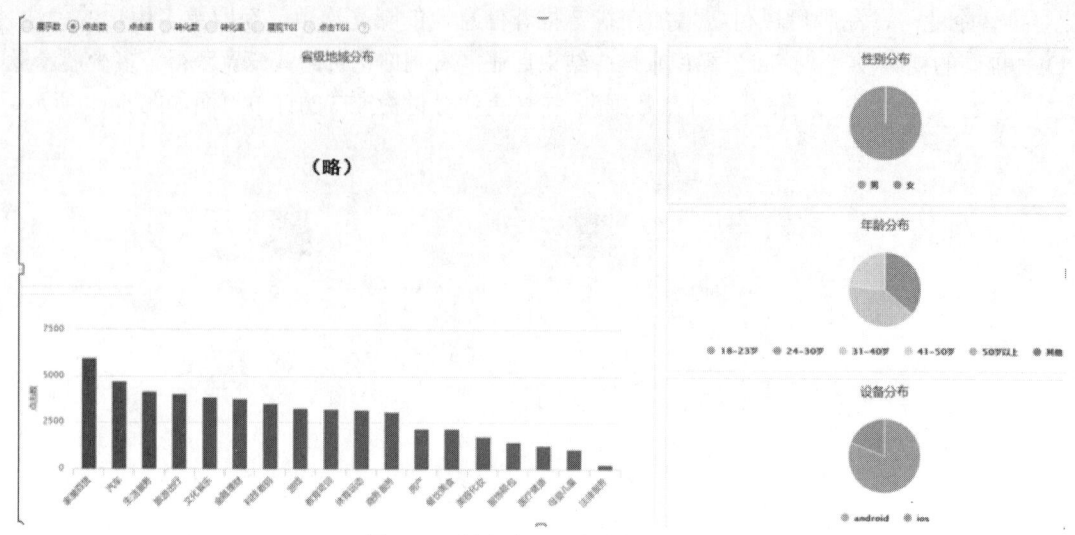

图 5-20　抖音企业号广告推广数据

5.4.2　用户激活

1. 评论区互动

在抖音下面每一条评论，都要尽量回复，这是品牌用户激活的一个非常重要的方法。抖音"评论"页面如图 5-21 所示。

图 5-21　抖音"评论"页面

2. 抖音嘉年华

抖音嘉年华作为抖音全年最大的盛会活动,每年盛大举办一次。活动时抖音全部资源线上支持,品牌全面植入。同时,抖音嘉年华活动是抖音红人跟粉丝见面互动的好机会,这也是广告主进行广告植入,在抖音刷存在感、跟大家套近乎的最佳机会。抖音嘉年华活动如图 5-22 所示。

图 5-22　抖音嘉年华活动

3. 抖音挑战赛

抖音挑战赛是抖音官方为企业提供的一种新型的、独特的营销模式。挑战赛号召抖友们通过一首歌或短视频的方式参与话题讨论,让企业的品牌得到更广泛的传播。与抖音官方合作定制挑战赛主题,可以激发用户与品牌的互动。抖音挑战赛活动如图 5-23 所示。

图 5-23　抖音挑战赛活动

5.4.3 用户留存

1. 优质内容

保持稳定、优质的内容输出,是用户留存的关键。例如,联想的抖音号,截至 2018 年 3 月 28 日,共发布了 348 个作品,平均在 3 000 个赞左右,固定女生出镜,以趣味的方式展现联想的各类产品。而 adidasneo 抖音号,以时尚穿搭的生活方式为主题,精心制作每一期内容,这个值得所有品牌主学习。稳定、优质内容输出的抖音号如图 5-24 所示。

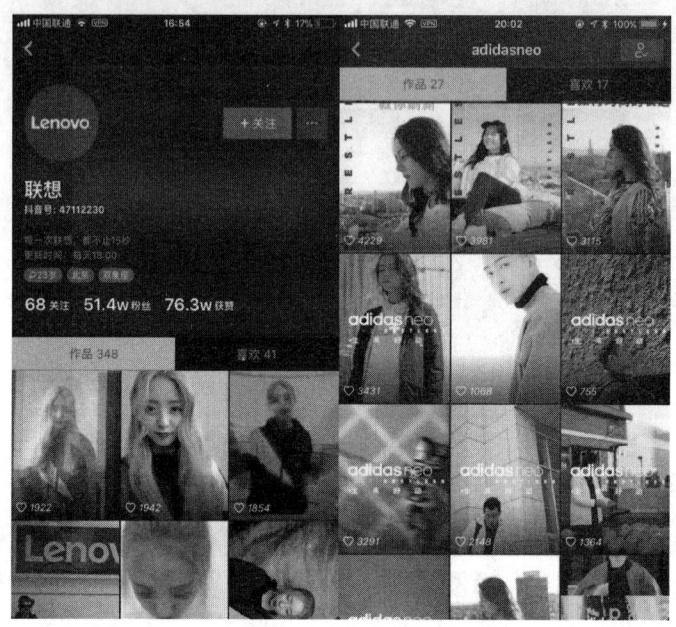

图 5-24 稳定、优质内容输出的抖音号

2. 构建社群

抖音直播间中有一个叫"抖音粉丝团"的功能,用户支付一定的抖币即可加入。"抖音粉丝团"页面如图 5-25 所示。

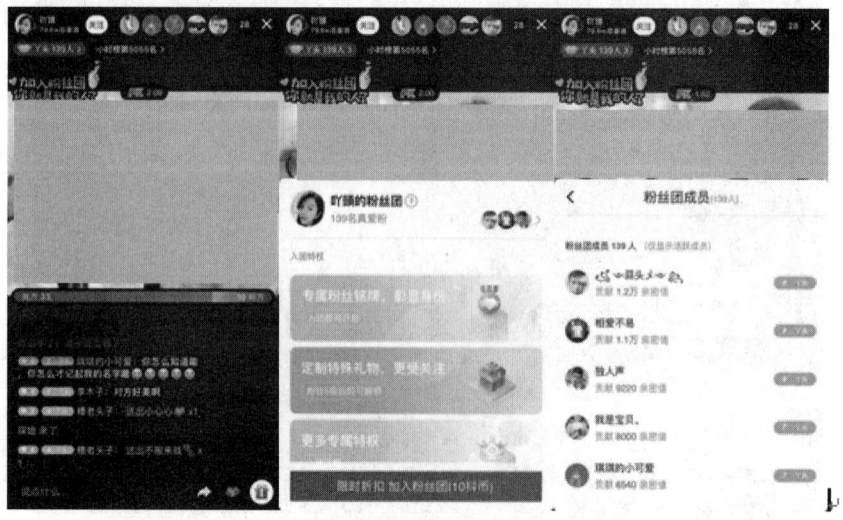

图 5-25 "抖音粉丝团"页面

5.4.4 用户转化

1. 广告变现

在拥有一定的粉丝数量和知名度以后,抖音红人首先接触的第一个变现方式必然是广告。对他们来说,这也是最容易操作的一种赚钱方式。广告变现方式如图 5-26 所示。

图 5-26　广告变现方式

2. 电商变现

抖音为用户设置的商品橱窗功能,开通商品橱窗功能要求:粉丝不低于 3 000 个;实名认证;至少在抖音上发布 10 条视频。达到这 3 条要求之后,就可以自己申请开通。开通了商品橱窗功能后,在昵称下方就会显示商品橱窗的链接,点击进去后就会出现相应的商品栏目。电商变现方式如图 5-27 所示。

图 5-27　电商变现方式

3. 导流变现

导流变现模式主要有两种：一是引流到微信等其他新媒体平台进行变现；二是引流到线下实体店变现，比如抖音号答案茶等。导流变现方式如图 5-28 所示。

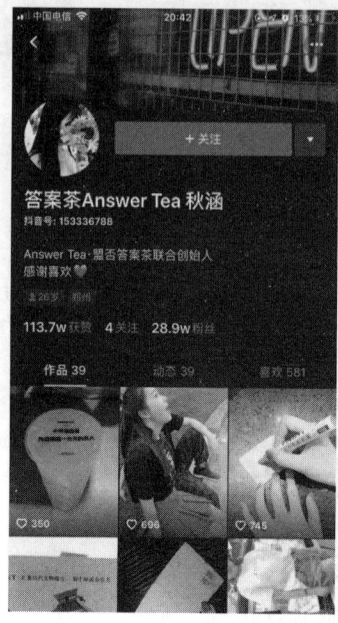

图 5-28　导流变现方式

4. 直播收入变现

抖音开通直播权限必须满足两个条件：最少上传 1 个视频（多多益善）；粉丝数量达到 1 万人（一天内就能收到邀请，满足 1 万人也可主动申请直播权限）。直播过程中可以通过卖货变现，也可以通过粉丝打赏变现。直播收入变现方式如图 5-29 所示。

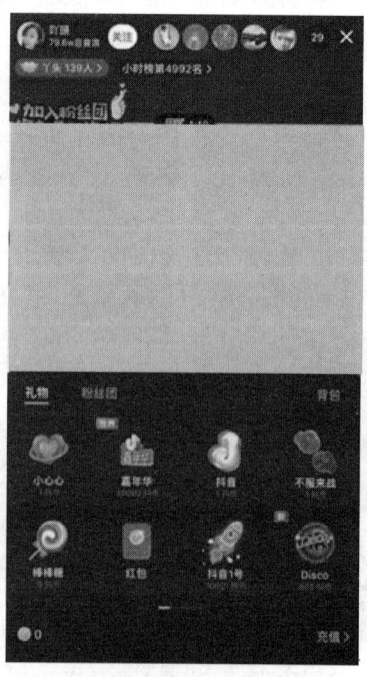

图 5-29　直播收入变现方式

5. 卖号变现

市面上许多平台都提供抖音号的转让服务。根据所属行业、活跃度等的不同，价格差异较大，价格一般是 0.01～0.05 元/粉丝。卖号变现服务页面如图 5-30 所示。

图 5-30　卖号变现服务页面
（资料来源：鱼爪新媒）

任务小结

1. 抖音用户获取方式主要包括系统推荐、其他平台引流、官方推广工具等。
2. 抖音用户激活方式主要包括评论区互动、抖音嘉年华、抖音挑战赛等。
3. 抖音用户留存方式主要包括优化内容、构建社群等。
4. 抖音用户转化方式主要包括广告变现、电商变现、导流变现、直播收入、卖号变现等。

任务实训

1. 列举比较典型的个人抖音号，分析其抖音账户增粉及用户维护的方式。
2. 针对班级班会活动，录制一个抖音小视频，利用自己的通信录资源及班上同学帮忙转发，看看谁的评价及转发数较多。

项目 6

头条号运营

头条号（今日头条）是一款基于数据挖掘的推荐引擎型产品，它为用户推荐有价值、个性化的信息，提供连接人与信息的新型服务，是国内移动互联网领域成长较快的产品服务之一。

头条号的基本设置包括用户名、头像、简介及认证等内容。

内容是头条号的基础与核心，图文类消息仍是头条号作者最主要的发布形式；根据头条号内容表现形式的不同，头条号的内容可以分为图文消息、视频、提问、直播、爆料5种。

头条号作为资讯类平台，不仅流量多，对新手的扶持力度也很大，所以很多运营者愿意选择头条进行运营。但人多的地方运营竞争也就相应地在增加，很多运营者就会意识到粉丝的重要性。头条号的用户运营包括用户获取、激活、留存和转化。

任务 6.1　认识头条号

任务目标

知识目标：了解头条号的概念、类型和特点。
能力目标：分析头条号行业的发展趋势。

任务导图

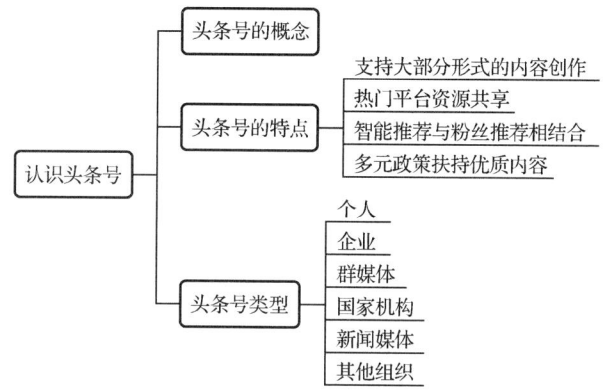

任务实施

6.1.1　头条号的概念

讨论 6-1：头条号是什么？2. 头条号对我们的生活方式有哪些影响？

头条号（今日头条）是一款基于数据挖掘的推荐引擎型产品，它为用户推荐有价值、个性化的信息，提供连接人与信息的新型服务，是国内移动互联网领域成长较快的产品服务之一。它由国内互联网创业者张一鸣于 2012 年 3 月创建，于 2012 年 8 月发布第一个版本。

在媒体合作方面，今日头条逐年增加投入力度，目前已覆盖大多数中央媒体、省级媒体、地市级媒体，以及各行业媒体，数量超过 3 700 家，如新华社、光明网、解放军报、新京报、澎湃新闻等，在头条号上可以看到越来越多的优质媒体内容。

头条寻人是由今日头条在 2016 年 2 月发起的面向全国的一个公益寻人项目。它借助"互联网+"的精准地域弹窗技术，对寻人或寻亲信息进行精准的定向地域推送，可以帮助家属寻找走失的亲人，帮助疑似走失人员寻找家人。

6.1.2　头条号的特点

讨论 6-2：2019 年的最新资讯，你是通过什么平台了解到的？

头条号作为当下新媒体平台中流量增长速度较快的平台之一，越来越多的人选择在上面输出内容引流，它的主要特点有以下几个。

1. 支持大部分形式的内容创作

头条号支持大部分形式的内容创作，包括文章、图集、短视频、短内容、问答、小视频等。在平台中自由创作不同形式的内容成为更多作者所青睐的创作空间。头条广东头条号如图 6-1 所示。

图 6-1　头条广东头条号

2. 热门平台资源共享

通过头条号平台，可以将粉丝数据全面打通，多渠道涨粉，全平台共享。例如，接入西瓜视频、抖音、懂车帝等平台的无缝分享，可以让用户在多平台间游刃有余。

3. 智能推荐与粉丝推荐相结合

在智能社交时代，头条号平台双引擎驱动推出"千人百万粉"计划，全面开启粉丝红利。通过大数据对众多粉丝的分析，让信息精准地对相关联头条号进行推送。

4. 多元政策扶持优质内容

随着用户的不断涌入，使越来越多的创作者在平台中看到了希望，获得成功的人群数量不断上升。

6.1.3　头条号类型

讨论 6-3：在头条号平台上，你关注最多的头条号类型是什么？

2016 年 1 月 7 日起，平台放宽了入驻标准，每个人都可以拥有一个头条号。目前，头条号支持 6 种不同类型的主体注册账号，包括个人、企业、群媒体、国家机构、新闻媒体和其他组织。

1. 个人

个人主要是以个人身份入驻的，个人头条号适合垂直领域的专家、意见领袖、评论家及自媒体人士申请入驻。李佳琦 Austin 头条号如图 6-2 所示。

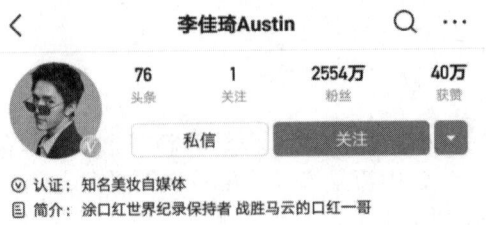

图 6-2　李佳琦 Austin 头条号

2. 企业

公司、公司分支机构、企业相关品牌、产品及服务等能够申请企业类头条号。TCL 电视官方账号头条号如图 6-3 所示。

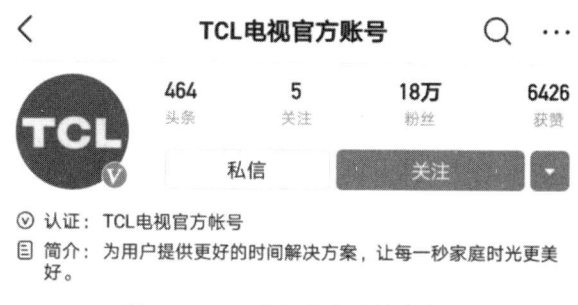

图 6-3　TCL 电视官方账号头条号

3. 群媒体

以内容生产为主要产出的机构能够申请群媒体类头条号，如 36 氪、果壳网、Mtime 时光网等。果壳网头条号如图 6-4 所示。

图 6-4　果壳网头条号

4. 国家机构

国家机构能够申请国家机构类头条号，例如，最高人民检察院、中国地震台网速报、上海发布、中国驻坦桑尼亚大使馆、平安广州等。中国政府网头条号如图 6-5 所示。

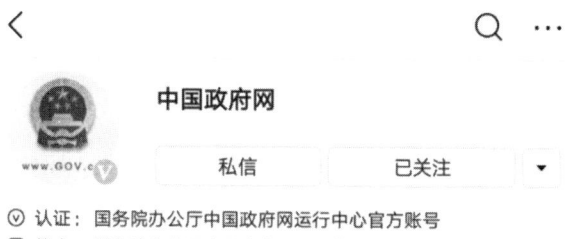

图 6-5　中国政府网头条号

5. 新闻媒体

新闻媒体、报纸、杂志、广播电视等相关单位能够申请新闻媒体类头条号，如中国新闻网、新华社发布、时尚芭莎、北京青年报、大河报等。中国新闻网头条号如图 6-6 所示。

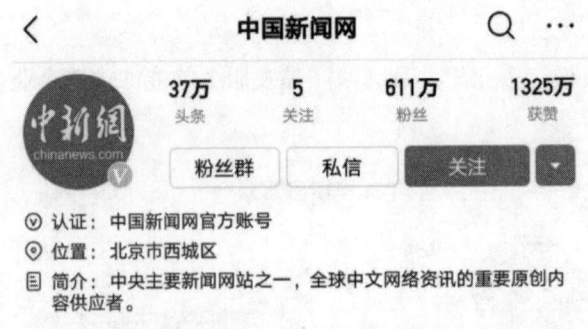

图 6-6 中国新闻网头条号

6. 其他组织

各类公共场馆、公益机构、学校、公立医院、社团、民间组织等机构团体能够申请其他组织类头条号，例如，中国青年志愿者、石家庄市中乔养老院、天津市曲艺团等，但不支持民营医院注册。中国青年志愿者头条号如图 6-7 所示。

图 6-7 中国青年志愿者头条号

任务小结

1. 头条号致力于帮助企业、机构、媒体和自媒体等在移动端获得更多曝光度和关注度，在移动互联网时代持续扩大影响力，同时实现品牌传播和内容变现。通过头条号这个用户量众多的平台输出更优质的内容，能够创造更好的用户体验。

2. 头条号打造一个良好的内容生态平台，是头条号发展的重要方向。基于移动端今日头条海量用户基数，通过强大的智能推荐算法，优质内容将获得更多曝光量，而业界领先的消重保护机制，让原创者远离侵权烦恼，专注内容创作，借助头条广告和自营广告，让入驻媒体/自媒体的价值变现有更多可能性。

任务实训

请注册一个头条号，登录关注几个不同类型的账号，对比个人自媒体与企业头条号的不同，并把关注的头条号进行分类。

任务 6.2　头条号的基本设置

任务目标

知识目标：了解设置头条号的技巧。

能力目标：掌握设置头条号用户名、头像、简介、认证的方法。

任务导图

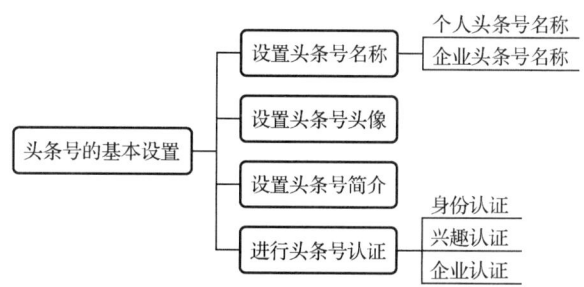

任务实施

头条号在运营之前需要进行一些准备工作，要做好头条号账号的设置与自我定位，本节将具体介绍头条号名称、头条号头像、头条号简介、头条号认证的设置。

6.2.1　设置头条号名称

讨论 6-4：你的个人头条号名称是怎样命名的？

个人头条号和企业、媒体头条号名称设置上也有所区别，下面主要介绍个人头条号和企业头条号名称设置方法。

1. 个人头条号名称

个人头条号名称一般要求 2~10 个中文字符，简洁、直观地体现头条号的运营特点即可。简洁是为了让用户在搜索排行里引起关注，在名字中能得知头条号的运营内容是头条号运营的重要一步。建议使用全中文名称，个人头条号用户名如图 6-8 所示。

2. 企业头条号名称

企业头条号名称一般与企业名称保持一致，根据头条号运营内容、方向可以适当添加后缀，如"小米商城""小米电视"等，小米公司企业头条号如图 6-9 所示。企业头条号必须有意识地进行名称保护，要在头条平台中设计头条矩阵号。品牌头条号、产品头条号、客户头条号等应在平台中占据一席之地。

图 6-8　个人头条号用户名

图 6-9　小米公司企业头条号

6.2.2　设置头条号头像

讨论 6-5：你的头条号头像设置的是什么样的图片？

头条号头像是用户对运营者最直观的印象，可以通过头像反映该头条号的风格。个人头条号的头像设置既可以根据个人喜好选取，也可以根据运营的内容确定风格。个人头条号头像设置方法可登录头条号主页，打开"账号设置"页面，选择"账号信息"选项卡，单击"修改信息"按钮，再单击"更换头像"按钮，上传需要更换的照片即可。头条号"账号信息"界面如图 6-10 所示。

项目 6　头条号运营

图 6-10　头条号"账号信息"界面

企业头条号的头像通常选取企业的 Logo、企业名字作为头像，例如，小米公司的头条号头像即为小米公司的 Logo，如图 6-11 所示。

图 6-11　小米公司的头条号 Logo 头像

6.2.3　设置头条号简介

讨论 6-6：你所关注的头条号中的简介都写些什么内容？

头条号简介是对个人或企业的简单介绍。个人头条号的简介大多是阐述该头条号运营的内容分类或摘录行业内的某句名人名言来作为吸引用户关注的信息。美妆行业某知名个人自媒体头条号的简介如图 6-12 所示。登录头条号主页，执行"账号设置"→"账号信息"→"修改信息"命令，即可设置简介内容。

企业头条号简介一般需要严谨，以简练的描述让用户了解运营内容，TCL 电视官方头条号的简介如图 6-13 所示。

认证：知名美妆自媒体　　　　　　　　　认证：TCL电视官方帐号
简介：涂口红世界纪录保持者 战胜马云的口红一哥　　简介：为用户提供更好的时间解决方案，让每一秒家庭时光更美好。

图 6-12　个人头条号简介　　　　　　　图 6-13　企业头条号简介

6.2.4　进行头条号认证

讨论 6-7：你的头条号认证过吗？

通过认证的头条号能够提升信用度，增强用户对账号的信心，提升账号在用户心中的好感。登录头条号主页即可申请认证，头条号认证包括身份认证、兴趣认证和企业认证。

1．身份认证

身份认证也可以称为职业认证，适用于个人用户真实身份的认证。例如，某公司职员、某公司创始人等。头条号的身份证是较为容易通过的，只需要上传真实的工作证明、执业证书或荣誉证书，一般情况下会审核通过。例如，小米公司创始人雷军，其头条号就是有加黄 V 认证的，如图 6-14 所示。

2. 兴趣认证

新版头条号取消了所有问答达人，转为用户自选领域创作者，提升为优质创作者就可以获得黄 V 标识，需在 30 天考核期内完成 4 个申请领域的优质回答。兴趣认证成功页面如图 6-15 所示。

图 6-14　头条号身份认证示例　　　　　图 6-15　兴趣认证成功页面

3. 企业认证

头条号的企业认证只允许以企业形式注册的账号申请，认证服务费用 600 元/年。从交费提交资料当日算起，周期为一年。企业认证后的 TCL 电视官方账号如图 6-16 所示。

图 6-16　企业认证后的 TCL 电视官方账号

任务小结

1. 头条号的基本设置包括头条号名称、头条号头像、头条号简介、头条号认证。

2. 个人头条号名称一般要求 2~10 个中文字符，简洁、直观地体现头条号的运营特点即可。企业头条号名称一般与企业名称保持一致，根据头条号运营内容、方向可以适当添加后缀。

3. 个人头条号的头像设置既可以根据个人喜好选取，也可以根据运营的内容确定风格，企业头条号通常选取企业的 Logo、企业名字作为头像。

4. 个人头条号的简介大多是阐述该头条号运营的内容分类或摘录行业内的某句名人名言来作为吸引用户关注的信息。企业头条号简介一般需要严谨、简练的描述让用户了解运营内容。

5. 通过认证的头条号能够提升信用度，增强用户对账号的信心，提升账号在用户心中的好感。登录头条号主页即可申请认证，头条号认证包括身份认证、兴趣认证和企业认证。

任务实训

登录个人头条号，熟悉个人头条号和企业头条号昵称、头像、简介的设置技巧，并查看认证条件。

任务 6.3　头条号的内容运营

任务目标

知识目标：熟悉头条号内容的表现形式。

能力目标：掌握图文消息发布技巧、小视频拍摄技巧，并能按要求发布图文消息、拍摄小视频。

任务导图

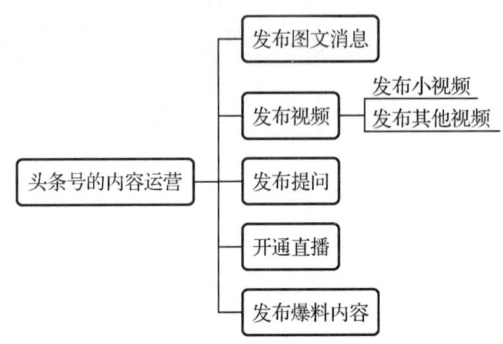

任务实施

内容是头条号的基础与核心，图文类消息仍是头条号运营者最主要的发布形式。根据头条号内容表现形式的不同，可将头条号的内容分为图文消息、视频、提问、直播、爆料 5 种。

6.3.1　发布图文消息

讨论 6-8：在头条号的各类文章中，你看过最多的内容表现方式是哪种？

图文消息是头条号中最常见的一种表现方式，一般分为两种：一种以文字为主，图片为辅，如图 6-17 所示的文章将内容的核心点放在文字的表达上，对于此类头条文章来说，文案是灵魂，配图则有锦上添花的作用；另外一种以图片为主，文字为辅，如图 6-18 所示的文章更加注重图片部分，将用户聚焦点放到图片的内容上，文字起到的是便于理解及辅助表达的作用，故图片的处理是重中之重，如果是产品活动类的图文消息则应该把图片处理的目的放在调动用户的购物欲望上面。在图文消息发布技巧上应巧妙结合实时热点话题展开写作，不仅能提升关注度，对积累潜在用户也是一种不错的做法。

6.3.2　发布视频

1. 发布小视频

讨论 6-9：你在头条号里观看过小视频吗？

自 2017 年以来，小视频平台可谓是井喷式发展，原因是小视频方式不仅简短易拍，还能随时随地记录生活，成为人们生活中的乐趣。不仅能自拍分享乐趣，还能看到万千大众分享自己的生活，作为充实生活的调味剂出现在大众的视线中。头条号平台同样没有错过小视频这个风口，头条号小视频如图 6-19 所示。头条号自新增小视频功能以来，便得到大众的追捧，创下了可观的收益。创作者登录 PC 端头条号后台，执行"小视频"→"内容管理"命令，可查看在头条号后台和今日头条客户端发布的小视频内容列表，以及对应的播放、点赞、评论数据，并可对单条小视频进行删除操作。如果创作者将头条号账号与抖音短视频、火山小视频账号进行了绑定，并且在抖音、火山平台的"账号设置"中选择了"发布的视频同步至今日头条/西瓜视频"，那么作者在抖音、火山发布的小视频，也会同步展示在今日头条的"内容管理"中。

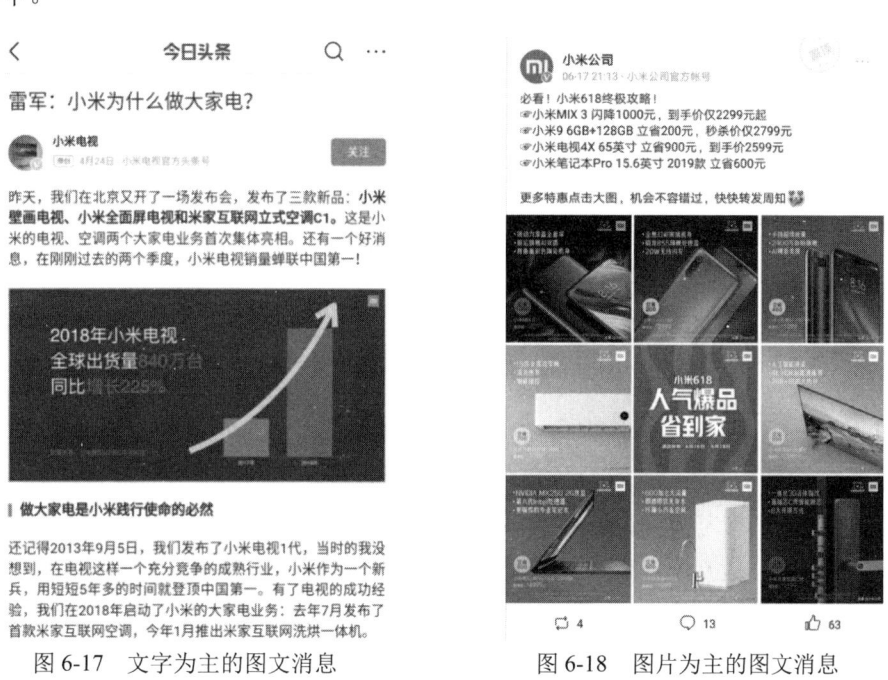

图 6-17　文字为主的图文消息　　　　图 6-18　图片为主的图文消息

2．发布其他视频

讨论 6-10：在头条平台中除了小视频以外，你还看到过其他视频内容吗？

今日头条将旗下独立短视频 App"头条视频"升级为"西瓜视频"。此次升级是为了在短视频行业拥有更清晰的品牌辨识度。西瓜视频将主要从扶持原创作者计划、全新升级原创作者平台等方面发力短视频业务。与此同时，头条号作者发布的视频内容，将会被系统自动打上"西瓜视频"的水印。西瓜视频可同时上传 10 个视频，单个文件不超过 8GB，建议上传视频的比例为 16∶9，建议分辨率为 1 080P（1 920×1 080）及以上，分辨率 360P 及以下视频对应分成会受到影响。头条号其他视频如图 6-20 所示。

6.3.3　发布提问

讨论 6-11：你有过在头条平台上提出问题或者解答用户提出问题的经历吗？

2017 年 6 月，头条问答正式更名悟空问答，它是一个为所有人服务的问答社区。该模块往往是会被运营者所忽略的一个内容。在这个模块里，我们可以看到更多的潜在用户活跃在这个模块中，原因是用户对某个领域的内容产生兴趣，再是产生疑问，这个疑问期望有一个满意的答案。作为这个领域的运营者,如果能够提供更专业、更全面的一个回答,会让用户产生信任,从而发展为潜在客户。这是一条隐藏的用户生态链,是运营者应该重视的模块。"悟空问答"页面如图 6-21 所示。

图 6-19　头条号小视频

图 6-20　头条号其他视频

6.3.4　开通直播

讨论 6-12:你是否通过头条号观看某场活动的直播,说说其中的感受?

头条号直播平台为旗下西瓜视频的一个模块,直播的类型多样化,政务直播也成为当下热门的一种新闻传播方式,让用户实时与直播现场互动,了解一线资讯。中国网直播页面如图 6-22 所示。除此之外,直播平台最受用户追捧的还有娱乐类、产品直销类。娱乐类直播以搞笑、幽默的风格作为体裁实时与粉丝互动;而产品直销类直播是由专业人员对产品进行详细解说,通过直播的入口给用户限时低价优惠的形式,从而调动用户的购买欲望。产品直销类直播也成为电商网购的一种新兴营销模式。

图 6-21　"悟空问答"页面

图 6-22　中国网直播页面

6.3.5 发布爆料内容

> 讨论 6-13：你是否在今日头条平台中参与过某个热点新闻的爆料，谈谈你的看法？

爆料是借助爆料软件，可直接在平台上发布即时新闻的模块，即将身边具备新闻性的内容拍摄下来（优质媒体会筛选爆料内容并加工成优质新闻）。内容一经采用，单条爆料新闻就能获得相应的奖励。"爆料有奖"页面如图 6-23 所示。爆料内容须保证内容的真实性，尽量以"图+文"方式描述事情。题材不受限制，发生在身边的突发事件、奇闻趣事、暖心场景等社会新闻、咨询等内容都可以。

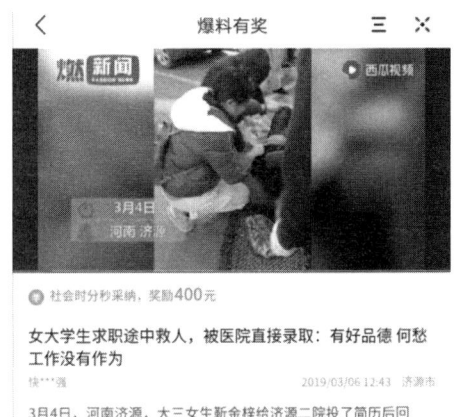

图 6-23 "爆料有奖"页面

任务小结

1．图文消息是头条号中最常见的一种表现方式，一般分为两种：一种是以文字为主，图片为辅；一种是以图片为主，文字为辅。

2．小视频平台可谓是井喷式发展，原因是小视频方式不仅简短易拍，还能随时随地记录生活，成为人们生活中的乐趣。不仅能自拍分享乐趣，还能看到万千大众分享自己的生活，作为充实生活的调味剂出现在大众的视线中。

3．西瓜视频主要从扶持原创者计划、全新升级原创者平台等方面发力短视频业务。

4．悟空问答模块往往是会被运营者所忽略的一个内容，在这个模块里，我们可以看到更多的潜在用户活跃在这个模块中，应该重视该模块运营。

5．头条号直播平台为旗下西瓜视频的一个模块，直播的类型多样化，政务直播、娱乐直播、产品营销直播等成为主要的直播类型。

6．爆料是将身边具备新闻性的内容拍摄下来并发布的过程，优质媒体会筛选爆料内容并加工成优质新闻。

任务实训

登录个人头条号，尝试发布一条图文消息，拍摄一段小视频分享自己的生活乐趣。

任务 6.4　头条号的用户运营

任务目标

知识目标：了解头条号用户运营方式与技巧。

能力目标：熟悉头条号用户运营的内容，掌握头条号用户运营的技巧。

任务导图

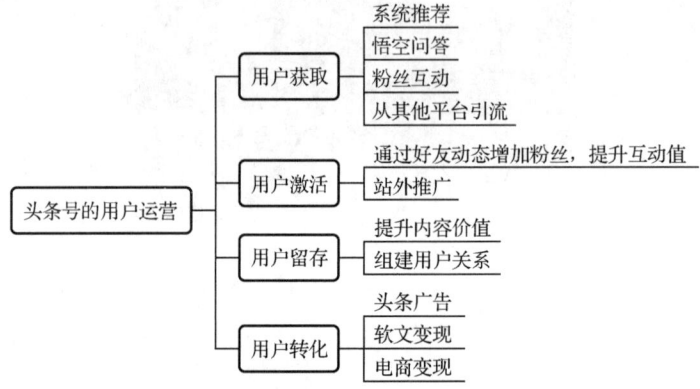

任务实施

头条号作为资讯类主流平台，不仅流量多，对新手的扶持力度也很大，所以很多运营者愿意选择头条进行运营，本任务主要介绍头条号的用户运营内容和技巧。

6.4.1　用户获取

讨论 6-14：你对头条号的哪些分类感兴趣？

在头条号运营过程中，如何获取更多用户的关注是运营者时常讨论的话题之一。好的文章需要有人去阅览、关注，得到用户的认同既是继续发表文章的动力，也是让运营者了解用户需求的源泉。用户获取途径主要包括系统推荐、悟空问答、粉丝互动及从其他平台引流4种。

1. 系统推荐

提高爆文产出是系统推荐的关键，一篇爆文输出之后，系统会将文章推荐给相应标签的用户，让更多的用户关注这篇文章。一篇爆文少则涨粉100+，多则1 000+，如果能持续输出爆文，那么涨粉自然是比较快的。

通过爆文输出引流的用户精准度是较高的，并且一般不会取消关注。而且用户数量增多，对持续输出爆文也是有帮助的。爆文的打造与输出对于权重的提升也有一定的帮助。爆文示例如图6-24所示。

图 6-24 爆文示例

2. 悟空问答

悟空问答模块也是用户关注较多的模块，对于习惯用头条浏览内容的用户来说，有时候切换至其他平台看内容显得较为烦琐，更多用户愿意直接在悟空问答里查找问题答案，"悟空问答"页面如图 6-25 所示。积极回答平台推荐的问题，提升答案的质量，不仅能让用户关注你，还能获得平台推荐，从而增加账号曝光量。

3. 粉丝互动

一般输出的内容中总会有用户进行评论，如图 6-26 所示。那么运营者需要做到的就是积极回复，增加与用户之间的互动，这样能有效增加活跃度，引起二次推荐的机会。在互动中还可以引导用户进行关注，这样也能增加一定的粉丝量。

图 6-25 "悟空问答"页面   图 6-26 用户评论页面

4. 从其他平台引流

如果头条的用户关注量还达不到预期目的，那么可以从别的平台进行引流。一般可以从微博、知乎、贴吧、论坛等地方留意目标用户，和用户建立信任关系，引导其到头条号中关注头条号内容。

6.4.2 用户激活

> 讨论 6-15：你喜欢关注哪些名人的头条账号？

1. 通过好友动态增加粉丝，提升互动值

在建号之初，普遍存在没有粉丝和好友的现象。通过好友动态这一功能，我们可以把不是好友的朋友变成粉丝。头条号提供发布动态的功能，而且在评论区留言也会自动在动态上体现，能看到你个人动态的是全体今日头条的注册用户。所以你只要真诚地互动，加别人好友并主动关注，那些活跃度高的朋友也会关注你的头条号，成为粉丝，好友互动页面如图 6-27 所示。

2. 站外推广

通过优质内容站外分发，能引起目标人群对内容的兴趣，关注内容，从而获得关注。优质内容微信分享如图 6-28 所示。

图 6-27 好友互动页面　　　　图 6-28 优质内容微信分享

对于优质内容的外分发，主要可以从这 3 点出发。

（1）社交媒体的传播。今日头条目前用户本身可以进行分享的渠道有：多闪、朋友圈、微信好友、钉钉、QQ 空间、QQ 好友等，通过多元的渠道能够得到更多目标用户的关注。

（2）信息推广渠道的传播。如今日头条的一些合作渠道等。

（3）从其他 MCN 平台邀请达人团队入驻。例如，今日头条推出的"MCN 合作计划"，对外全面开启 MCN 机构接入合作，平台将为 MCN 机构提供更好的创作环境和更丰富的变现手段，帮助 MCN 更好、更快成长。

6.4.3 用户留存

> 讨论 6-16：在你感兴趣的领域里，你关注了哪些个人头条号？

用户留存可以从两方面着手：提升内容价值和组建用户关系。

1. 提升内容价值

内容的核心在于它能给用户提供价值。用户浏览内容的第一阶段是找到了内容的价值，然而这并不意味着用户在之后很长的一段时间内都能维持这一阶段带来的满足感。提升内容价值的目的是在现有的内容生命周期基础上，通过优化为内容带来新的成长期。

内容优化需要参照以下因素。

（1）行业大环境的走势。行业发展程度在发生变化，用户的认知阶段和行为习惯也在发生变化，这些因素直接影响目前内容输出所提供的价值是否仍然有效，一个好的内容应当在发现走势变化时就有所行动，自发进行优化，而不是等到处于被动地位时受制于人。

（2）用户需求的延展与提升。用户当前的需求可能已经得到了部分满足，但要考虑是否满足到位。如果说用户反馈的流失原因非常集中，说明用户想要的服务是目前内容的质量并不能满足的，这就应当慎重考虑内容所提供的服务、主要流程的设计是否需要进一步优化。

（3）竞品动态。如果竞品能提供的内容价值更多、更优质，显然用户会有更多理由离你而去。结合自身的内容定位和用户定位，考虑如何提升自身内容价值，从而减少这部分用户的流失。

以福利作为提升内容价值的文章如图 6-29 所示。

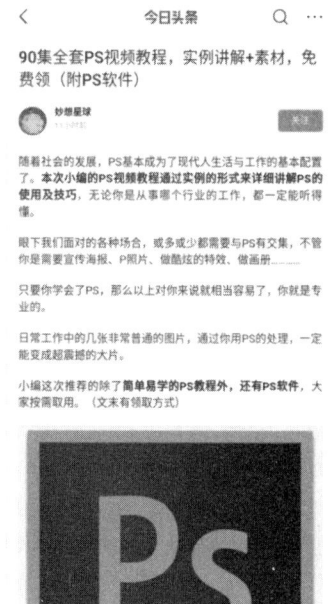

图 6-29　以福利作为提升内容价值的文章

2. 组建用户关系

一个非常有效的留存用户策略是让用户和你的内容之间发生联系，让用户找到归属感和存在感，让用户成为你内容的一部分。

组建用户关系最初级的方法是运作内容或社区，毕竟首先需要用户增加打开频次，提供话题，培养参与的行为习惯，然后才有建立联系的可能性。

第二阶段则是组建社群强化用户关系，增加联系的频次。通过活动、专享优惠等手段让用户感受自己的存在感和归属感。

第三阶段就是重视并落实用户反馈的意见和诉求，让用户感到自己被重视、被认可。同时，将这些意见反映到内容设计、活动策划中，用户从单方面的接受方变成了产销结合的合作方。

6.4.4 用户转化

> 讨论 6-17：你是否在头条号文章中看到过广告植入，说说你的看法？

1. 头条广告

头条广告分成，是目前头条号最基础的变现方式。作者发布文章之后，会根据文章流量，产生相应的广告分成。头条广告是大多数头条号创作者的变现途径。头条号下方会有广告位，或者在各类目板块最新文章列表中植入广告，头条号广告位如图 6-30 所示。图文阅读量和你的广告收益是成正比的。

图 6-30　头条号广告位

2. 软文变现

软文变现是链接作者和广告主的变现方式，如图 6-31 所示。作者可以自主接单，自行标价，实现内容变现。

需要特别强调的是，软文的质量非常重要。内容低劣的软文广告，不仅不会受到广告主的认可，还会受到平台打压；只有兼具内容价值和商业价值的文章，才会受到广告主和读者的接纳。

3. 电商变现

内容电商是近年来内容变现领域的热词。"带货"也成为很多内容创作者的创作重点。头条号平台也为大家提供了内容电商相关的变现工具。

如果你是有货源的作者，可以注册头条小店，卖自己的商品。如果你没有货源，可以直接在平台的商品库中，选择和自己内容调性相匹配的商品。每个商品都会标明佣金额分成比例，凡是通过你的文章产生了售卖转化，你就可以获得相应的佣金。通过电商变现的文章如图 6-32 所示。

项目 6　头条号运营

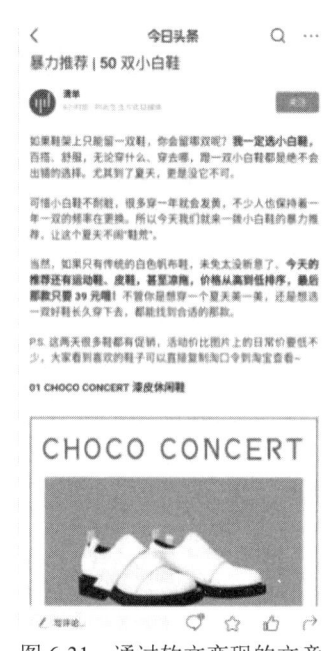 

图 6-31　通过软文变现的文章　　图 6-32　通过电商变现的文章

值得注意的是，一定要记住增强内容与商品的匹配度。另外，也可以尝试图文、组图、微头条等多重内容方式的组合，效果会事半功倍。

任务小结

1. 用户获取途径包括系统推荐、悟空问答、粉丝互动及其他平台引流 4 种。
2. 通过好友动态增加粉丝，提升互动值和通过站外推广是激活用户的常用技巧。
3. 头条号变现方式主要有：广告变现、软文变现、电商变现等。

任务实训

分析你所关注的头条号都有哪些增粉的方式。

项目 7

小红书运营

小红书是一个生活方式平台和消费决策入口，在小红书社区，用户通过文字、图片、视频笔记的分享，记录了这个时代年轻人的正能量和美好生活，小红书通过机器学习对海量信息和人进行精准、高效的匹配。

小红书的基本设置包括名称、头像、个性签名和身份认证。

内容是小红书的基础与核心，笔记是小红书最主要的发布形式。用户可向小红书的粉丝分享心得和经验。

用户的维护是运营之根本，在各大新媒体平台中用户两极分化日趋明显，想要适应互联网新环境的变化，则应先找到用户需求的变化。

任务 7.1 认识小红书

任务目标

知识目标：了解小红书的概念、类型和特点。
能力目标：分析小红书行业的发展趋势。

任务导图

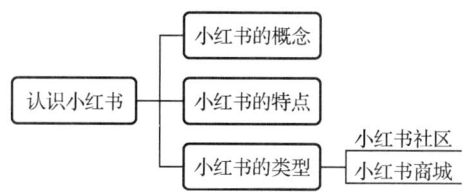

任务实施

7.1.1 小红书的概念

讨论 7-1：1. 小红书是什么？2. 小红书对我们生活方式有哪些影响？

小红书是一个生活方式平台和消费决策入口，创始人为毛文超和瞿芳，小红书主页如图 7-1 所示。截至 2019 年 1 月，小红书用户数已超过 2 亿人次，其中 70% 的用户是 90 后。在小红书社区，用户通过文字、图片、视频笔记的分享，记录了这个时代年轻人的正能量和美好生活，小红书通过机器学习对海量信息和人进行精准、高效匹配。小红书旗下设有电商业务，2017 年 12 月 24 日，小红书电商被《人民日报》评为代表中国消费科技产业的"中国品牌奖"。

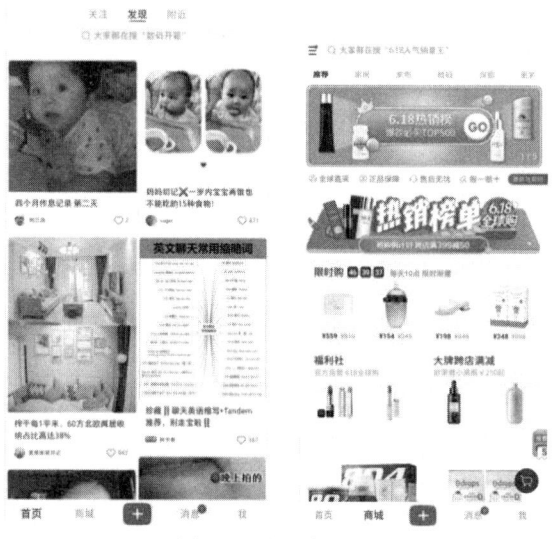

图 7-1 小红书主页

7.1.2　小红书的特点

> 讨论 7-2：在日常生活中遇到问题，你会借助互联网在哪些平台上寻求帮助？

小红书不像传统的电商平台，到处投放广告，它的用户增量是完全靠平台用户写笔记、分享购物心得、产品使用体验来实现的，小红书用户分享心得页面如图 7-2 所示。小红书 App 里集中了大量女性粉丝，年龄集中在 20~40 岁，有较强的购买力，且对于产品有较高的识别能力，对质量要求高，对价格的敏感度较小。

在小红书里面，用户通过发布笔记、购物心得，将一些有价值的攻略发送到平台。其他用户通过主动搜索、系统推荐的方式浏览笔记，对笔记进行评论和分享。

用户对比较好的产品会选择购买。小红书社区也会根据用户的点赞量、浏览量、评论量，将有价值的攻略、反馈推送给其他用户，进行进一步传播。

由于社区的信息流动性大，攻略有明显的指导意义，部分女性用户在小红书内"逛"久了，即便没有需求，也会被这些分享攻略催生出购买欲望来。用户购买诉求如图 7-3 所示。

图 7-2　小红书用户分享心得页面

图 7-3　用户购买诉求

7.1.3　小红书的类型

> 讨论 7-3：在小红书平台中，你被哪些内容吸引了？

1. 小红书社区

和其他电商平台不同，小红书是从社区起家的。一开始，用户注重在社区里分享海外购物经验。到后来，除了美妆、个护，小红书上出现了关于运动、旅游、家居、旅行、酒店、餐馆的信息分享，触及了消费经验和生活方式的方方面面。如今，社区已经成为小红书的特色，也是其他平台无法复制的地方。

2016 年初，小红书将人工运营内容改成了机器分发的形式，如图 7-4 所示。通过大数据和人工智能，将社区中的内容精准匹配给对它感兴趣的用户，从而提升用户体验。

2. 小红书商城

2014年10月小红书福利社上线,小红书福利社是小红书自营电商平台,旨在解决海外购物买不到货的难题。小红书通过累积的海外购物数据,分析最受欢迎的商品及全球购物趋势,并在此基础上把全世界的好商品,以最短的路径、最简洁的方式提供给用户。小红书商城如图7-5所示。

小红书商城的独特性在于以下两点。

第一,口碑营销。没有任何方法比真实用户的口碑更能提高转化率,就如用户在淘宝网上买商品前一定会去看用户评论一样。小红书有一个真实用户口碑分享的社区,整个社区就是一个巨大的用户口碑库。

第二,结构化数据下的选品。小红书的社区中积累了大量的消费类口碑商品,就好像几千万用户在这个平台上发现、分享全世界的好商品一样。此外,用户的浏览、点赞和收藏等行为,会产生大量的底层数据。通过这些数据,小红书可以精准地分析出用户的需求,保证采购的商品是深受用户推崇的。

图7-4 小红书社区内容分发

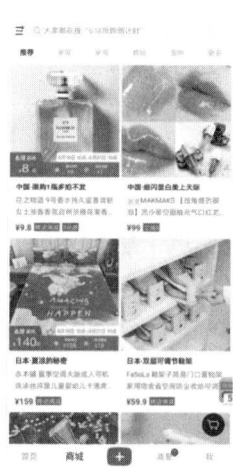

图7-5 小红书商城

任务小结

1. 在小红书社区,用户通过文字、图片、视频笔记的分享,记录了这个时代年轻人的正能量和美好生活,小红书通过机器学习对海量信息和人进行精准、高效匹配。小红书旗下设有自营电商平台。

2. 小红书社区已经成为小红书的特色,也是其他平台无法复制的地方。小红书商城的独特性在于:第一,口碑营销;第二,结构化数据下的选品。

任务实训

请注册一个小红书账号,在社区页面搜索你最感兴趣的内容,并分析综合排名靠前的用户,看看他们的内容表现形式。

任务 7.2　小红书的基本设置

任务目标

知识目标：了解小红书设置的技巧。

能力目标：掌握设置小红书的名字、头像、个性签名和进行小红书身份认证的方法。

任务导图

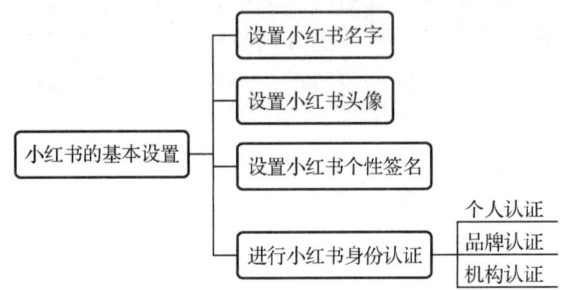

任务实施

在运营小红书之前需要进行一些准备工作，如需要做好小红书账号的设置与自我定位，本任务将具体介绍设置小红书名字、头像、个性签名和进行小红书身份认证的方法。

7.2.1　设置小红书名字

讨论 7-4：你的小红书叫什么名字？说说名字的来历。

结合自己所从事的领域，创建一个相关的名字，或者加上自己的微信号码。比如，微信号是"DDD1234"，可以直接把它设置成名字，不可在前面加"v"微信字样，否则会被封号。如果微信号较为复杂，那么自己平时用的名字即可，小红书的名字不同于其他平台，用户更注重的是内容，名字突出简洁即可。另外，名字每个月可以修改一次，最多不能超过 12 个汉字，名字里面也可以添加喜欢的表情。小红书名字如图 7-6 所示。

图 7-6　小红书名字

7.2.2 设置小红书头像

讨论7-5：在小红书平台上，你对哪个用户头像最有印象？

小红书头像能够给用户留下第一印象，可以通过头像的设置告知用户你的运营风格，从而在用户心中形成一个形象认知。头像设置可以是个人写真，也可以是个性化的卡通头像、特殊标志等。小红书用户头像如图7-7所示。头像设置方法可登录小红书账号，打开"我"页面，单击头像，点击"更换头像"，这样相应的图片即可设置头像，小红书头像设置页面如图7-8所示。

图7-7 小红书用户头像   图7-8 小红书头像设置页面

7.2.3 设置小红书个性签名

讨论7-6：在小红书平台所感兴趣的账号中，会关注哪些个人信息？

小红书用户的个性签名设置是宣传的最佳选择，用户通过搜索页面，从个性签名内容能获取该账号的运营内容、自我定位相关信息等。应该注意的是，个性签名禁止打商业性广告，特别是在添加微信等方式引流到其他平台的时候。可以写一些"走心"的内容，分享你擅长领域的介绍，小红书个性签名设置页面如图7-9所示。打开"我"页面，单击"编辑资料"按钮，在"个性签名"栏输入相应的内容即可设置个性签名。

7.2.4 进行小红书身份认证

在小红书平台中，获取用户的信任是小红书运营的核心内容。身份认证便成了运营人员获取用户信任的有力保证。小红书的身份认证分为三种：个人认证、品牌认证及机构认证。认证的背后是运营人员对用户的一种责任，也是赢得用户信任的保护伞。

1. 个人认证

普通个人用户即可申请个人认证，如图7-10所示。认证通过的用户即可获得对应的特权，例如，成为品牌合作人和绑定店铺等。

图7-9 小红书个性签名设置页面

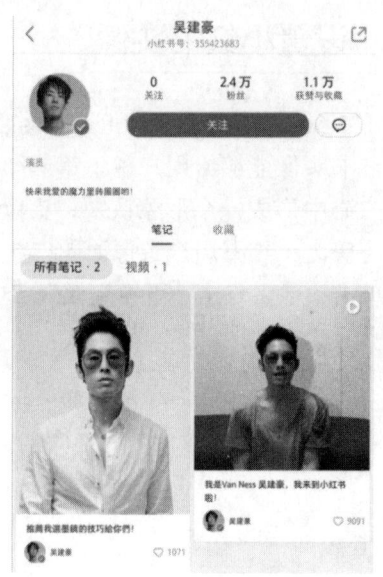
图7-10 小红书个人认证

2. 品牌认证

品牌认证能帮助企业提升荣誉，提高用户的辨识度。认证后小红书品牌账号，平台将提供官方营销工具，协助账号精准触达人群。小红书品牌认证页面如图7-11所示。

3. 机构认证

机构认证为媒体、政府机构、非营利性组织所提供的认证。认证通过后的机构账号可以在页面显示身份类别信息，如果是有一定影响力的机构用户，会获得官方的红勾标志。机构认证不能申请绑定店铺，也不能成为品牌合作人。小红书机构认证页面如图7-12所示。

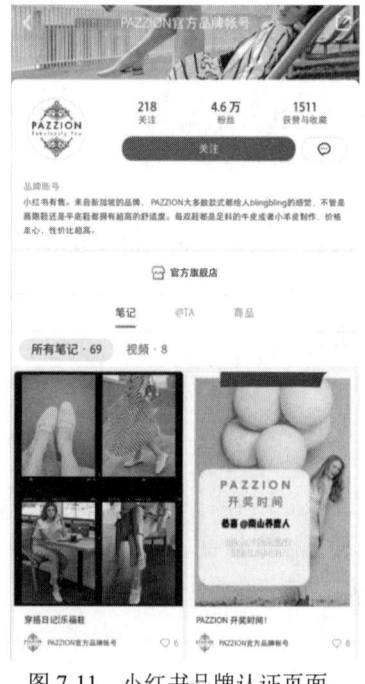
图7-11 小红书品牌认证页面

图7-12 小红书机构认证页面

任务小结

1. 小红书的名字不同于其他平台，用户更注重的是内容，名字突出简洁即可。

2. 小红书头像能够给用户留下第一印象，可以通过头像的设置告知用户你的运营风格，从而在用户心中形成一个形象认知。

3. 小红书用户的个性签名设置是宣传的最佳选择，可以写一些"走心"的内容，分享你擅长领域的介绍等。

4. 在小红书平台中，获取用户的信任是小红书运营的核心内容，身份认证便成了运营人员获取用户信任的有力保证。

任务实训

请在已注册的小红书账号里进行名字、头像、个性签名等基础设置，并对账号进行个人身份认证。

任务 7.3　小红书的内容运营

📒 任务目标

知识目标：熟悉小红书内容的表现形式。
能力目标：掌握小红书笔记的发布、制作技巧，并能按要求发布笔记内容。

📒 任务导图

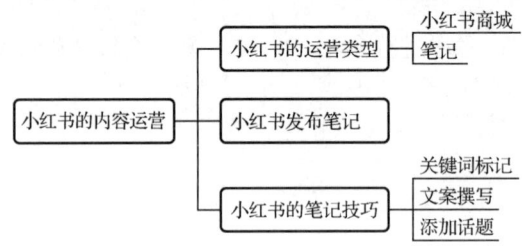

📒 任务实施

内容是小红书的基础与核心，笔记是小红书最主要的发布形式，用户可向小红书的粉丝分享心得和经验。本任务主要学习在小红书运营中掌握如何发布笔记内容和学习笔记编辑技巧。

7.3.1　小红书的运营类型

> 讨论 7-7：你在小红书平台上买过东西吗？你经常购物的平台有什么特点？

1. 小红书商城

小红书商城为自营的 B2C 模式，小红书商城界面如图 7-13 所示。商城暂不对个人卖家开放，对入驻商家门槛相对把控得较为严谨，只接受包括国内外知名商家在内的第三方商家入驻及自营供应商入驻。小红书注重品牌入驻，含国内外代理品牌及自有品牌。小红书商城商家入驻资质如图 7-14 所示。

图 7-13　小红书商城界面

店铺类型	官方旗舰店/旗舰店（仅限邀约升级）		
店铺说明	指以零售商资质开设且经营多个品牌的旗舰店	指以经营多个自有品牌商品且各品牌归同一实际控制人的品牌旗舰店（自有品牌的子品牌可以放入旗舰店，主/子品牌的商标权利人应为同一实际控制人）	指以自有品牌或以商标权人提供独占授权的品牌入驻小红书开设的店铺
品牌资质	多品牌零售商 **品牌自营**：商标权人签署的入驻申请书（加盖入驻公司公章）、由国家商标总局颁发的入驻公司企业字号的商标注册证或商标受理通知书 **品牌一级独家授权**：商标权人提供的一级品牌授权书，并限定在小红书或全网独家授权（加盖品牌方公章）、由国家商标总局颁发的入驻公司企业字号的商标注册证或商标受理通知书	多品牌集团 **品牌自营**：商标权人签署的入驻申请书（加盖入驻公司公章）、由国家商标总局颁发的入驻公司企业字号及其售卖品牌的商标注册证或商标受理通知书 **品牌一级独家授权**：商标权人提供的一级品牌授权书，并限定在小红书或全网独家授权（加盖品牌方公章）、由国家商标总局颁发的入驻公司企业字号及其售卖品牌的商标注册证或商标受理通知书	单品牌 **品牌自营**：商标权人签署的入驻申请书（加盖入驻公司公章）、由国家商标总局颁发的商标注册证或商标受理通知书 **品牌一级独家授权**：商标权人提供的一级品牌授权书，并限定在小红书或全网独家授权（加盖品牌方公章）、由国家商标总局颁发的商标注册证或商标受理通知书
	注：若商标持有者为个人且与公司法人相同，无需提供授权证明 若商标持有人为个人，申请开设旗舰店与品牌店，需提供品牌一级独占授权书		
企业资质	国内企业：营业执照、税务登记证、组织机构代码证		
	海外企业：Business registration、Certificate of incorporation		

图 7-14　小红书商城商家入驻资质

小红书平台是年轻人分享生活方式的社区平台，专注于消费升级大潮中的年轻时尚群体，通过独有的社区口碑营销和品牌内容推广，帮助品牌更有效地渗透优质用户，从而实现快速可持续地增长。

2. 笔记

作为生活分享类的社区平台，用户分享笔记是其中最为核心的功能组成部分。在笔记功能中有两种分享方式：一种为图文类，如图 7-15 所示，图文类主要是以文字为主，图片为辅的呈现方式，让用文字描述添加更多色彩；另一种为视频类，如图 7-16 所示，视频类可录制时长为 1 分钟的视频，经后期转换后可转为笔记内容，也可以在平台拍摄功能下直接使用。

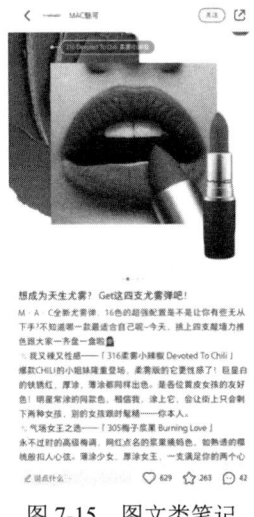

图 7-15　图文类笔记

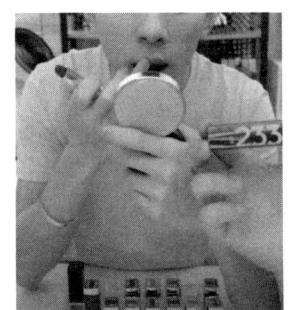

图 7-16　视频类笔记

7.3.2 小红书发布笔记

讨论 7-8：你有喜欢分享生活、记录生活的习惯吗？

在小红书社区中发布笔记内容一般分为两种：一种是购物笔记，如图 7-17 所示，在小红书商城中购买过的商品，可对其进行购物笔记的分享；一种是生活经验分享，如图 7-18 所示。当分享成了一种生活方式时，有同样喜好去分享别人的生活的人就会聚集到平台中来，生活中的趣事、小妙招等就成为大家的一种表达与沟通。打开小红书平台，在首页下方功能键列表中选择红色方框内"+"，进入笔记编辑页面，选择分享的照片或视频后单击"下一步"按钮，可以对照片或视频进行滤镜美化、添加标签、添加贴纸或配乐，完成后再单击"下一步"按钮，对分享的内容进行编辑，包括继续增加照片或视频、填写标题上、添加正文、参与热门话题、添加地点等操作，编辑完成后单击"发布笔记"按钮即可。

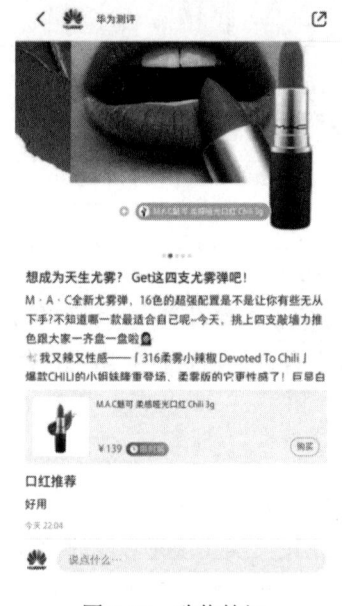

图 7-17　购物笔记

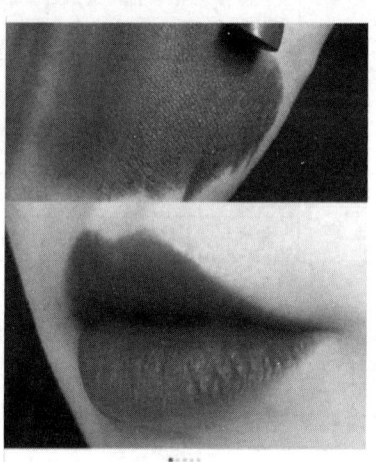

图 7-18　生活经验分享

7.3.3 小红书的笔记技巧

讨论 7-9：1. 在小红书笔记写作过程中，你都运用过哪些小技巧呢？

1．关键词标记

和其他新媒体平台一样，小红书也有自己的推荐机制，系统会抓取文章中的关键词。用户搜索产品时，一般会在对话框输入查找的内容，比如输入"美容"，美容就是一个关键词。如果你的笔记里包含这个关键词，会被更多用户看到。"美容"关键词搜索页面如图 7-19 所示。

2．文案撰写

小红书文案由封面图片+标题+正文三部分组成。标题和正文必须包含关键词；正文要分段，让用户阅读时有一种舒适感；内容要一定是干货和具备知识性。

封面图片和文案：封面图片是顾客在浏览小红书时最先注意到的内容，封面图片不好，文章就失败了 50%。它和下面的标题共同承担着吸引浏览者注意的作用。通常，封面图片可以加引导文案，但对图片处理技术要求比较高。

如图7-20所示的笔记中，封面图片加了文案，左上角是用户面临的痛点问题，右下角是解决方案。这是一个典型的文案模板：用户痛点问题+产品卖点。

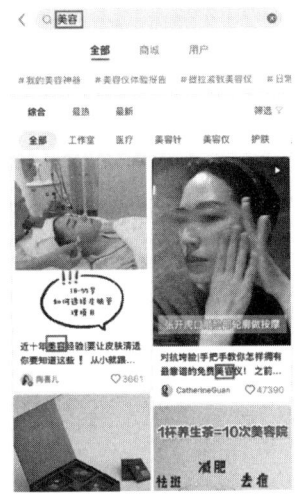

图7-19 "美容"关键词搜索页面　　　图7-20 封面图片添加文案的笔记

3．添加话题

可以在正文后面添加和主题有关的话题，添加话题的目的是讨论当下热点话题时增加曝光度，引起更多新用户的关注与互动。如图7-21所示中的话题是"#阳光洒一身"。

图7-21 "添加话题"页面

任务小结

1．小红书商城对入驻商家门槛相对把控得较为严谨。作为生活分享类的社区平台，用户分享笔记是其中最为核心的功能组成部分。

2．在小红书社区中发布笔记内容一般为两种：一种是购物笔记；一种是生活经验分享。

3．和其他新媒体平台一样，小红书也有自己的推荐机制，系统会抓取文章中的关键词，小红书笔记写作包括关键词标记、文案撰写、添加话题等技巧。

任务实训

在小红书平台中发布一条心情笔记，并添加热门话题。

任务 7.4　小红书的用户运营

📒 任务目标

知识目标：了解小红书用户运营的方式。

能力目标：熟悉小红书用户运营的内容，掌握小红书用户运营的技巧。

📒 任务导图

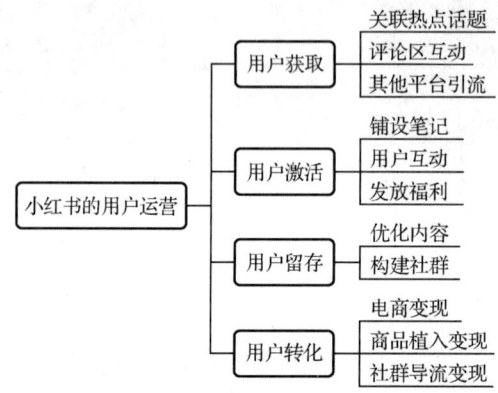

📒 任务实施

用户运营是小红书运营之根本。在各大新媒体平台中，用户两极分化日趋明显，想要适应互联网新环境大潮，必须适应用户需求的变化。本任务主要介绍小红书的用户运营内容和技巧。

7.4.1　用户获取

> 讨论 7-10：你对小红书的哪些分类感兴趣？

小红书大部分用户是女性，而且用户黏性强，购买力强。在小红书平台，既可以分享自己的"种草"笔记，又可以从别人的推荐中找到适合自己的产品，从而在小红书商城中购买。这样的循环让用户已经养成了习惯，当用户需要某一性能的产品时，会在小红书看笔记，然后在小红书商城购买产品。所以精准定位女性用户的商家，会选择在小红书做产品营销或精准引流。在小红书的平台中，让用户主动来关注你的账号的方式主要有关联热点话题、评论区互动、其他平台引流等。

1. 关联热点话题

小红书有一个热门搜索功能，其中热门榜单是值得关注的地方，一般排名在前五位的流量比较大。根据热门榜单关键词确定写笔记的方向，在此基础上打造笔记内容，具体要求：首先是该热点话题符合自己运营的产品或内容，其次是内容要符合用户的需求，强调笔记能给用户带来新的认知或得到用户的认同，以此体现笔记内容的价值。关联热点话题的笔记如图 7-22 所示。

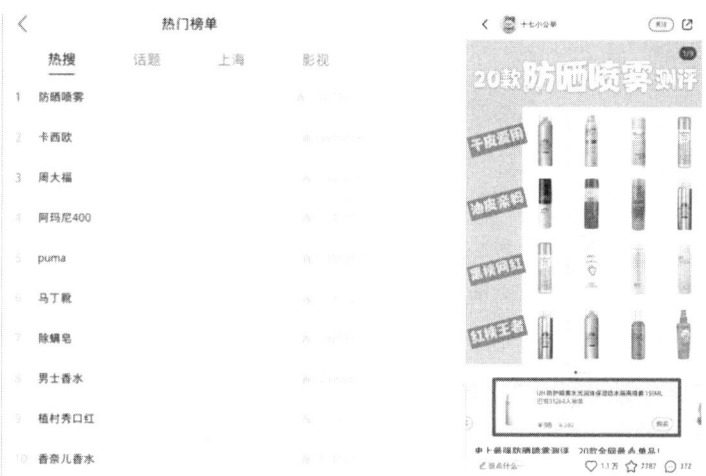

图 7-22 关联热点话题的笔记

2. 评论区互动

跟自己内容或产品相关的竞争对手的笔记也要细心研读,原因有以下两点:第一是学习竞争对手在写笔记内容时的技巧,第二是在竞争对手的评论区中挖掘潜在客户,特别关注在评论区中有诉求的用户,除了帮其排除疑问,普及相关专业领域知识以外,引导用户主动关注自己的账号。竞争对手的笔记评论如图 7-23 所示。当然,重要的还是要将精力放在自己账号的评论区中,认真回答每个用户的评论,多与用户进行互动,让用户在账号中获得重视与尊重。

3. 其他平台引流

新媒体各种平台中,主营平台时常会受到流量小的困扰。因此,在其他平台进行推广,多管齐下的方式也成为大多运营者的引流手段,通过今日头条引流的案例如图 7-24 所示。从其他平台上获取的用户,值得肯定的是有高度的匹配值与较大的需求。跨平台进行关注,本身从用户操作上显得烦琐,但愿意不厌其烦地跨平台进行关注,要么其他平台中的内容有较高的价值,要么就是被福利吸引。因此,小红书笔记除了提供高内容价值以外,还可以设置一些福利活动,吸引用户到小红书平台中领取。

图 7-23 竞争对手的笔记评论　　图 7-24 通过今日头条引流的案例

7.4.2 用户激活

讨论 7-11：你是否被小红书中某一篇笔记吸引住，并立刻添加关注了呢？

电商增速发展阶段，社交驱动拉动下消费需求，激发了绝大部分用户的购买潜力。交易规模的稳定增长，充分说明了消费趋势的变化及购物特征多样化发展，社交电商也开始迈向网络购物的主流趋势。小红书平台运营过程中，如何有效地激活用户成为各运营团队讨论的热点话题。下面介绍小红书用户激活的有效方法。

1. 铺设笔记

小红书的笔记，会让其他用户觉得更加真实，让消费者不怀戒心地开始了解产品。但如果是没有一定数量的铺设笔记做基础，用户的流失率就会增加。笔记的铺设需要有规律，比如，每天上午或每周五晚上定期发布等。培养用户的习惯，激发用户对账号内容产生兴趣。而内容是小红书的根本，给用户精准地推荐更优质的内容，在小红书不断优化的算法的帮助下，用户总能看到自己想看的好内容，从而达到激活用户的目的，笔记铺设案例如图 7-25 所示。

2. 用户互动

小红书的点赞、收藏、评论这些互动数据尤为重要，一般而言，排名靠前小红书账号的互动频率都很高，互动频率越高，证明用户越喜欢，小红书平台就会给文章增加权重，让它排名提升。

在小红书点赞、收藏、评论中，评论的权重是最高的。评论也有技巧，如评论的文案带热门关键词、提高关键词的密度，这些也是影响小红书笔记靠前排名很重要的因素。如图 7-26 所示，"口红"关键词笔记，口红在小红书里算是很热门的品类，有将近 100 万条笔记，竞争相当激烈。从图中可以看出靠前排名的这些笔记中，点赞量、互动量是非常高的，打开以后看到收藏量评论数量也同样很多。

3. 发放福利

在小红书平台运营，用户体验显得尤为重要。产品的测评，评论区的用户评价，都成为用户购买产品前的一大看点。在小红书平台中，不乏商家为宣传品牌对用户发放福利的情况，有限时福利、免费资源领取福利等，以博取用户眼球，让更多目标用户参与其中，从而激活更多的用户，福利发放类笔记如图 7-27 所示。

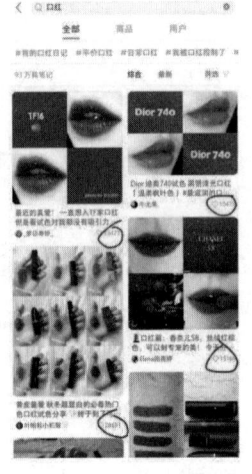
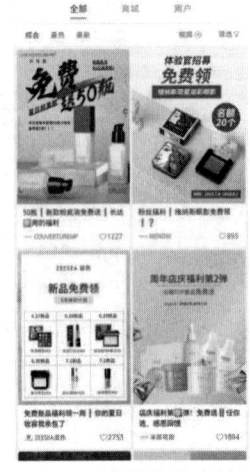

图 7-25　笔记铺设案例　　图 7-26　"口红"关键词笔记　　图 7-27　福利发放类笔记

7.4.3 用户留存

讨论 7-12：你对小红书平台上的哪些活动铭记在心？

1．优化内容

小红书平台的作品表现方式除了图文以外，还有短视频，小红书大多以 90 后年轻群体为主，因此，在小红书中经常看到一些富有创意的内容，这些创意内容是运营者精心策划出来的，希望能通过小红书平台得到更多的关注量。有些内容富有创意，且能贴近用户的内心和感受，如果能被一些名人或有影响力的人转发，则能在短时间内获得较高的转发量。因此，优质的内容不仅能吸引关注，还能得到用户的认可，从而能留住用户，优质内容获较多点赞示例如图 7-28 所示。

2．构建社群

对于已经认可你的用户来说，期待你的笔记成为他们的生活的一部分。有了一定的用户群体后，你的内容给用户带去的是一份期待、一份求知、一份认同。此时，适应用户需求，建立社群非常有必要。为了给用户更好的体验，在社群中及时分享最新信息，了解用户需求和意见反馈。当然，新品或打折产品社群的力量也不容小觑。小红书用户微信群如图 7-29 所示。

图 7-28　优质内容获较多点赞示例　　　图 7-29　小红书用户微信群

7.4.4 用户转化

讨论 7-13：在小红书平台中，你看过哪些类型的广告？

用户转化也是通常所说的变现，运营团队从初创账号到用户转化需要一个过程，下面为大家介绍在小红书平台中 3 种变现的方式。

1. 电商变现

在小红书平台中有自己的商城，可以在笔记中直接植入商城产品的链接，方便用户阅读完笔记后直接购买产品。另外，在笔记推荐中也可以直接投广告。社区电商平台与其他电商平台相比，转化率更高，用户更精准。电商变现示例如图 7-30 所示。

2. 商品植入变现

在类目对等且有一定基础粉丝的条件下，可适当地选择相应的商品植入到笔记当中，一般以正面的测评内容为主导。商家会根据销售额的高低给予一定的金额提成。商品植入变现示例如图 7-31 所示。

3. 社群导流变现

在小红书运营中后期，用户的需求差异化愈发明显，个性化服务成了商家变现的另一渠道。将小红书的用户引流到微信群，在社群中可以接受用户的反馈意见，接受用户对产品研发提供的建设性意见。在社群中能够提供更精准的服务。小红书引流到微信案例如图 7-32 所示。

图 7-30　电商变现示例

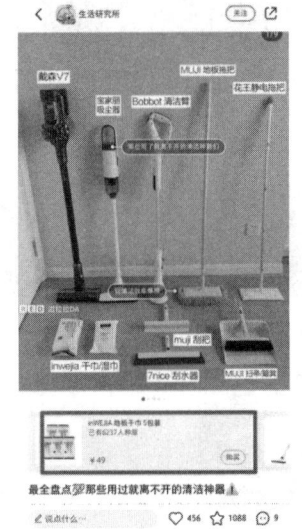

图 7-31　商品植入变现示例

图 7-32　小红书引流到微信案例

任务小结

1. 在小红书平台运营过程中，让用户主动来关注你的方式主要有关联热点话题、评论区互动、其他平台引流等。
2. 在小红书平台中，用户激活的方式有铺设笔记、用户互动、发放福利等。
3. 优化内容和构建社群成为小红书平台通用的用户留存技巧。
4. 小红书的用户转化有电商变现、商品植入变现、社群导流变现等方式。

任务实训

在小红书平台中与用户进行评论互动，并分析用户需求。

项目 8

知乎运营

　　知乎是一个真实的网络问答社区，社区氛围友好且理性，连接各行各业的精英。在知乎平台上用户分享着彼此的专业知识、经验和见解，为互联网源源不断地提供高质量的信息。

　　知乎的基本设置包括知乎名称、头像、简介和认证的设置。

　　内容是知乎的基础与核心，写问题、写文章、写想法是知乎用户最主要的内容表现形式。

　　取之于民，用之于民，用户的维护是运营之根本，知乎的用户运营包括用户的获取、激活、留存及转化。

任务 8.1　认识知乎

任务目标

知识目标：了解知乎的概念、类型和特点。
能力目标：分析知乎行业的发展趋势。

任务导图

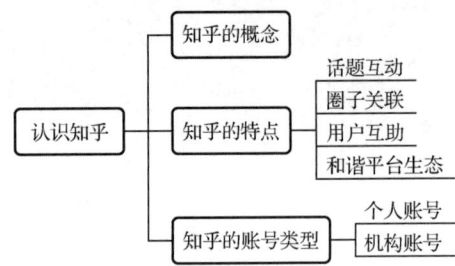

任务实施

8.1.1　知乎的概念

讨论 8-1：1. 知乎是什么？2. 你有主动通过互联网融入自己兴趣圈的习惯吗？

知乎是一个真实的网络问答社区，其首页如图 8-1 所示。知乎社区氛围友好与理性，连接各行各业的精英。在知乎平台上，用户分享着彼此的专业知识、经验和见解，为互联网源源不断地提供高质量的信息。

8.1.2　知乎的特点

讨论 8-2：你通过什么渠道了解自己感兴趣的资讯？

1. 话题互动

打开知乎，在搜索框中输入你感兴趣的关键词，比如输入"美食"，你会发现一些有趣的话题，每个话题都包含一些问题，其中有些问题已经有人回答了。你既可以阅读话题，给你喜欢的答案投票，还可以对无效的答案点击"没有帮助"。当然，你可以单独关注某一个问题，并持续追踪这个问题的最新答案。话题互动页面如图 8-2 所示。

2. 圈子关联

除了话题，知乎上有很多不错的人，或者是你的朋友，你可以关注他们。这样他们的提问、回答、赞同和关注，你都能看见。在顶部搜索框搜索感兴趣的话题如美食，关注相同兴趣、爱好的人，从而将关联共同的兴趣圈。"美食"搜索页面如图 8-3 所示。

项目 8　知乎运营

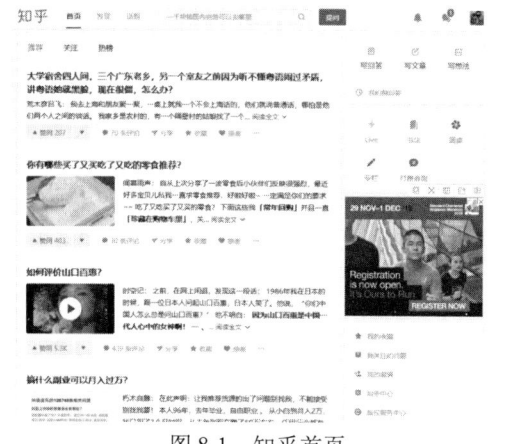

图 8-1　知乎首页

图 8-2　话题互动页面

3．用户互助

任何情况下，如果你知道问题的答案，或者对问题有自己的见解，你都可以发表自己的回答。当然，如果你也有问题希望其他人来帮你解答，知乎可能是最适合你提问的地方。提问后，别忘了给你的问题添上几个相关的话题，这样关注这些话题的人就能看见你的提问了，他们之中可能就有能帮你解答的人。问答互助页面如图 8-4 所示。

图 8-3　"美食"搜索页面　　　　　　　图 8-4　问答互助页面

4．和谐平台生态

知乎是一个实名制的互动产品，你的言论和操作可能会影响到其他人。所以，社区成员之间需保持礼貌和友好。不要因为个人的喜恶而去攻击或蔑视他人和他人的内容，尊重那些和你不同的观点的人。避免使用玷污、攻击性和无礼的语言。

8.1.3　知乎的账号类型

讨论 8-3：你在知乎上回答过问题吗？

1．个人账号

知乎个人账号是对所有注册用户开放的，用户在符合平台规则的范围内，可自由提出问题和回答问题，知乎个人账号如图 8-5 所示。

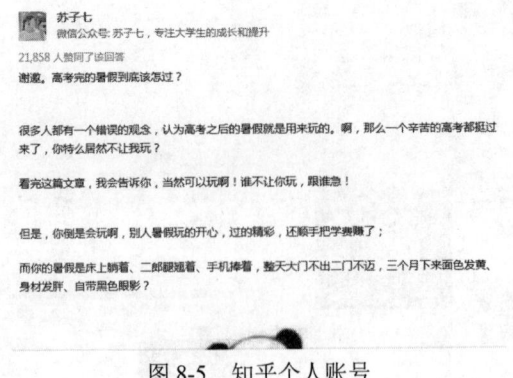

图 8-5 知乎个人账号

2. 机构账号

知乎机构账号是机构用户专用的账号,如图 8-6 所示。与知乎社区内原有的个人账号独立并行,其使用者为有正规资质的组织机构,包括但不限于科研院所、公益组织、政府机关、媒体、企业等。

图 8-6 知乎机构账号

任务小结

1. 知乎是一个真实的网络问答社区,社区氛围友好与理性,连接各行各业的精英。在知乎平台上,用户分享着彼此的专业知识、经验和见解,为互联网源源不断地提供高质量的信息。

2. 知乎平台具有话题互动、圈子关联、用户互助、和谐平台生态等特点。

3. 知乎平台有两种入驻类型:一种为个人账号;一种为机构账号。

任务实训

请注册一个知乎个人号,登录并关注几个不同话题,对比个人账号与机构账号的不同。

任务 8.2 知乎的基本设置

📒 任务目标

知识目标：了解知乎设置的技巧。
能力目标：掌握知乎名称、头像、简介的设置及知乎账号认证的方法。

📒 任务导图

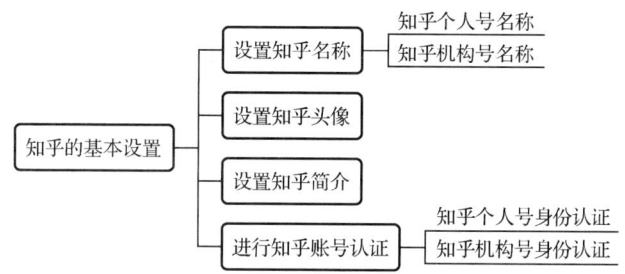

📒 任务实施

在运营知乎之前需要进行一些准备工作，例如要做好知乎账号的设置与自我定位等，本任务将掌握知乎名称、头像、简介的设置方法，以及如何对知乎进行认证。

8.2.1 设置知乎名称

讨论 8-4：你的知乎个人号名称有什么寓意吗？

知乎个人号和机构号在名称设置上有所区别，下面主要介绍知乎个人号和机构号名称设置方法。

1. 知乎个人号名称

个人名称一般要求 2~8 个汉字，4~16 个字符，名称确定后 180 天内不可更改，能简洁、直观反映知乎运营特点即可。简洁是为了在搜索排行里引起用户关注，在名称中能得知知乎的运营内容是知乎运营的重要一步。知乎个人号如图 8-7 所示。

2. 知乎机构号名称

知乎机构号名称一般与机构名称保持一致，根据机构号运营内容、方向可以适当添加后缀，如 TCL 智能终端等，TCL 知乎机构号名称如图 8-8 所示。

8.2.2 设置知乎头像

讨论 8-5：你认为你的知乎头像有什么与众不同的地方吗？

图 8-7 知乎个人号

图 8-8 TCL 知乎机构号名称

知乎头像是用户对作者直观的印象，可以通过头像反映运营的风格。知乎个人号的头像设置既可以根据个人喜好选取，也可以根据运营的内容确定。知乎个人号头像如图 8-9 所示。知乎个人号头像设置方法：登录知乎主页，打开"我的主页"页面，单击"编辑个人资料"按钮→单击"修改我的头像"按钮，选择并上传照片即可，知乎头像设置界面如图 8-10 所示。

知乎机构号头像通常选取企业 Logo、企业名称作为头像，TCL 知乎机构号头像如图 8-11 所示。

图 8-9 知乎个人号头像

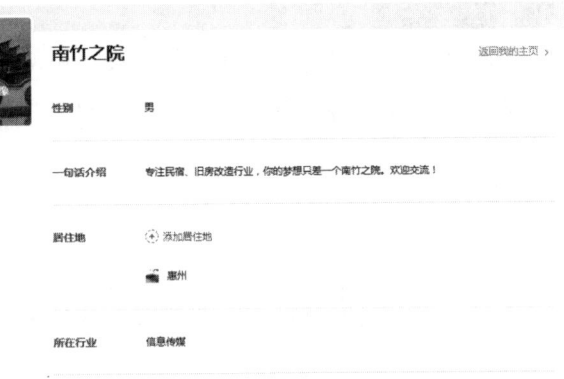
图 8-10 头像设置界面

图 8-11 TCL 知乎机构号头像

8.2.3 设置知乎简介

讨论8-6：有关注过知乎其他账号的简介吗？这些简介是否能吸引你？

知乎简介是个人或机构账号的简单介绍。知乎个人号的简介更多是用户的喜好、个性化的内容。知乎美食专栏某个人账号的简介如图8-12所示。打开"我的主页"页面，单击"编辑个人资料"按钮，再单击"一句话介绍"旁边的"填写"按钮，在输入框中输入简介内容，最后单击"保存"按钮。即可设置简介。

知乎机构号简介一般需要严谨，以简练的描述让用户了解运营内容，华为官方知乎号简介如图8-13所示。

图8-12 知乎个人号简介　　　　　　图8-13 华为官方知乎号简介

8.2.4 进行知乎账号认证

讨论8-7：你的知乎账号进行认证过吗？

通过认证的知乎账号能够提升信用度，同时增强用户对账号的信任，能够给用户留下好的印象。登录知乎，在"编辑个人资料"页面即可申请认证，知乎认证包括个人号身份认证和机构号身份认证。

1. 知乎个人号身份认证

个人号身份认证是知乎对用户个人在一个或多个领域身份真实性的确认，蔡澜先生经过认证的个人知乎号如图8-14所示。目前，用户可根据自身情况进行职业认证或学历认证，最多可申请5个认证，并可自主选择两个进行前台展示。通过个人认证的用户，用户名旁会显示认证标识及认证信息。认证标识及认证信息除了在个人主页展示以外，也会在回答页、搜索结果页等多个页面显示。

申请个人认证的条件为：
- 用户提交完整、清晰的证明材料。
- 用户申请的个人认证类别属于知乎已开放认证类别。
- 申请之日前六个月内用户无多次违反《知乎社区管理规定》的行为。
- 个人认证目前支持包括科研、互联网科技、服务业、医疗健康、教育、金融、文化传媒/娱乐、工程建设、交通运输、工业制造、公众人物共11个领域共381个类别的认证，用户可根据自身情况进行申请。

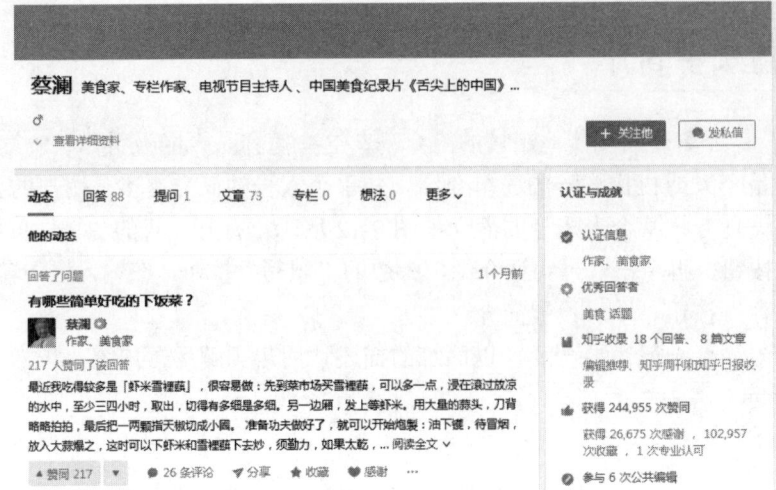

图 8-14 蔡澜先生经过认证的个人知乎号

2．知乎机构号身份认证

为了保障机构号资质信息的真实性与安全性，知乎平台为入驻机构提供"认证"服务，机构入驻知乎后可申请"认证"，华为公司经过认证的知乎机构号如图 8-15 所示。通过机构号身份认证的用户，用户名旁边会显示认证标识及认证信息。认证标识及认证信息除了在个人主页展示，也会在回答页、搜索结果页等多个页面显示。

图 8-15 华为公司经过认证的知乎机构号

申请机构号认证的条件如下。
- 机构资质：如工商营业执照/执业许可证/组织机构代码证/社会信用代码证/法人登记证。
- 运营人员信息：运营负责人的手机号、身份证号码、身份证照片和本人手持身份证照。
- 行业资质：如涉及金融、医疗等行业，需提供特定行业资质。认证时，机构需支付 300 元/次的人工审核服务费，支付成功后自动进入审核程序。

任务小结

1. 个人名称一般要求 2~8 个汉字，4~16 个字符，名称确定后 180 天内不可更改。知乎机构名称一般与机构名称保持一致，根据机构号运营内容、方向可以适当添加后缀。

2. 知乎头像是用户对作者直观的印象，可以通过头像反映运营的风格。知乎个人号的头像设置既可以根据个人喜好选取，也可以根据运营的内容确定。

3. 知乎简介是个人或机构账号的简单介绍。知乎个人号的简介更多是用户的喜好、个性化的内容。

4. 通过认证的知乎账号能够提升信用度，同时增强用户对账号的信任。知乎认证包括个人号身份认证和机构号身份认证。

任务实训

请在知乎平台上选择自己感兴趣的方向，对个人账号进行基础设置及个人身份认证。

任务 8.3　知乎的内容运营

任务目标

知识目标：熟悉知乎内容的表现形式。

能力目标：掌握知乎回答、文章、想法的撰写方法。

任务导图

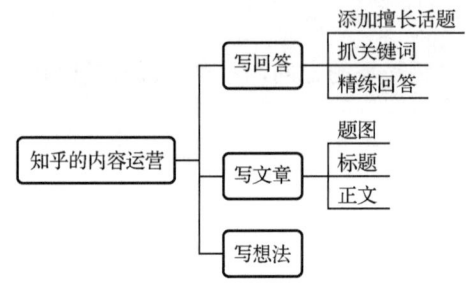

任务实施

内容是知乎的基础与核心。根据知乎内容表现形式的不同，知乎的内容可以分为写回答、写文章、写想法 3 种。

8.3.1　写回答

讨论 8-8：你有在知乎平台上看到别人的问题刚好你知道答案的情形吗？

在知乎平台上，写回答作为基础功能，被很多运营人员遗忘，原因是费脑和烦琐。注重渠道运营的人员一定不会放过知乎"写回答"这个最能拉近用户距离的功能。用户有需求就会有疑问，在用户提出问答时给予正面回复，能获取用户的信任，从而将其发展为潜在客户。写回答时应注意以下 3 点。

1．添加擅长话题

在写回答前，需要"添加擅长话题"，系统可以为你推荐可能感兴趣的问题。在搜索框中填写相关话题，尽量选择与账号相关联的话题。例如，账号运营为家居类，那么搜索方向则应该是与家居相关的话题。添加擅长话题"智能家居"页面如图 8-16 所示。

2．抓关键词

部分用户在提问时，会将现实生活场景中遇到的问题进行详细描述，那么，在写回答时要在用户描述当中抓字眼、抓关键词，要分析用户的真实疑惑是什么，从而对症下药，同时应该尽量避开所答非所问的情况。如图 8-17 所示的用户提问页面中，关键字眼是"现在装修新房的话，还会办理有线电视业务吗？"

项目 8　知乎运营

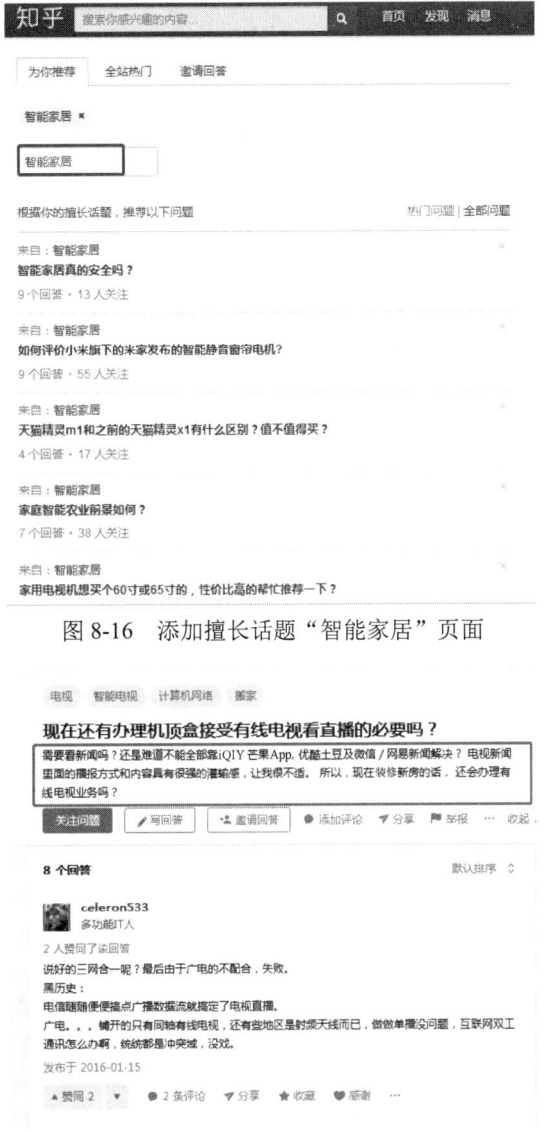

图 8-16　添加擅长话题"智能家居"页面

图 8-17　用户提问页面

3．精练回答

一个问题的提出会有众多用户进行解答。在众多回答中要想脱颖而出，受到提问主的关注，回答应该精炼，做到条理清晰，见解独到，让提问主看到回答眼前一亮。用户回答页面如图 8-18 所示。

8.3.2　写文章

讨论 8-9：你在知乎平台中看到过你所喜欢的文章吗？

知乎中除了写问答进行互动以外，更有行业中的资深人士发表专业的文章。优质的文章能获得较高的点击率与互动评论，这大大减少了推广成本，节约了时间和精力。文章写作由三部分组成：题图、标题、正文。

图 8-18　用户回答页面

1. 题图

题图，即文章的插图，在文章当中起到辅助理解的作用。文章的内容是核心，题图起到画龙点睛的作用。在文章中添加与内容相关的图片，可以让用户更直观地理解内容，文章题图页面如图 8-19 所示。

图 8-19　文章题图页面

2. 标题

标题的撰写一方面要提炼内容的核心，另一方面能结合当下热点话题。能吸引用户的标题有：①将标题撰写成一个问题，让用户在文章中找答案；②提炼一个关键词，在文章展开阅读；③抓住用户痛点，引起注意。有吸引力的标题示例如图 8-20 所示。

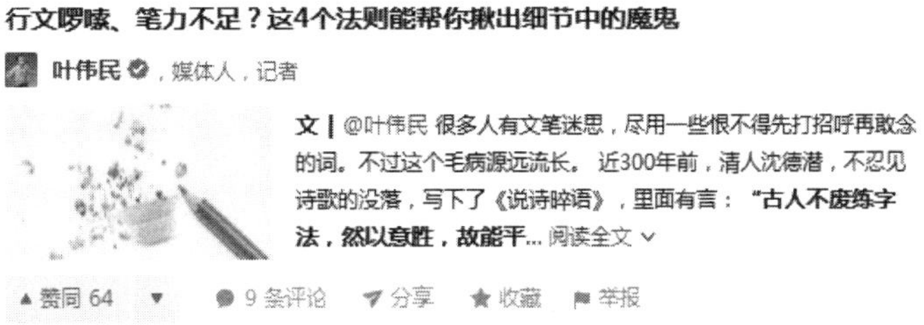

图 8-20 有吸引力的标题示例

3．正文

正文部分应回归到写作本身，确保内容信息真实，有条理、有逻辑。一篇优质内容的文章会让用户由产生赞同到信赖。在文章发布以后，要及时关注用户的评论，与用户第一时间进行互动，让用户感受到被关注。

8.3.3 写想法

讨论 8-10：你在知乎平台中发布过自己的心情或想法吗？

2017 年 8 月，知乎推出"写想法"功能，以便"分享你此刻的想法"。形式为短内容记录，可以上传照片或视频。该功能与微信朋友圈、微博类似，开放点赞、分享、收藏等功能。

任务小结

1．写回答作为基础性功能，用户有需求就会有疑问。在用户提出问答时给予正面回复，能获取用户的信任，从而将其发展为潜在客户。

2．知乎中除了写问答进行互动以外，更有行业中的资深人士发表专业的文章。优质的文章能获得较高的点击率与互动评论，这大大减少了推广成本，节约了时间与精力。文章写作由三部分组成：题图、标题、正文。

3．2017 年 8 月，知乎推出"写想法"功能，形式为短内容记录。与微信朋友圈、微博类似，开放点赞、分享、收藏等功能。

任务实训

请在知乎平台上回答一个你感兴趣又知道答案的问题，再写一篇文章。

任务 8.4　知乎的用户运营

📔 任务目标

知识目标：了解知乎用户运营的技巧。
能力目标：熟悉知乎用户运营的内容，掌握知乎用户运营的技巧。

📔 任务导图

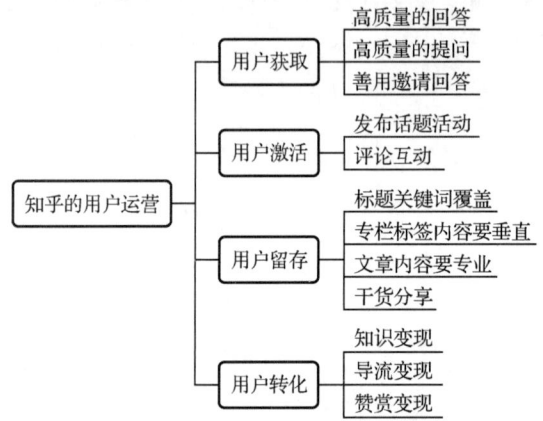

📔 任务实施

取之于民，用之于民，用户的维护是运营之根本。在各大新媒体平台中，用户两极分化日趋明显。本任务主要介绍知乎的用户运营内容和技巧。

8.4.1　用户获取

讨论 8-11：你对知乎的哪些分类感兴趣？

1. 高质量的回答

知乎作为问答社区，平台中的用户注重的是问题及回答的质量。当一个高质量的回答帮助别人解决了问题时，自然会得到该用户的赞同和感谢，同时其他关注者也会赞同，高质量的回答案例如图 8-21 所示。值得肯定的是，在知乎平台中，不会有一个高质量的回答被埋没。同样，如果你的回答质量很高，就有可能进入"发现"频道，以及知乎官方微博，这样获得的关注度就会快速上升。

2. 高质量的提问

在知乎平台中，提出一个好的问题是一件很难的事情，原因是知乎内容沉淀时间较久，大部分问题都覆盖到每个类目当中，要想在众多问题中脱颖而出并非易事，而且只有一个好问题才会引起更多用户的关注和参与。用户的关注度和参与度高，对于自己账号的曝光本身就是一次成功的推广，高质量提问案例如图 8-22 所示。

项目 8 知乎运营

图 8-21 高质量的回答案例　　　图 8-22 高质量提问案例

3．善用邀请回答

在知乎问答模块中，单击"邀请回答"按钮，系统会列出你所添加的话题下的回答者列表，列表会按一定的规律进行排序，你可以在列表中挑选用户，邀请他们来回答你的问题，"邀请回答"页面如图 8-23 所示。同样，你也可以邀请你认识的人来帮你回答问题，回答较牛的用户一般会自带较多的粉丝来关注他的回答，这无疑也是蹭热度的技巧。

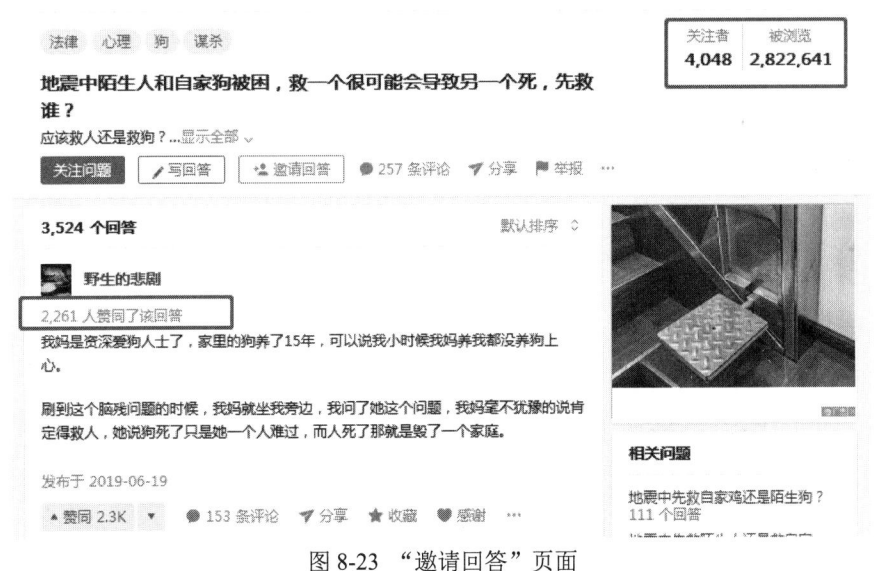

图 8-23 "邀请回答"页面

8.4.2 用户激活

讨论 8-12：你对知乎的什么内容感兴趣？说说你的看法。

1．发布话题活动

每逢佳节，各大网络媒体都会讨论或分享节日相关的话题，知乎也不例外，不乏用户分享节日的喜悦。关注热点话题，或者关注中西方节日的时间点，提前策划好话题活动，能引起广大用户的共鸣。话题越精准，时间点掌握越准确，越能获得更多用户的参与，从而增加曝光度。春节相关的热门话题如图 8-24 所示。

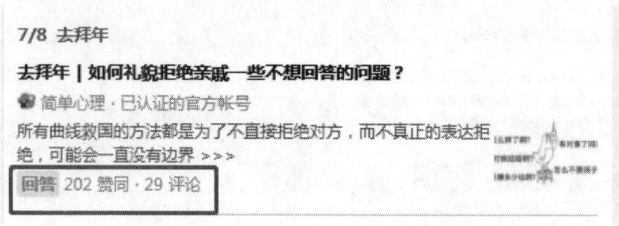

图 8-24　春节相关的热门话题

2．评论互动

虽然知乎几乎没有任何激励机制，没有积分奖励。如没有相应的等级提升体系，更没有任何形式的物质奖励，但用户的参与度却很高，原因很简单，知乎满足了用户分享的欲望。在我们发布的话题中，用户进行评论后，应该去重视，多与用户进行互动，并追加评论。因为用户渴望被肯定。用户发表的评论得到了认可，会认为你是他的知音。评论互动页面如图 8-25 所示。

图 8-25　评论互动页面

8.4.3　用户留存

讨论 8-13：在知乎中，你是否有过对某个话题很感兴趣？你是如何参与话题的？

1．标题关键词覆盖

标题中覆盖的关键词越多，用户进行关键词搜索时，该标题含有的关键词特征越符合，这时排名权重就越高。

2. 专栏标签内容要垂直

每次专栏内容发布后，可以选择三个标签。建议三个标签，内容越垂直越精准越好。而且三个标签内容尽量不要重复。这样可以优化搜索，让用户在更多的主题下看到你的内容。

3. 文章内容要专业

内容质量越高越好，凸显自己的专业性。例如，某美妆大 V 知乎账号的回答，涵盖情感、美妆、生活三个品类，但她的专栏非常聚焦，全部集中在美妆、穿搭上，目的就是深度转化用户。

4. 干货分享

如果自己在某方面经验较多，那么多写自己的经验及总结，多分享干货文章，大家感觉你的答案有价值，一般都会点赞和收藏，甚至是关注，干货分享文章示例如图 8-26 所示。

图 8-26 干货分享文章示例

8.4.4 用户转化

讨论 8-14：说说知乎中你看到的广告有哪些？

1. 知识变现

知识分享在知乎平台上司空见惯，平台中变现的一种方式就是独到的知识分享。有目的、有计划地在某个领域输出知识，将知乎回答和专栏文章归纳整理，可在知乎站内结集出版电子书，或者向其他杂志、媒体投稿或授权转载，从而获得稿费收入，这就是知识变现。该变现方式应该做的是坚持长期、稳定、高质量地在某一或某些领域输出内容，高质量的内容输出示例如图 8-27 所示。

图 8-27 高质量的内容输出示例

2. 导流变现

在知乎平台中，可以展示自己的产品或服务通过导流来进行变现。如果能找到或者本身具有的适合自己的产品或服务，并以此为中心，长期发表与该产品有关的产品信息、行业信息、个人观点，引起共鸣，从而转化为客户。也可以通过知乎向自己的其他平台（如微信公众号）引流，获取打赏或者承揽营销广告盈利，知乎引流到微信群案例如图 8-28 所示。

3. 赞赏变现

知乎"专栏"默认拥有赞赏资格，文章发布或者被收录到拥有赞赏资格的"专栏"，即可在文章页面底部开通"赞赏"功能。赞赏收入每天 21：00 结算，进入文章作者的"我的余额"，可以提现，赞赏支付页面如图 8-29 所示。

图 8-28　知乎引流到微信群案例

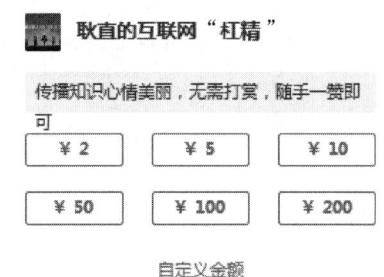

图 8-29　赞赏支付页面

任务小结

1. 在知乎平台中，如果你的回答质量很高，就有可能进入"发现"频道，以及知乎官方微博，这样获得的关注度就会快速上升。

2. 在知乎平台中，提出一个好的问题是一件很难的事情，只有一个好问题才会引起更多用户的关注和参与，用户的关注度和参与度高，对于自己账号的曝光本身就是一次成功的推广。

3. 用户留存的技巧包括：标题关键词覆盖、专栏标签内容要垂直、文章内容要专业、干货分享。

4. 用户转化方式有知识变现、导流变现和赞赏变现 3 种。

任务实训

请结合当下热点，在知乎平台上发布一个优质的话题。

项目 9

其他新媒体运营

豆瓣是一个社区网站，以图书、电影、音乐起家，提供关于书籍、电影、音乐等作品的信息，无论描述还是评论，都由用户提供（UGC），是 Web 2.0 网站中具有特色的一个网站。

简书是一个创作社区，任何人均可以在其上进行创作。用户在简书上面可以方便地创作自己的作品，并进行互相交流。简书成为国内优质原创内容的输出平台。

哔哩哔哩（Bilibili）被粉丝们亲切称为"B 站"。B 站以 ACG 内容为切入点，逐步发展成为包括视频、游戏、直播和社区服务在内的综合性内容平台。

喜马拉雅 FM 是专业的音频分享平台，汇集了有声小说、有声读物、有声书、儿童睡前故事、相声小品、鬼故事等数亿条音频，是超过 4.7 亿用户选择的网络电台，"随时随地，听我想听"。

任务 9.1　豆瓣运营

任务目标

知识目标：了解豆瓣的概念、特点和发展历程。
能力目标：分析豆瓣的内容特点和用户特点。

任务导图

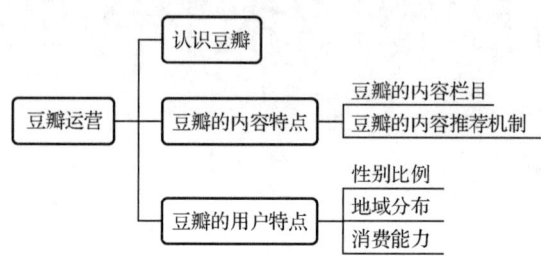

任务实施

9.1.1　认识豆瓣

讨论 9-1：1. 豆瓣的特点是什么？2. 豆瓣网站提供哪些服务功能？

豆瓣是一个社区网站。网站由杨勃（网名"阿北"）创立于 2005 年 3 月 6 日。该网站以书籍、电影、音乐（以下简称书影音）起家，提供关于书影音等作品的信息。无论描述还是评论都由用户提供（User Generated Content，UGC），是 Web 2.0 网站中具有特色的一个网站。网站还提供书影音推荐、线下同城活动、小组话题交流等多种服务功能，它更像一个集品味系统（读书、电影、音乐）、表达系统（我读、我看、我听）和交流系统（同城、小组、友邻）于一体的创新网络服务平台，一直致力于帮助都市人群发现生活中有用的事物。

豆瓣擅长从海量用户的行为中挖掘和创造新的价值，并通过多种方式返还给用户。凭借独特的使用模式、持续的创新和对用户的尊重，豆瓣被公认为中国极具影响力的 Web 2.0 网站和行业中深具良好口碑和发展潜力的创新企业。豆瓣主要的盈利模式是品牌广告、互动营销，以及不断建设和增长中的围绕电子商务行业的渠道收入。

豆瓣的发展史是一个典型精英社区的起伏兴衰史。

（1）辉煌期：2005—2012 年。2004 年 12 月，北京朝阳门外，豆瓣胡同附近的星巴克。几乎每天下午，"阿北"（杨勃）都会拎着一台已经掉漆的 Power Book 来到这里，埋头编程几个小时。豆瓣最初的程序大半完成于此，这是"豆瓣"的来历。2005 年 3 月 6 日，豆瓣正式上线。

2005 年 4 月 9 日，小组藏书功能开通；4 月 19 日，增加"和你口味最像的人"，还在部分书的介绍页里开通了"豆瓣成员认为类似的书"；4 月 20 日，针对用户和小组推出个性化域名服务；4 月 22 日，推出针对站内评论的 Rss Feed；4 月 25 日，第一个公益性质的小组出现于豆瓣；4 月 27 日，用户上传书目功能开通（试验性运行）。

2005年5月2日，因为"爱看电影"的迅猛发展，豆瓣电影单列开通；5月23日，开通"Wishlist"，开始测试对个人的推测清单。

2005年6月6日，"标签"从豆瓣的主菜单里消失了，标签列表成为豆瓣读书和豆瓣电影页面的一部分；6月14日，增加了代码生成器，用户看过、在看、想看的书或电影，都可以自动显示在自己的Blog上。

2005年7月18日，豆瓣音乐单列开通；2005年7月底，豆瓣网注册用户已接近万名，日访问量近20万次。

2005年8月23日，豆瓣推出同城。到2005年9月底，豆瓣网注册用户已达3万多名，日访问量超过20万次。

2005年10月7日，开通二手书碟交换功能；同年11月，网站从上海搬到北京运营。

2005年12月，豆瓣网英文版上线。至此，由1个人开发、4个人运营的书评、影评、乐评网站豆瓣网，已经有5万多名注册用户。

2006年2月，豆瓣网注册用户超过10万名。3月，豆瓣网开通一周年，注册用户超过11万名。4 000个小组，50人以下的小组占90%。

2007年11月13日，豆瓣成员满100万名。

2008年8月15日，豆瓣广场上线。11月7日，豆瓣推出音乐人页面。9月22日，站务论坛下线，新的帮助中心正式使用。

2009年1月14日，新版推出。6月19日，豆瓣电台Beta版正式开始小规模公测。

2011年1月26日，读书笔记功能上线。

2012年1月10日，新版豆瓣首页启用，新豆瓣才重登首页。

2012年5月7日，豆瓣阅读的作品商店上线，正式发售作品。

2012年5月17日，豆瓣电影开启在线购票和选座位功能。

2012年8月，豆瓣宣布其月度覆盖独立用户数（Unique Visitors）已超过1亿名，日均页面浏览量为1.6亿次。

（2）瓶颈期：2012—2017年。2012年，是移动端全面兴起的一年。为了应对用户习惯的变化，豆瓣最初的策略是把各个独立功能分别做成独立的App，意图通过此举让每个App都可以聚合到垂直领域内的对应用户。这一策略，正是早期豆瓣在PC端起家时实行的打法，豆瓣想要复制自己在PC端成功的轨迹。于是，曾经完整的豆瓣网站，变成了若干个独立的App，豆瓣系App如图9-1所示。

图9-1 豆瓣系App

豆瓣的这一决策背后，可能忽略了一个巨大的问题，即作为一个 PC 端上的豆瓣用户，是可以在一个名为"豆瓣"的网站内随意在读书、音乐、豆瓣小组等各个功能间进行切换的，且还会乐此不疲。而在移动端，当"豆瓣阅读"和"豆瓣小组"变成了两个完全独立的 App 时，所有类似这样的可能性都纷纷消失了。

于是，豆瓣开始被替代。到了 2014 年底，豆瓣的日均页面浏览量已经跌落到 3 000 万次左右。

在 Web 端无人不知，再到移动端慢慢地被代替，豆瓣在尝试找回曾经的辉煌。2014 年 8 月，一款名为"豆瓣"的 App 上线。"豆瓣" App 的第一个版本主要围绕评分和评论。它汇集了一千多万用户在豆瓣各处的几亿条评分和评论，它也是中文世界里最完整的手边书影音资料库。在你听说了一件事物之后，它通过别人的意见帮你判断到底好不好。这个版本也用最简单的方式开启了手机上特有的围绕兴趣的讨论：每一个条目下面有一个即时的讨论群。

2015 年 11 月，口号为"和有趣的人做有趣的事"的豆瓣 App 3.0 版本上线，如图 9-2 所示。此版本主推"小事"这一新板块，从人与信息转向人与人连接为主，社交属性大大加强，以切入兴趣社交市场为主。

图 9-2　豆瓣 App 3.0 版本

2017 年 7 月，经过 4.0 版本"豆瓣时间"功能的几次优化更新，在全新的 5.0 版本中，豆瓣在首页放上了"豆瓣时间"（卖音频、图文课程）、"市集"（卖设计感强的生活美学产品、精品）与"豆瓣书店"（卖纸质书、电子书）三个看起来赚钱意味很浓的导航模块，也宣告了豆瓣进军知识付费市场与精品电商市场的决心。

（3）转机期：2017 年至今。2017 年 8 月，豆瓣创始人"阿北"发表内部信《年中业务调整》，梳理了豆瓣的两条业务主线，用户线和营收线。营收线包括了以内容付费品牌"豆瓣时间"为核心的内容事业部，以自营商品营收为目标的市集事业部，还有主要负责广告业务的大商业团队。

在这三项业务中，内容付费品牌"豆瓣时间"是最值得关注的重点。"豆瓣时间"上线于 2017 年 3 月，是豆瓣正式进军内容付费的重要一步。"豆瓣时间"的内容包括文学、摄影、电影、心理学等人文通识领域，比如第一档音频节目《醒来——北岛和朋友的诗歌课》，邀请诗人北岛讲解诗词。官方数据显示，豆瓣时间上线 5 天后，销售额便突破了百万元。其中两门单价过百元的头部课程《北岛的诗歌》课和戴锦华主讲的《电影大师》课，流水均超过百万元。

豆瓣的付费内容和其他平台相比，特色也更明显。相比实用性、工具性更强的知识付费内容，豆瓣的课程明显更关注精神世界。如果在"得到"上出现一个插花课或者摄影课，也许会让人感觉奇怪。但是这种课程放在豆瓣上，看起来就非常和谐。

2018 年 6 月，"豆瓣时间"上线了第一档付费视频课程《花知道答案——中日名师插花》课，如图 9-3 所示。"豆瓣时间"团队邀请了十几位中日花道大师，远赴日本实地取材拍摄，最终制作成售价 298 元，40 期的插花视频课程。

图 9-3　付费视频课程《花知道答案——中日名师插花》课

再结合"豆瓣时间"计划推出的会员服务，从知识付费到社群运营，从自己不熟悉的领域切入，"豆瓣时间"最终还是要回到了自己最擅长的地盘。2018 年 3 月，"豆瓣时间"上线一周年，全部内容付费产品的营收也达到了千万元。

"豆瓣时间"和"豆瓣市集"，一个是内容付费产品，一个是自营商品，这两者在未来也存在联合的可能，从内容付费到电商也是豆瓣的规划之一。关于怎么赚钱这个问题，豆瓣已经有了越来越清晰的答案。

直到现如今的 6.0 版本，豆瓣 App 回归"初心"，以书影音作为入口，基本建立起了"书影音评分工具+兴趣社区+知识付费+精品电商"的成熟业务模式，以"泛娱乐市场"（书影音相关）、"知识付费市场"与"电商市场"作为主要目标市场。豆瓣 App 6.0 版本如图 9-4 所示。

图 9-4　豆瓣 App 6.0 版本

9.1.2 豆瓣的内容特点

讨论 9-2：你最爱豆瓣的哪个栏目？

1. 豆瓣的内容栏目

（1）豆瓣 FM

豆瓣 FM 是你专属的个性化音乐收听工具，打开就能收听，可以用"红心""垃圾桶"或"跳过"告诉豆瓣 FM 你的喜好。豆瓣 FM 将根据你的操作和反馈，从海量曲库中自动发现并播出符合你音乐口味的歌曲，提供"兆赫""歌单""我的"三种收听方式。在"红心""兆赫"中的歌曲离线也能收听。

（2）豆瓣读书

豆瓣读书自 2005 年上线以来，已成为国内信息较全、用户数量较大且较为活跃的读书网站。专注于为用户提供精细化的读书服务，同时不断探索新的产品模式。至 2012 年，豆瓣读书每个月有超过 800 万的来访用户，过亿的访问次数。"豆瓣读书"页面如图 9-5 所示。

图 9-5 "豆瓣读书"页面

（3）豆瓣阅读

豆瓣阅读是豆瓣读书 2012 年推出的数字阅读服务，支持 Web、iPhone、iPad、Android、Kindle 等桌面和移动设备。自 2012 年 5 月作品商店上线以来，商店作品达 600 余部，用户评论 3 000 余篇，有 50 万用户购买过付费或免费作品。豆瓣阅读的现有内容涵盖了小说、历史、科技、艺术与设计、生活等多种门类，定位为集短篇作品和图书于一体的综合平台。

（4）豆瓣电影

豆瓣电影是中国较大的电影分享与评论社区，收录了百万条影片和影人的资料，有 2 500 多家电影院加盟，更汇聚了数千万热爱电影的人。豆瓣电影于 2012 年 5 月推出在线选座购票功能，方便了人们的观影生活。"豆瓣电影"页面如图 9-6 所示。

图 9-6 "豆瓣电影"页面

（5）豆瓣音乐

豆瓣音乐是中国较大的音乐分享、评论、音乐人推广社区，拥有较完整的全球音乐信息库、权威的用户音乐评论，以及具有创造力的独立音乐人资源。汇集 90 多万音乐条目，包括小凡 Say、MC 光光、呆宝静等 21 000 多位独立音乐人入驻，2011 年，全年平均每 5 分钟诞生一首原创音乐，覆盖粉丝数量超千万。2014 年 10 月，豆瓣针对独立音乐人的服务"金羊毛计划"正式上线，帮助音乐人获取在线音乐播放收益，以播放量为标准，音乐人能够获得 1 元/千次的收入；2015 年初，豆瓣音乐人主体业务正式从豆瓣拆分，成立北京偏北音乐文化有限公司；随后，偏北音乐推出专注于行使唱片公司职能的"大福唱片"和以数字版权业务为重点的"大福音乐"，服务独立音乐人；2017 年 5 月，"大福唱片"在北京举办了首届潮潮豆瓣音乐周，收获好评；2018 年，"豆瓣音乐"已从豆瓣分拆，并与音乐版权服务平台 V.Fine 合并重组。

（6）豆瓣同城

豆瓣同城是国内较大的线下活动信息发布平台，包括音乐/演出、话剧、展览、电影、讲座/沙龙、戏剧/曲艺、生活/聚会、体育、旅行、公益……专注于一线城市业余生活方式。

（7）豆瓣小组

豆瓣小组于 2005 年上线，定位于"对同一个话题感兴趣的人的聚集地"，至今已有 30 多万个小组被用户创建，月独立用户超过 5 500 万户。内容包括娱乐、美容、时尚、旅行等生活的方方面面。用户在这里发布内容，同时也通过互动或浏览，发现更多感兴趣的内容。

2．豆瓣的内容推荐机制

（1）热门推荐

书影音都有排行榜形式的内容，用户第一次使用产品或在未登录状态下，个性化推荐都是无从实现的，最好的办法就是展示平台上近期最热门的内容。

（2）编辑推荐

编辑推荐内容一般而言是优质、新鲜、有个性的内容。主要作用首先是用来弥补排行榜推荐的不足；其次是用来引导用户进行话题或题材的聚焦。编辑推荐的目的是避免热门内容短期内都是一些低质量的热点，从而丰富内容多样性。

（3）个性化推荐

个性化推荐常用的方式为两种：①基于用户的推荐，根据用户的行为信息进行分类，把一类用户都喜欢的内容推荐给分类中没看过此内容的用户；②基于物品的推荐，根据当前浏览的内容，找到相似的内容推荐给当前用户。豆瓣这两种推荐方式都有采用。

9.1.3 豆瓣的用户特点

讨论 9-3：你身边有朋友喜欢豆瓣吗？为什么？

1．性别比例

豆瓣 App 的用户男女比例较为均衡，男性用户略多。在年龄分布上，31～35 岁用户占比最大，占 32.72%；其次是 25～30 岁用户，占 27.46%；24 岁以下用户也不少，占 20.4%。值得一提的是，36～40 岁这一年龄段占比也有 15.64%，可见，豆瓣 App 的用户年龄分布相当广泛，有 00 后、90 后、80 后，甚至还包括一些 70 后，涉及多个年龄阶层。豆瓣用户性别比例如图 9-7 所示。

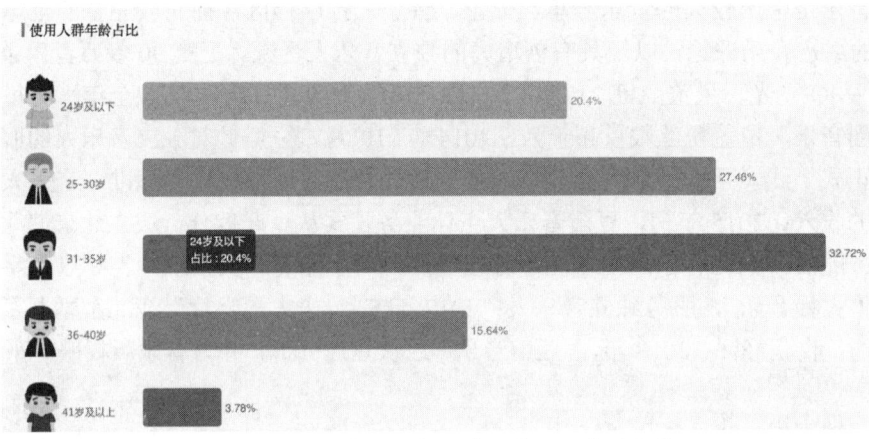

图 9-7 豆瓣用户性别比例（数据来源：艾瑞咨询）

2．地域分布

在地域分布上，豆瓣 App 用户多集中在广东、山东、江浙等沿海省份，这些地区经济较发达。在物质基础之上，书籍、电影、音乐、同城活动这些事物满足了这些人的精神需求，他们也乐于通过这些文娱兴趣上的契合来交友，真正把豆瓣当作"我们的精神角落"。豆瓣用户区域分布如图 9-8 所示。

豆瓣 App 在城市分布上体现的用户特征更为明显。超一线城市用户占比达 17.28%，一线城市占比达 48.85%，两者相加占比高达 66.13%，二线城市比例也高于三线城市。可见，用户主要集中于大城市，一方面知识素养较高；另一方面大都市生活压力大，使他们更希望通过豆瓣找到精神寄托。大学生、白领群体也更易在此找到同为"文艺青年"的归属感。豆瓣用户城市分布如图 9-9 所示。

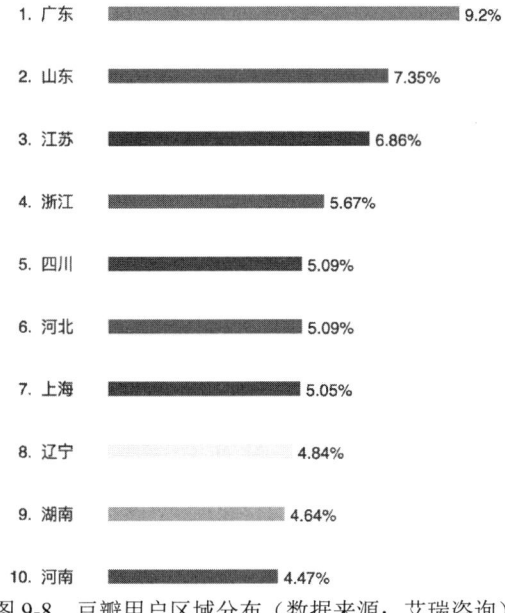

图 9-8 豆瓣用户区域分布（数据来源：艾瑞咨询）

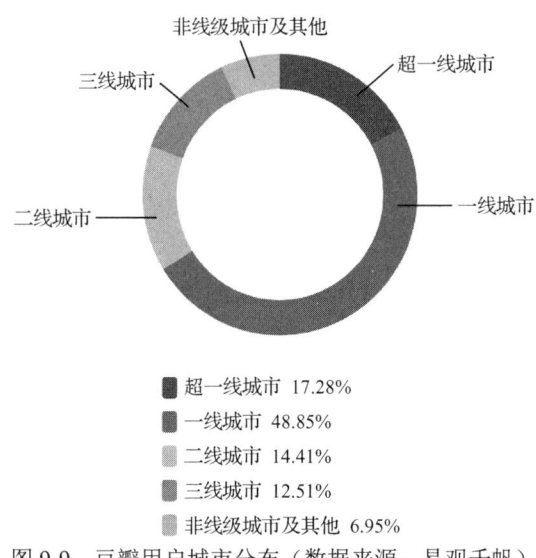

图 9-9 豆瓣用户城市分布（数据来源：易观千帆）

3. 消费能力

从消费能力上来看，豆瓣 App 的用户中高等消费者占比最高，为 32.35%，中等消费者占比为 29.85%，而高消费者也以 13.48% 的比例高于占比 6.72% 的低消费者。总体上来看，豆瓣用户消费能力很强，他们可能更乐于为高质量的商品付费，这是豆瓣电商成功的关键。大城市的同城活动（演唱会、体育赛事、观影会、艺术展、话剧等）丰富，豆瓣可以多与这些活动的主办方合作，吸引高消费能力的用户去到线下消费，这一块市场潜力应该非常巨大，豆瓣应抛下"拒绝铜臭味"的高傲姿态，拥抱各级别消费能力用户，思考多种商业变现玩法。豆瓣用户消费能力如图 9-10 所示。

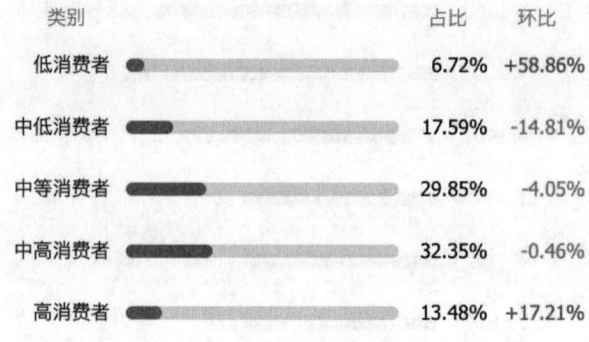

图 9-10 豆瓣用户消费能力（数据来源：易观千帆）

任务小结

1. 豆瓣作为一个社区网站，以书影音起家，提供关于书影音等作品的信息，网站还提供书影音推荐、线下同城活动、小组话题交流等多种服务功能。

2. 豆瓣的核心用户群是具有良好教育背景的都市青年，包括白领及大学生。他们热爱生活，除了阅读、看电影、听音乐，更活跃于豆瓣小组、小站，对吃、穿、住、用、行等进行热烈的讨论。

任务实训

请注册一个豆瓣账号，完善个人资料，了解豆瓣读书、豆瓣电影、豆瓣音乐等板块的特点，并发表一篇豆瓣日志。

任务 9.2　简书运营

任务目标

知识目标：了解简书的概念、特点和发展历程。
能力目标：分析简书的内容特点和用户特点。

任务导图

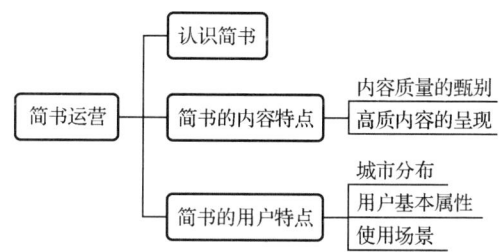

任务实施

9.2.1　认识简书

讨论 9-4：你知道简书吗？

简书是一个创作社区，任何人均可以在其上进行创作。用户在简书上面可以方便地创作自己的作品，互相交流。简书成为国内优质原创内容输出平台。

2013 年 4 月，简书作为一款人人都能方便使用的写作工具，网站上线公测版本，正式开放注册。

2014 年 5 月，简书获得戈壁创投的天使轮投资。

2014 年 11 月，宣传语从"找回文字的力量"改为"交流故事，沟通想法"。

2015 年，定位说明从"写作和阅读平台"改为"一个优质原创内容社区"。同年，简书 App 上线。

2015 年 4 月 9 日，网站开放打赏功能。

2015 年 8 月 21 日，全线支持文章分享至微信，可接受微信好友打赏。

2015 年 9 月 28 日，简书 App 打赏功能上线。

2015 年 9 月 30 日，网站支持插入视频，回收站功能上线。

2016 年 6 月，简书完成 A 轮数百万美元融资，投资方为赛富投资基金/赛富亚洲基金（SAIF）。

2017 年 4 月，简书日活突破 230 万次，次日留存率 50%以上，累计文章 1 000 万篇，日均新增文章 4 万篇，获得 B 轮融资 4 200 万元，领投方为君联资本与海纳亚洲创投基金（SIG），估值达到数亿元。

9.2.2 简书的内容特点

> 讨论 9-5：简书有哪些你感兴趣的板块？

在内容初始化时期，简书就提出"找回文字的力量"，明确了自身作为 UGC 平台的定位。如此这般，内容、来源和受众三个部分已经确立，但如何鼓励内容生产者进行创作，怎样对内容做筛选，以及如何将好的内容传递给内容消费者，就还需要建立相应的内容标准和展现机制，使平台上的内容创作与流通得以常态化发展。

1. 内容质量的甄别

（1）社区规范

简书对"什么样的内容允许被创建"并没有太多限制，这是由产品本身的 UGC 基因所决定的。而好内容的养成则需经过层层把关，才能上首页或是进入专题，提升曝光率。这里的社区规范主要指以名声在外的《简书（首页投稿）史上最全拒稿指南》为代表的各类简书官方创作规范。目前这类规范主要包括两种：一是专题投稿须知，如《"简书真人交友专题"投稿须知》，给定内容创作的范围与形式；二是操作规则，如《关于降低用户每日发布文章次数上限的说明公告》。

（2）编辑审核

即便有了规则和算法，作为一个内容型产品，编辑的人工审核是简书必不可少的一个环节。简书也为编辑工作给出了如《如何事后管理不需要审核的专题》等相应的管理细则。编辑审核的可操作性强，规范化程度高，同时也可以发掘优质话题和潜在签约作者，保持产品调性，构建平台内部的内容生态。但编辑的审稿效率有限，当获得大规模用户量和投稿数后，势必要让渡一部分内容监管权给忠实用户。

（3）用户评判

简书作为 UGC 平台，用户反馈意见就是判定内容质量好坏的最直接来源。和许多社区类产品一样，简书提供阅读、评论、喜欢、收藏、打赏、分享等基本的社区功能，并在内容页显示文章曝光的具体数据，作为对文章初步排序的依据。同时，结合编辑的审核，将近期热门文章放到首页，以用户"用手投票"来反映内容质量。

另一方面，用户可以自主将原创文章向其他用户创建的专题投稿，每篇文章限投五次，并可以被不同的专题收录。专题管理者多是简书的忠实用户，他们设定所管理专题的内容质量标准，并进行审稿。用户对专题的运营和编辑团队的官方运营形成了有效互补，节省了简书的人力资源成本，同时为内容质量的甄别带去不一样的视野（尽管水平可能参差不齐）。

这里要指出的是，用户评判也会作为一种反馈机制影响编辑和一部分创作者。由于在内容的呈现过程中，用户也在不断地通过自己的点击、喜欢、收藏、评论、打赏、分享等一系列动作反馈阅读体验，以及产生关注或"取关"的行为，进一步地为内容质量标准提供了回溯性借鉴。渴望关注的创作者会根据往期文章的受欢迎程度调整自己内容生产的主题、风格、排版等；而编辑出于留住更多用户的考虑，会把话题性大、关注度高的文章推向首页。而这类文章往往受众较广，用户黏度大，会显得产品过于向大众思维倾斜。

2. 高质内容的呈现

（1）用户主动发现内容

简书 App 为未登录用户展现的只有"发现"页。对新注册用户提供关注专题的引导页，并直接进入"发现"页,在首页也就是"关注"页则提供相应的推荐关注,包括添加微信和 QQ 好友。"发现"页相当于是简书做的优质内容集结,通过运营对现有内容进行组织和包装,填充用户在 App 上闲逛的时间,抓住为用户提供内容的机会。内容整合的形态包括 7 日热门、30 日热门、简书出版等。

"发现"页主要是热门文章的集合,而"关注"页就更加个性化地将用户主动关注的内容呈现出来,同时成为提高用户使用产品频次的基础。简友圈将社区化的互动方式变得更为私密而连续,通过查看已关注人的动态,用户可以更快地获取自己感兴趣的话题,同时也会对已关注人形成相应的画像,增强产品的社交附着黏性。

(2)向用户推送内容

简书 App 内部推送的内容有三类:文章更新推送、新消息推送和黛玉早报。

文章更新推送的对象和用户发现页一样,包括关注的用户、专题、文集。不同的是用户在这里可以自主设置是否要接收推送,即从主动发现转为被动获取。这一功能可以使用户有针对性地选择不希望错过的内容更新。简书也为用户提供了"默认打开新关注对象的更新推送""每次关注时询问是否打开更新推送"这样比较人性化的选项。因此,简书的文章更新推送形式上是用户被动接受,本质上还是用户自己做出的选择。文章更新推送有增有减,在提升用户使用体验的同时也提高了 App 的打开率和用户活跃度;当用户面对推送时,出于前置的主动选择,他更倾向于在打开推送后进行点赞、评论等互动。

新消息推送主要是社区内互动及投稿的请求或反馈,包括评论、简信、投稿请求、喜欢和赞、关注、赞赏、其他提醒和精选,也同样由用户选择是否接收这些通知项目。

黛玉早报是官方的精选推送,开启了消息推送的用户将在每天早上 10:00 左右收到一篇集结各类精选的文章,文章主题各异,兼顾各类读者口味。也会结合一些社会热点、简书官方活动等话题度较高的事件进行编排。黛玉早报首页如图 9-11 所示。

图 9-11 黛玉早报首页

(3)推荐机制的建立

简书的推荐机制,除了根据用户反馈的数据进行初步筛选、编辑审核并推荐内容外,还给活跃度较高、创作内容质量较好的用户提供了"社会认可"和"自我满足"维度上的名号,即简书新浪微博联合认证的"简书推荐作者"和"简书专题运营者"。两项认证的申请也有清晰的标准:"简书推荐作者"需要在简书上发表文章字数达到 20 000 字,获得喜欢数达到 2 000 个;"简书专题运营者"在简书参与编辑的专题所收获订阅总数则要达到 1 000 个。认证作者、运营者的知名度将更高,文章和专题登上简书首页的可能性也更大。但对这部分核心创作者的后续监管和关系维护是简书需要长期处理的一项事务。

(4)"自运营"的实现

自运营是网站或产品运营的最高境界,而前期所做的种种用户引导和内容构建,本质也是为了向用户自主运营靠拢，让网站或产品实现常态化发展。目前简书的"自运营"体现在，用户可以创建专题并成为专题的运营者，还有可能成为"简书专题运营者"。但总体上，简书离"自运营"还有很长一段路要走，需要时不时地进行一些活动来鼓励用户创作，UGC 的基因也让编辑的人工审核不可或缺。

9.2.3 简书的用户特点

讨论 9-6：你觉得使用简书的用户有什么特点？

1. 城市分布

从 App 的数据来看，简书超过 73%的用户位于一、二线城市。这类用户受教育程度高，表达能力较强，对知识、情感、能力有较高的学习和表达需求。简书 App 用户城市分布情况如图 9-12 所示。

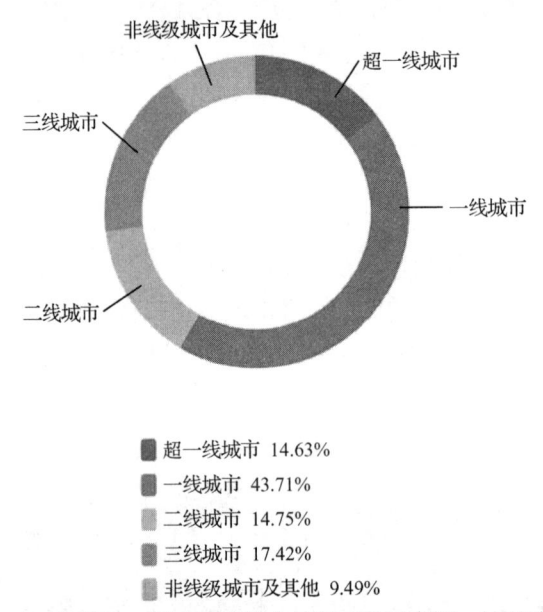

图 9-12　简书 App 用户城市分布情况（数据来源：易观千帆）

2. 用户基本属性

简书用户年龄在 24～30 岁，消费能力较强，以女性为主。简书 App 用户属性分布情况如图 9-13 所示。

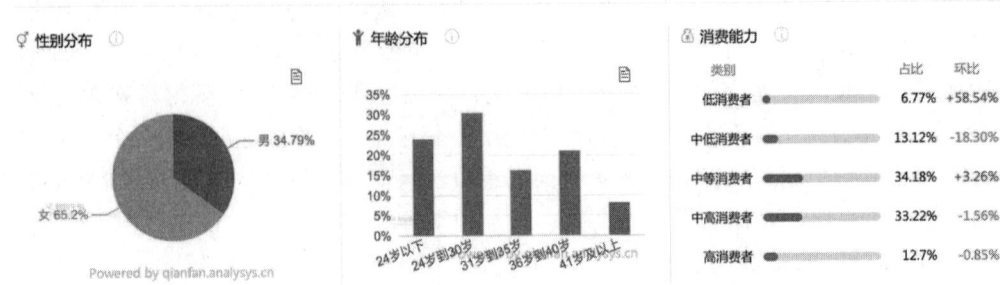

图 9-13　简书 App 用户属性分布情况（数据来源：易观千帆）

3. 使用场景

在使用时间上，简书用户在正常工作时间活跃度比较平均，在工作时间写作比较难实现，这说明用简书 App 进行阅读的使用场景是较多的。简书 App 用户使用时间如图 9-14 所示。

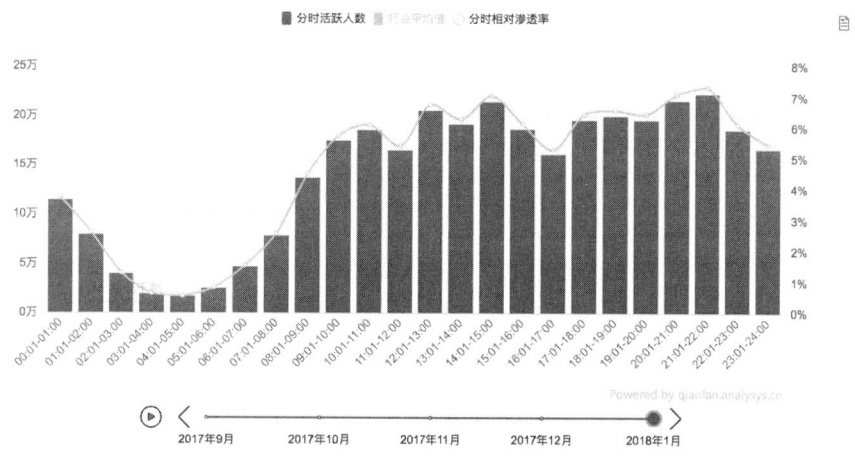

图 9-14　简书 App 用户使用时间（数据来源：易观千帆）

任务小结

1. 简书是一个创作社区，任何人均可以在其上进行创作。用户在简书上面可以方便地创作自己的作品，互相交流。简书成为国内优质原创内容输出平台。

2. 在内容初始化时期，简书就提出"找回文字的力量"，明确了自身作为 UGC 平台的定位。

3. 简书超过 73%的用户位于一、二线城市。年龄在 24～30 岁，消费能力较强，以女性为主。在使用时间上，简书用户在正常工作时间活跃度比较平均，在工作时间写作比较难实现，这说明用简书 App 进行阅读的使用场景是较多的。

任务实训

请注册一个简书账号，完善个人资料，发表一篇推文。

任务 9.3 哔哩哔哩运营

任务目标

知识目标：了解哔哩哔哩的概念、特点和发展历程。
能力目标：分析哔哩哔哩的内容特点和用户特点。

任务导图

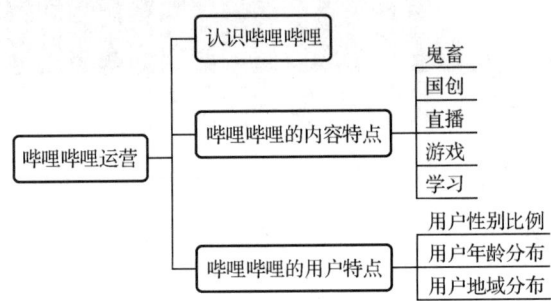

任务实施

9.3.1 认识哔哩哔哩

讨论 9-7：你知道二次元是什么吗？你听说过"Z 世代"吗？

哔哩哔哩（Bilibili）创建于 2009 年 6 月 26 日，被粉丝们亲切地称为"B 站"。B 站以 ACG 内容为切入点，逐步发展成为包括视频、游戏、直播和社区服务在内的综合性内容平台。B 站的特色是悬浮于视频上方的实时评论功能，爱好者称其为"弹幕"，这种独特的视频体验让基于互联网的弹幕能够超越时空限制，构建一种奇妙的共时性的关系，形成一种虚拟的部落式观影氛围，让 B 站成为极具互动分享和二次创造的文化社区。B 站也是国内最主流的"Z 世代"聚集区。数据显示，B 站位列 24 岁及以下年轻用户偏爱的十大 App 榜首；猎豹大数据显示，B 站 75.64% 的用户年龄处于 18～24 岁，用户年龄结构显著年轻于优酷、腾讯、爱奇艺等主流视频网站。

哔哩哔哩的发展史是一部从垂直日系 ACG 内容向泛二次元"亚文化"的扩张史。

(1) 垂直日系 ACG 时期：2009—2013 年

本阶段为 B 站的垂直生长期。2009 年 6 月，国内第一个动画、动漫相关的弹幕视频分享网站——哔哩哔哩正式成立，初期目标用户为伴随着日本动画作品成长起来的中国二次元文化的核心用户和网络原住民。网站通过一系列的二次元活动增强社区氛围，如拜年祭、BDF（Bilibili Dancing Festival）、BML（Bilibili Macro Link）和萌战（动画人气打赏）等，一跃成为中国二次元文化的代名词。其中，"拜年祭"自 2010 年起成为二次元界必不可少的春晚。2019 哔哩哔哩拜年祭页面如图 9-15 所示。

图 9-15　2019 哔哩哔哩拜年祭页面

（2）泛二次元 ACG 时期：2014—2016 年

本阶段为 B 站内容边际由垂直 ACG 内容向"泛二次元内容"的拓展期。自 2013 年开始，哔哩哔哩在网站内容上进行了重要改版，例如，将总榜排行改为了分榜模式，增加了内容分区，并引入了影视剧，由此吸引了更多的"二次元边缘受众"，使 B 站从纵深垂直的"二次元原住民"聚集区拓展为"泛二次元受众"社区，吸引了更多年轻人入驻，并提升了网站的关注度。这一时期，B 站的百度搜索指数有了飞跃式增长。

（3）"Z 世代"泛娱乐聚集区：2017 年至今

这一时期，B 站的主要动作为扶持国产动漫，深度布局二次元内容，并加入三次元内容，横向拓展为中国年轻人最主流的泛娱乐社区，并于 2018 年 3 月正式登陆纳斯达克。2017 年 3 月，哔哩哔哩成立了"国创（国产原创）"专区，致力于国产原创动画的推广与生态维护。同年，B 站国产原创动漫《凹凸世界》荣登百度贴吧"2017 国漫崛起"人气榜，再一次彰显了国漫居高不下的热度和话题性。同时，随着同质竞争对手 A 站的没落，B 站成为最核心的"二次元居民栖息地"。同时，哔哩哔哩还使用资本触手构建庞大的二次元帝国，积极布局二次元内容相关公司，巩固泛二次元领域的霸主地位。截至 2018 年底，B 站在动漫二次元领域共投资了 56 家公司，基本上覆盖了动画、漫画、二次元游戏、虚拟偶像、声优、轻小说、声音平台、漫展、衍生品等上下游公司。

B 站番剧购买量及独播数量居主流视频网站之首，番剧类型主打"差异化"战略。与腾讯着重布局国漫不同，B 站在长视频的布局主要集中于番剧。2018 年第一季度，B 站共购入 33 部动漫，其中 29 部为番剧；腾讯共购入 13 部动漫，其中 10 部为国漫，3 部为番剧。动漫类型方面，腾讯自 2015 年开始大力推广国漫改编漫画；优酷着力布局热血少年作品，如《银魂》等；爱奇艺主要布局头部番剧，如《Daring in the Franxx》。B 站在新番剧选择方面主打"差异化"路线，避开与优酷、爱奇艺、腾讯的头部版权内容争夺，除了日常的卖萌番、泡面番，还有粉丝基础坚实的 Fate 系列，如《Fate/Apocrypha》等。

9.3.2　哔哩哔哩的内容特点

讨论 9-8：请看一段鬼畜视频，讨论什么是"鬼畜"？

B 站拥有动画、番剧、国创、音乐、舞蹈、游戏、科技、生活、鬼畜、娱乐、时尚等多个内容分区。B 站绕开了巨额 PGC 版权投入，以 PUGC 内容为主，同时与 UGC 内容生态共存。PUGC 即具有一定专业制作能力和编辑能力的用户创造的内容，这些内容的创作者即称为 UP 主。用户、UP 主和优质内容构建的自增长的闭环 PUGC 生态是 B 站运营的核心。整个内容生态非常健康，本身是一个正循环、自增长的模型，所以新品类扩展和用户增长的速度很快。随着优质内容吸引用户进入 B 站，B 站的社区属性使得平台的用户转化为 UP 主去创作和分享更多的内容，从而形成一个自增长内容生态。哔哩哔哩的内容栏目如图 9-16 所示。

UP 主就是上传视频到网络上的人。他们创作视频这一过程的本质，其实就是将大众流行进行元素解构，然后通过年轻人喜闻乐见的方式重新创造，并在不同的文化圈层中产生相应的文化影响力和粉丝效应。这是一种通过内容创造来圈粉的"新型网红"，在 2018 年平均每月有 57 万 UP 主活跃在 B 站，并通过超 1 500 万份的视频投稿，为 B 站贡献了超过 89%的视频播放量。

图 9-16 哔哩哔哩的内容栏目

1. 鬼畜

B 站最初的定位是二次元垂直社区，目标用户是对动漫和二次元文化有强烈需求的 ACG 爱好者。随着 B 站的不断发展，用户群由核心二次元人群扩展为泛二次元群体，内容服务范围也在不断扩大。由于准入原则降低，大量泛二次元新 UP 主的涌入导致视频内容良莠不齐，其中固然不乏积极、健康、阳光的作品，但也有 UP 主为了博取流量，上传涉及色情、暴力、血腥的视频。由于 B 站对视频内容的审核和监管存在疏漏，这些低俗视频严重影响了青少年的成长。

2018 年 7 月 20 日，央视在社评节目中点名评 B 站站内留有数量庞大的低俗视频，包括但不限于色情擦边球、乱伦元素、恶搞等，对观众的身心健康不利。B 站被列入了国家限期整改名单，移动客户端遭到全网下架，下架时限为一个月。对此，B 站官方正式发文回应会认真反省，进行整改。

在运营模式上，B 站主要依靠着 UP 主来产出足够的内容，鬼畜则是作为重要的一部分，在社区持续发挥着影响力。在博观众一笑的同时，B 站也应完善内容监管机制，营造积极健康的社区氛围。B 站从 2018 年开始重点加强了网站审核团队的建设，扩编一倍以上审核人力。目前，B 站已在上海之外建立了两个审核中心，并且不断加强"风纪委员"机制，加强自查自清理功能。

"改革春风吹满地,中国人民真争气!"这首在 2018 年火遍全网的《念诗之王》,是 B 站 UP 主小可儿以赵本山的小品为素材创作的鬼畜调教歌曲。哔哩哔哩的鬼畜内容如图 9-17 所示。

图 9-17 哔哩哔哩的鬼畜内容

从 2018 年初开始,B 站先后推出了"创作激励计划""新星计划"等项目,为粉丝数、作品播放量达到一定级别的 UP 主提供官方补贴,持续扶持优秀的新人 UP 主。2018 年 7 月,B 站甚至还基于自身的"会员购"业务,为 UP 主们提供了开店服务,有效拓展了 UP 主们的收入来源。

随着这一系列激励扶持体系的日趋完善,已经有超过 10 万名 UP 主加入了激励计划,他们的投稿总量和播放总量在呈现出较大幅度提升的同时,B 站的平台内容也因此出现了多元化态势。其中,2018 年 B 站生活区的投稿量增幅高达 190%,而娱乐、时尚、科技等分区的投稿量则均实现了超 100%的增长。

为了向外展示 UP 主的内容和文化创造力,2019 年 1 月,B 站在上海首次为 UP 主举办了规模盛大的颁奖典礼,并颁发了"年度最佳投稿奖""十周年成就奖""2018 百大 UP 主"等一系列奖项。这不仅是 B 站对 UP 主过去一直以来持续创作的感谢和鼓励,同时也预示着 UP 主将成为 B 站在内容生态体系的完善和平台商业化探索的又一增长驱动力。

2. 国创

B 站于 2017 年 3 月成立了"国创"(国产原创)专区,致力于国产原创动画的推广与生态维护。截至 2017 年底,国产原创动画播放量累计达到 4.4 亿次,超过同期境外动画作品总播放量。作为互联网的原住民,哔哩哔哩用户群体渴望认同,渴望归属感。哔哩哔哩凭借年轻化、高活力、强互动的平台特性,成为国内领先的年轻人的潮流文化社区。用户的高度活跃,使哔哩哔哩成为二次元文化的集中栖息地。哔哩哔哩用户的关注及讨论内容,也成为动漫作品人气的重要风向标。

2017 年 12 月 15 日,全球较大的中文社区,百度贴吧发布以"2017 国漫崛起"为主题的国产动漫作品人气榜单,根据国漫作品在贴吧的活跃度及互动率数据,评选出 2017 年最具人气的国产动画、漫画作品。哔哩哔哩上的国产原创动漫《凹凸世界》荣登百度贴吧"2017 国漫崛起"人气榜,再次彰显了其居高不下的热度和话题性。国创动漫《凹凸世界》如图 9-18 所示。

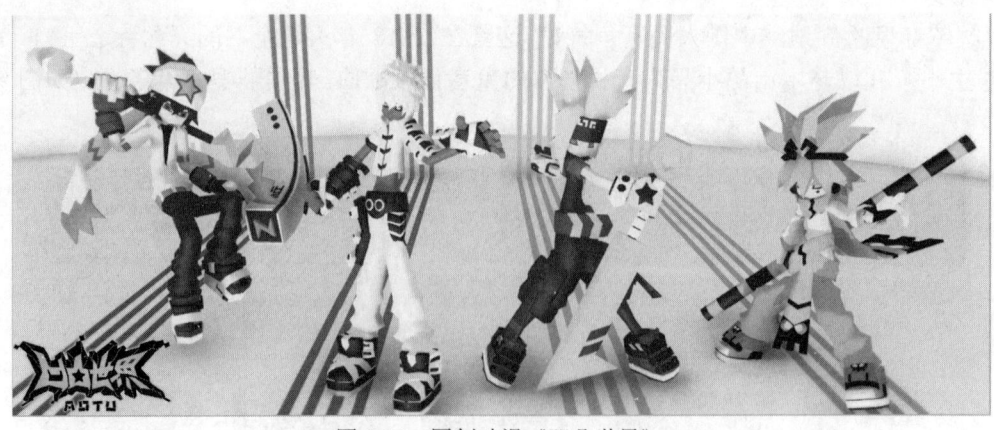

图 9-18 国创动漫《凹凸世界》

2018 年 12 月 18 日，B 站以"爱动画的人"为主题，在上海举办国创动漫发布会。发布会上，由 B 站主导出品的 20 余部动画作品得到展示。

3. 直播

B 站顺应直播发展潮流，推出了国内首家关注 ACG 直播的互动平台。B 站拥有大量的直播主，呈现丰富的二次元直播内容：游戏、唱见、舞见、手办、绘画、声优、COS、ASMR、辣妹子等。曾举办过局座张召忠直播首秀、伊藤润二专访直播、休·杰克曼专访直播、共青团团中央《五四晚会》直播，杜蕾斯三小时百人直播，连续两届小米超耐久直播等。哔哩哔哩的直播玩法多样，有弹幕、礼物、道具、大航海、扭蛋币、头衔、活动等多种玩法，让主播和粉丝更加方便地互动，及时地交流，为主播提供更大的舞台，也让粉丝拉近自己与偶像的距离。

4. 游戏

从 2014 年开始，B 站开启游戏联运和代理发行业务，成功推出《梦 100》《FGO》《碧蓝航线》多款业内知名游戏，并帮助《阴阳师》《崩坏 3》等产品获得成功，是当前国内一家二次元游戏发行平台。

2015 年 4 月，B 站独家代理的第一款游戏《幻想战姬》上线，独特的水墨画风与浓郁的东方神话特色令人印象深刻。2015 年 9 月，国内首款乙女恋爱向手游《梦王国与沉睡的 100 王子》上线，旨在开拓女性向游戏市场，在 App Store 首页获得多次推荐，成为国内人气女性向游戏。

2016 年 6 月，B 站推出偶像恋爱音游《ICHU 偶像进行曲》，这是继《梦 100》后的第二款女性向手游，区别于《梦 100》的重恋爱养成，《ICHU》的音游玩法与偶像题材令人耳目一新。女性游戏发行也正式成为 Bilibili 游戏的核心战略之一。

2016 年 9 月，Fate 系列首款正版手游《Fate/Grand Order》（中文译名：《命运-冠位指定》）正式上线，并创造日本游戏在中国发行的多项全新纪录。公测预约突破 300 万人，并邀请国内知名演员陈坤独家代言，其 COS 的吉尔伽美什、迪尔姆德·奥迪那、英灵卫宫因极高还原度引发国内外热烈讨论和称赞。游戏上线后多次进入 App Store 畅销榜前三并于 5 月正式登顶，在此期间曾获得 App Store 首页多次推荐，游戏每日活跃人数超过 100 万人，成为从日本引进中国获得极大成功的游戏产品。Fate 系列首款正版手游《Fate/Grand Order》如图 9-19 所示。

图 9-19　Fate 系列首款正版手游《Fate/Grand Order》

2017 年 5 月，B 站发布战舰拟人手游《碧蓝航线》，高品质的游戏质量和精美的原画吸引了众多玩家的关注，并引发同人创作热潮，《碧蓝航线》也成为 2017 上半年热门的游戏新品。

5．学习

B 站在有关部门的正面引导下，制作和传播主旋律、正能量的视频内容，构建更加积极向上的青少年社区。B 站推出了大量的线上学习课程，学习内容资源覆盖面广，形式新颖活泼，创造了新式社交型学习平台。相关数据统计显示，2018 年度有 1 827 万人在 B 站学习，该学习人数是 2018 年高考人数的两倍，而"study with me"的学习直播，已经成为 B 站中直播时长最长的品类，累计直播学习时长高达 146 万小时，学习类直播频数达 103 万次。哔哩哔哩的学习平台页面如图 9-20 所示。

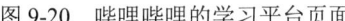

图 9-20　哔哩哔哩的学习平台页面

9.3.3 哔哩哔哩的用户特点

> 讨论 9-9：喜欢哔哩哔哩的用户有什么特点？

二次元可以归结为代指 ACG（即 Animation 动画、Comic 漫画、Game 游戏）等相关内容，随后逐渐延伸至动漫周边、漫展、音乐、外设、Cosplay、主题餐厅等产业。其粗略划分可以分成上、下游两个方面：上游为 IP 授权市场，其主要盈利模式为版权收入、内容付费及广告收入；下游主要为二次元衍生产品市场，包括动漫周边、漫展、相关游戏及音乐等。B 站作为国内二次元行业的佼佼者，以其丰富的原创内容、优质的使用体验，以及独特的弹幕文化吸引了大量的二次元爱好者入驻。根据 B 站 2019 年 5 月公布的 2019 年第一季度财务报告，B 站月均活跃用户首次破亿，达到 1.01 亿人，同比增长 31%。B 站日活用户数量也实现突破，首次达到 3 000 万人。

1. 用户性别比例

B 站的目标用户正逐渐从 ACG 群体扩展至整个年轻人群体，所以在内容上更加偏向于综合性质。根据 2019 年 2 月的艾瑞数据，其用户性别男性占比 51.53%，女性为 48.47%。男性用户与女性用户占比差别不大，体现了 B 站目前作为一个聚合类视频平台提供的内容类别，已经可以同时吸引到男性和女性用户。B 站的用户性别比例如图 9-21 所示。

图 9-21　B 站的用户性别比例（数据来源：艾瑞咨询）

2. 用户年龄分布

B 站用户中 30 岁以下的用户占比高达 72.62%。在美国，1990—2009 年出生的一代的年轻人又被称作 "后千禧一代" 或 "Z 世代"。他们中的大多数从童年开始受到日本及欧美等地区动画、漫画与电子游戏的影响。他们渴望着有一个能承载这些文化与他们童年记忆的平台，渴望着有一个由 ACG 同好构成的社区，而 B 站正好扮演了这样的角色。B 站的用户年龄分布如图 9-22 所示。

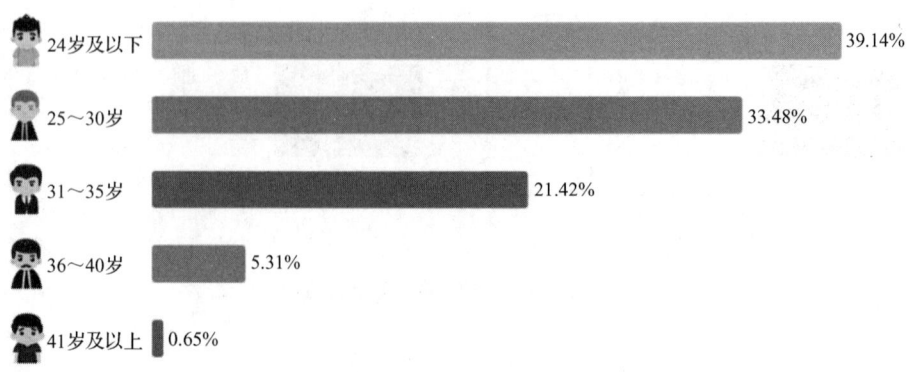

图 9-22　B 站的用户年龄分布（数据来源：艾瑞咨询）

3. 用户地域分布

B 站用户主要分布在沿海发达地区（广东、山东），以及一线发达城市。这些地方的用户更容易接受新的文化形式，也有更多的机会接触一些大型泛二次元文化活动，诸如大型漫展、游戏展。他们与二次元文化之间的"互动"更为频繁。B 站的用户地域分布（部分）如图 9-23 所示。

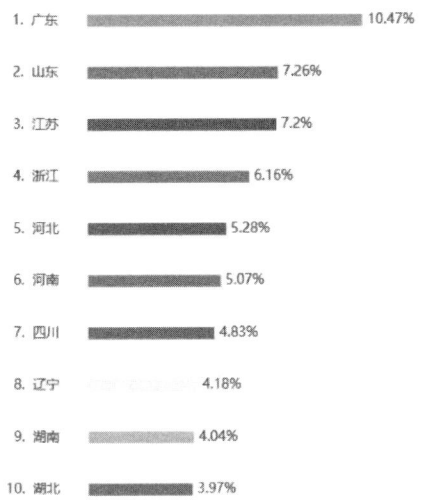

图 9-23　B 站的用户地域分布（部分）（数据来源：艾瑞咨询）

任务小结

1. 哔哩哔哩（Bilibili）创建于 2009 年 6 月 26 日，被粉丝们亲切地称为"B 站"。B 站以 ACG 内容为切入点，逐步发展成为包括视频、游戏、直播和社区服务在内的综合性内容平台。

2. B 站拥有动画、番剧、国创、音乐、舞蹈、游戏、科技、生活、鬼畜、娱乐、时尚等多个内容分区。B 站绕开了巨额 PGC 版权投入，以 PUGC 内容为主，同时与 UGC 内容生态共存。

3. 哔哩哔哩的目标用户正逐渐从 ACG 群体扩展至整个年轻人群体，男性用户与女性用户占比差别不大。B 站用户中 30 岁以下的用户占比高达 72.62%。用户主要分布在沿海发达地区（广东、山东），以及一线发达城市。

任务实训

请注册一个哔哩哔哩账号，完善相关资料，发布一个视频。

任务 9.4　喜马拉雅运营

任务目标

知识目标：了解喜马拉雅的概念、特点和发展历程。
能力目标：分析喜马拉雅的内容特点和用户特点。

任务导图

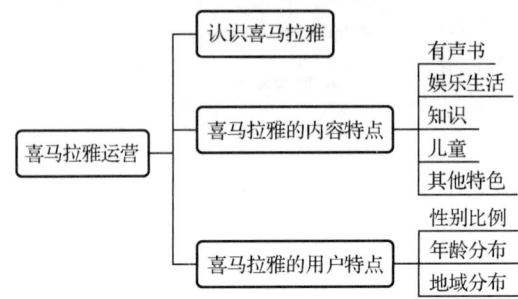

任务实施

9.4.1　认识喜马拉雅

讨论 9-10：你喜欢听音频节目吗？最喜欢的节目是什么？

喜马拉雅是专业的音频分享平台，汇集了有声小说、有声读物、有声书、儿童睡前故事、相声小品、鬼故事等数亿条音频，超过 4.7 亿用户选择的网络电台，"随时随地，听我想听"。

喜马拉雅创建于 2012 年，致力于在线音频分享平台的建设与运营，类似于电台 FM，2014 年用户激活数突破 5 000 万人大关。

2015 年 9 月，喜马拉雅官方表示其用户群体已经达到 2 亿人，期间，喜马拉雅逐渐向综合性音频平台发展，主打内容优势，提供包括音频、博客节目、付费内容、音频直播、有声书等音频服务。

2017 年伴随着知识付费风口的到来，喜马拉雅再一次迎来了巨大的爆发，大量依托知识付费类课程和著名 IP 节目，吸引新客户尝试音频服务。随后，通过"123 音频知识狂欢节"，不断完善音频主播矩阵，联合线下爆款综艺等进行一系列活动。

2018 年 1—5 月，喜马拉雅的用户月活人数在行业占比已超 5 成，约为 7 552.9 万人，总用户量已超 4.5 亿人，目前形成了主播培训、内容生产和内容分发的全产业链。

喜马拉雅在巩固自身内容优势的同时，逐渐拓展线下业务，实现更多的场景发展。目前，喜马拉雅音频已经介入智能音箱、车载电台硬件、智能家居等多个领域。2017 年 6 月 20 日，喜马拉雅推出小雅 AI 智能音箱，由于本身出色的内容优势，小雅智能音箱成为同品类产品中使用时间较长、用户黏性较高的产品。小雅 AI 音箱（左）和小雅 Nano 音箱（右）如图 9-24 所示。

图 9-24　小雅 AI 音箱（左）和小雅 Nano 音箱（右）

2018 年，喜马拉雅出资 3 000 万元，收购了猎户星空公司的 AI 语音识别团队及小豹 AI 音箱技术团队，进一步加强智能 AI 语音布局。2018 年 10 月，Rokid 联合喜马拉雅共同研发推出了全新"晓雅车载版"智能语音助手。

2018 年，喜马拉雅开始布局细分领域，并于 2018 年 10 月推出面向儿童市场的"喜猫儿故事 App"（现已改名为喜马拉雅儿童）。

2019 年 6 月，流量明星易烊千玺成为喜马拉雅首位代言人，并推出付费节目"青春 52 问"和一系列会员礼包。截至 9 月 3 日，易烊千玺节目订阅数达 154 460 次，跃居音乐历史总排行榜第 40 位。

喜马拉雅作为音频行业的独角兽，拥有海量内容资源，在活跃用户数、渗透率、使用时长等指标上遥遥领先于其他综合音频类应用，用户渗透率为 62.8%。2019 年 6 月，月活跃用户数 7 319.2 万人，远远高于其他平台。

9.4.2　喜马拉雅的内容特点

> 讨论 9-11：快速浏览喜马拉雅首页，说说它主要的内容栏目是什么。

喜马拉雅的节目来源既有国家台、省市台、本地台、网络台的各类节目，也有喜马拉雅的协议电台播送的节目，喜马拉雅有新闻、音乐、娱乐、情感生活、教育培训、健康养生等栏目，涵盖 22 个大类。喜马拉雅首页如图 9-25 所示。

图 9-25　喜马拉雅首页

1. 有声书

有声书是喜马拉雅的头部音频栏目。在音频技术和用户需求的双重刺激下，中国有声书市场表现惊人，其市场规模从 2016 年的 23.7 亿元增加到 2018 年的 45.4 亿元。预计到 2020

年,这个数字将会超过 78 亿元,庞大的市场需求助推了喜马拉雅等综合音频平台的迅猛发展。

2018 年上半年,喜马拉雅有声书用户飞速增长,订阅数、月播放时长和付费销售额都呈现明显增长趋势。"有声化"正在成为争夺用户注意力、培育用户新式阅读消费习惯的新宠。

数据显示,喜马拉雅有声书平台最受欢迎的有声书品类依次为言情、都市和悬疑小说,其中《超品相师》《摸金天师》《老衲要还俗》等多部书籍,2018 年上半年累计收听量过亿次,成为用户收听的热门书目。喜马拉雅有声书数据如图 9-26 所示。

图 9-26　喜马拉雅有声书数据(数据来源:喜马拉雅有声书)

2. 娱乐生活

娱乐生活主要包括音乐、情感、娱乐类等节目。例如,音乐栏目以免费节目为主,付费率为 8%。目前的付费节目主要以专业音乐知识教导为主,如《田艺苗:古典音乐很难吗》《跟着龚琳娜学唱歌》等。值得一提的是,栏目于 2019 年 6 月打造的《易烊千玺:青春 52 问》,开始打造明星经济,进军粉丝市场。可以猜测,音乐栏目将从专业知识和音乐分享扩展到年轻化的明星节目,但明星节目能否带来更高的收益率还有待测试。

3. 知识

2016 年 6 月,喜马拉雅上线"付费精品"专区,开启节目付费模式,传播效果良好。"奇葩说"节目主持人马东,上线付费节目"好好说话",限时售价每年 198 元。随后,罗振宇、吴晓波、袁腾飞等数十位专业用户纷纷上线付费节目,单日销售额突破 500 万元,累计 10 天收益达 1 000 万元。2016 年 12 月,喜马拉雅举办首届"123 知识狂欢节",活动 3 天销售额达 5 088 万元。2018 年 11 月 24 日,国家广播电视总局公布了 2018 年优秀网络视听作品,其中,喜马拉雅的三档音频节目入选,这三档节目分别是《从零到懂,30 天听懂新思想》《康震品读古诗词》《余秋雨·中国文化必修课》。

以《余秋雨·中国文化必修课》为例,这门课程本来是中国艺术研究院专门为秋雨书院研究中国文化史的博士生设置的课程,进行优化改良后上线喜马拉雅,让更多对中国文化感兴趣的年轻人有机会了解学习五千年中国历史。余秋雨用 260 堂中国文化课,从百家争鸣的儒释道讲起,连接唐宋元明清的思想文化,涵盖古今文化大师,并将现代中国文化置于全球性视角考量。该课程一经上线,就得到凤凰、澎湃新闻和界面等多家核心媒体报道推荐。截至 2018 年底,该课程在喜马拉雅的播放量超过 1 500 万次。

4. 儿童

儿童栏目已涌现了米小圈、艺休哥、宝宝巴士等头部主播,旗下优质节目也持续为栏目引流。在平均播放数方面，儿童栏目也仅次于有声书，单个节目的平均播放数超 2 000 万，说明二胎政策带来的儿童市场消费潜力不容忽视，数据显示，2020 年中国将迎来比预计多出 300 万的新生儿。为了更好地布局这个垂直领域，喜马拉雅于 2018 年 10 月开发了一个界面简单、契合儿童市场需求的 App。

5. 其他特色

喜马拉雅中还有许多特色栏目，如"3D 体验馆""名校公开课""IT 科技""ACG"（关于游戏）等类别独树一帜。

9.4.3　喜马拉雅的用户特点

讨论 9-12：什么场景下你会想听音频内容？

1. 性别比例

易观数据显示：截至 2018 年 6 月，中国移动互联网用户男性占比为 55%，女性占比为 45%，而同期数据显示喜马拉雅的男性用户远大于女性用户。

这与喜马拉雅本身的内容倾向性有关。一般女性用户更偏向社交娱乐、家庭生活等方面的内容，男性则更喜欢有声书、文化历史、投资理财等方面的内容。

以喜马拉雅的精品部分来说，个人提升类知识、有声书商业财经等类别占比很高，大 IP 的课程也都是文化知识类相关的，较为中性或严肃的内容。这些内容也与精品这样的定位比较契合。其他主打女性的板块如直播、情感等，既没有 IP 效应，内容由于与其他娱乐 App 差异不大，所以如何在其他板块加重娱乐生活属性，增添新玩法吸引女性用户是需要考虑的问题。

另外，像喜马拉雅主打的营销活动"123 知识狂欢节"一样，在运营活动方面也应当加强对女性目标用户的关注。

2. 年龄分布

从易观千帆统计的数据可以看到，使用者年龄中 36 岁以上的用户超过 60%，而接近 50% 的用户年龄为 36~40 岁，这说明目前喜马拉雅的内容方面对中年人的吸引力强，最符合他们的需求品位。

而在消费能力这项指标中，可以发现中等及以上消费能力人群占到了 57.79%，高购买力人群基数很有优势，这部分用户大部分分布在职场一二线城市，未来这部分人将依然是喜马拉雅的主力消费人群。喜马拉雅的用户年龄分布如图 9-27 所示。

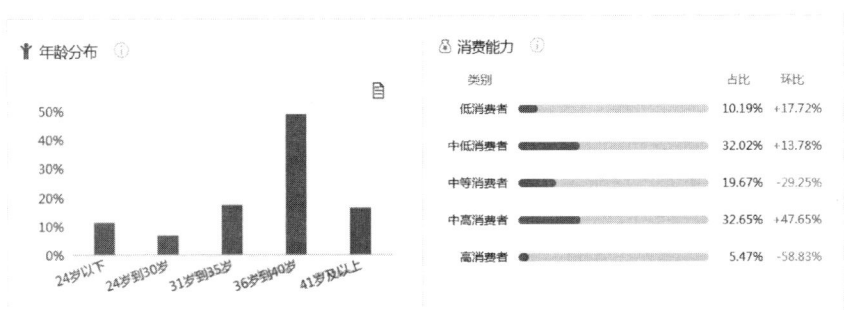

图 9-27　喜马拉雅的用户年龄分布（数据来源：易观千帆）

3. 地域分布

目前喜马拉雅的用户还是主要集中在一二线城市。一二线城市人群聚集效应更高，高消费人群多，生活工作方面也都更加紧张，休闲时间更加趋于碎片化。未来开拓三四线城市，更有甚者开拓乡镇人群的使用都是市场的发展方向。喜马拉雅的用户地域分布（部分）如图 9-28 所示。

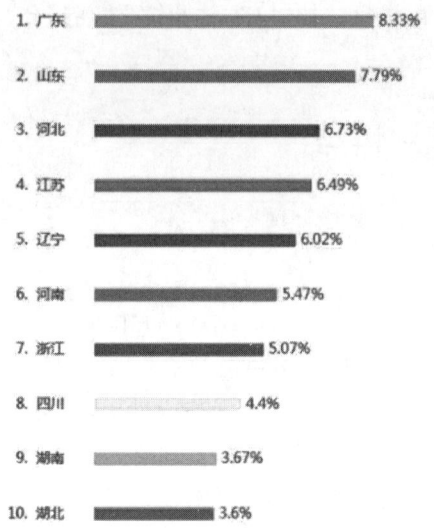

图 9-28 喜马拉雅的用户地域分布（部分）（数据来源：艾瑞咨询）

任务小结

1. 喜马拉雅是专业的音频分享平台，汇集了有声小说、有声读物、有声书、儿童睡前故事、相声小品、鬼故事等数亿条音频，超过 4.7 亿用户选择的网络电台，"随时随地，听我想听"。

2. 喜马拉雅的节目来源既有国家台、省市台、本地台、网络台的各类节目，也有喜马拉雅的协议电台播送的节目。喜马拉雅有新闻、音乐、娱乐、情感生活、教育培训、健康养生等栏目，涵盖 22 个大类。

3. 喜马拉雅的男性用户数量远大于女性用户数量。喜马拉雅的内容对中年人的吸引力强，最符合他们的需求品位。目前喜马拉雅的用户还是主要集中在一二线城市，一二线城市人群聚集效应更高，高消费人群多，生活工作方面也都更加紧张，休闲时间更加趋于碎片化。

任务实训

请注册一个喜马拉雅账号，完善相关资料，录制并发布一个音频节目。

参 考 文 献

［1］中国互联网信息中心 CNNIC．中国互联网络发展状况统计报告[R]．2018．
［2］Kantar Media CIC．2018 年社会化媒体生态概览白皮书[R]．2018．
［3］人民网舆情数据中心．2018 年上半年人民日报·政务指数微博影响力报告[R]．2018．
［4］肯耐珂萨研究院．2018 互联网从业人才报告[R]．2018．
［5］阿拉丁小程序数据统计平台．阿拉丁 2017 年数据报告[R]．2017．
［6］秋叶，萧秋水，刘勇．微博营销与运营[M]．北京：人民邮电出版社，2017．
［7］勾俊伟．新媒体运营[M]．北京：人民邮电出版社，2018．
［8］刘望海．新媒体营销与运营[M]．北京：人民邮电出版社，2018．
［9］张向南，勾俊伟．新媒体运营实战技能[M]．北京：人民邮电出版社，2019．
［10］魏源，张恒．玩转抖音就这么简单[M]．北京：机械工业出版社，2019．
［11］袁国宝．抖音营销[M]．北京：电子工业出版社，2019．
［12］郑俊雅．128 招玩转抖音[M]．北京：电子工业出版社，2019．
［13］喜马拉雅，克劳锐．2018 喜马拉雅有声书用户行为洞察报告[R]．2018．